工业和信息化
规划教材

21 世纪

微课版

经济学基础

ESSENTIALS OF ECONOMICS

◆ 丘丽云 黄荣斌 刘艳 邓晓锋 编著

PLANNED
TEXTBOOKS OF
ECONOMICS

人民邮电出版社
北 京

图书在版编目（CIP）数据

经济学基础：微课版 / 丘丽云等编著. -- 北京：
人民邮电出版社，2018.9（2024.7重印）
21世纪高等学校经济学系列规划教材
ISBN 978-7-115-47487-2

Ⅰ．①经… Ⅱ．①丘… Ⅲ．①经济学－高等学校－教
材 Ⅳ．①F0

中国版本图书馆CIP数据核字（2018）第100883号

内 容 提 要

全书共十二章，主要内容包括导言，需求、供给与均衡价格，消费者行为理论，生产
与成本理论，厂商均衡理论，生产要素价格与收入分配，国民收入核算，消费、储蓄与投
资，国民收入决定理论，财政政策与货币政策，失业与通货膨胀，经济增长、经济发展与
经济周期理论。

本书内容简明扼要、案例新颖、知识拓展类型丰富，关键知识点配备微课视频，读者
可扫描二维码观看，方便学习。

本书既适合作为高校经管类专业"经济学"课程的教材，也可以作为其他专业学生和
广大经济学爱好者的参考读物。

◆ 编　著　丘丽云　黄荣斌　刘　艳　邓晓锋
　　责任编辑　许金霞
　　责任印制　焦志炜
◆ 人民邮电出版社出版发行　北京市丰台区成寿寺路 11 号
　　邮编　100164　电子邮件　315@ptpress.com.cn
　　网址　http://www.ptpress.com.cn
　　三河市君旺印务有限公司印刷
◆ 开本：700×1000　1/16
　　印张：17　　　　　　　　　2018 年 9 月第 1 版
　　字数：377 千字　　　　　　2024 年 7 月河北第 8 次印刷

定价：49.80 元

读者服务热线：(010)81055256　印装质量热线：(010)81055316
反盗版热线：(010)81055315
广告经营许可证：京东市监广登字 20170147 号

前 言 Preface

经济学主要研究市场经济条件下资源配置和资源利用的问题。经济学的内容非常广泛，其中微观经济学和宏观经济学构成了经济学的基础。微观经济学通过对个体经济单位经济行为的研究，说明了市场机制运行的基本原理和方法，以及改善这种机制运行的途径。宏观经济学则以整个国民经济活动作为考察对象，研究社会总体经济问题以及相应的经济变量的总量是如何决定的及其相互关系。与微观经济学相比，宏观经济学还是一门相对年轻的学科，其理论的发展与创新不断地得到加强。

中国已经初步构建了具有中国特色的社会主义市场经济体系。市场机制不但成为主导中国社会经济资源配置的基本方式，而且深刻地影响了人们的思维方式和行为习惯。尤其是在"大众创业、万众创新"的社会背景下，越来越多的人迸发出了学习经济学知识的热情。

综合而言，学习经济学课程的意义在于：

第一，了解市场经济的运行机制。学习经济学的相关知识可以帮助我们理解市场经济是如何运行的，理解市场经济体制为什么比其他经济体制在资源的配置与利用方面更有效率。

第二，可以帮助我们做出理性的选择。在人的一生中，无论是学习、工作，还是进行其他活动，我们经常都要面临选择的问题，而经济学的本质是有关选择的科学，学好经济学，我们可以做出更加理性的选择。

第三，经济学知识既是经管类专业知识体系的基础，也逐渐成为当代人士必须掌握的一门社会知识。从理论上来说，经济学是学习经管类其他研究领域，如国际经济学、比较经济学、产业经济学、管理学、会计学等学科的基础，甚至可以被引入政治学和社会学的研究领域之中。而经济学的分析工具与分析方法则可以被广泛应用于理论研究和经济管理工作者的实践当中。

　　《经济学基础（微课版）》一书是 2016 年广东省本科经济学类专业教学改革项目"大学本科西方经济学教材创新研究"的重要成果，也是我们教学团队在长期教学实践中总结各专业经济学课程教学经验后的一次创新尝试。本书突出理论与实际的结合，参考了大量中外文献资料，系统地梳理了各个学派的经济学理论，并加入大量时效性强的经济数据和案例，使学生从总体上掌握经济学的理论框架，培养学生用经济学的思维分析问题及解决问题。

　　在本书的写作过程中，我们力求突显以下特点：

　　第一，内容简明易懂。基于对学生专业背景广泛、理论教学学时缩短等原因的考虑，我们在经济学基础的教学中强调基本概念及对市场规律的理解与应用。因此，本书在内容上进行了简化，对博弈论与信息经济学、一般均衡分析等理论分析的内容进行了缩减。

　　第二，案例新颖。案例教学在经济学授课中非常重要，因此编者主要收集了我国近几年的资料，并进行了案例编写，以确保案例的新颖性和典型性，也使其更接"地气"。

　　第三，专栏、案例与拓展资料相呼应。教学中穿插专栏，既有严谨的数学演算，又有趣味性说明，形式活泼、内容丰富，以增强学生对重点概念和知识点的理解。课后的案例与拓展资料不拘泥于教材内容，而是针对知识点的运用给出翔实的补充资料，以增强本书的可读性和实用性。

　　第四，重要知识点均配有微课教学视频。学生可扫描书中的二维码观看微课视频并进行自主学习。微课视频在给教师和学生带来极大便利的同时，也有助于推进实验教学、PBL 教学等教学方法在经济学课堂上的应用，从而提升教学效果。

　　第五，配套丰富的教学资源。我们组织编写了教学大纲、教学案例、题库，配备教学视频和学习网站等，内容实时更新、与时俱进，以便更有效地扩充经济学的基础内容，强化内容的理论性和前沿性。

　　本书是由丘丽云、黄荣斌、刘艳和邓晓锋编著。其中，丘丽云编写第二章、第三章、第四章的第一节～第四节、第十章的第二节、第十一章；黄荣斌编写第七章、第八章、第十二章；刘艳编写第一章、第四章的第五节和第六节、第六章、第九章、第十章的第一节；邓晓锋编写第五章、第十章的第三节。在微课教学视频的录制过程中，除上述人员参加外，李景睿也参与了教学视频的录制工作。本书是教学团队集长期教学和科研的心血之作，并得到了所在单位同仁的大力支持。感谢单位同仁在各项重要事项上给予的建议和帮助，感谢林怡、杨宇健等在微课及课件制作中的辛勤付出。

编者
2018 年 3 月

目 录 Contents

经济学究竟是一门什么样的学科？学习它有什么用？这可能是初次接触经济学的人最想知道答案的问题。对于这些问题的回答，并非简单几句话就能解释清楚。但是我们可以先了解一下真正的经济学家是如何看待经济学理论知识的。著名经济学家约翰·梅纳德·凯恩斯（John Maynard Keynes）曾指出："经济学理论并没有提供一套立即可用的完整结论。它不是一种教条，而是一种方法和思维的技巧，帮助拥有它的人得出正确的结论。"这样说来，不是想成为经济学家的人才有必要去学习它，而且经济学知识也不会是直接告诉我们致富的点金术。相反，作为一种社会科学知识，人人都可以学习经济学，并借助经济学的分析思维和视角，帮助我们了解复杂的经济社会运行过程，科学地进行经济行为选择。正如道格拉斯·C.诺思（Douglass C.North）所言："经济学家不能够告诉人们他们应该做什么，他们只能揭示各种不同变量的成本与利益，以便使民主社会中的公民能够做出更好的选择。"

第一节　经济学的内涵

经济社会是否认可自私自利的行为？

一、经济学的内涵

关于经济行为选择的问题是如此常见和重要，以至于社会经济生活中的每一个人都时刻置身于各种选择当中。而经济学就是一门关于如何做出正确选择的科学。因此，经济学值得我们每个人去学习和掌握。

需要进一步指出的是，经济学中的选择问题之所以会产生，是因为两个重要因素的影响：一是人类欲望的无限性，二是资源的相对稀缺性（Scarcity）。

经济学的内涵

纵观整个人类社会的生存和发展历史，就是不断地认识、利用和改造自然，以持续地获得物质产品来满足人们日益增长的物质需求。需求来自欲望，而人类欲望具有无限性，且不断创造着新的需求，正因为如此，社会才不断进步和发展。问题是资源总是有限的。资源的相对稀缺性是指相对于人类社会的无穷欲望而言，经济物品或者说生产这些物品所需要的资源总是不足的。也就是说，稀缺性强调的不是资源绝对数量的多少，而是相对于欲望无限性的有限。怎样使用相对有限的生产资源来满足无限多样化的需要的问题，就是经济学所要研究并需要回答的经济问题。

西方的经济学家把满足人类欲望的物品分为**自由物品**（Free Goods）和**经济物品**（Economic Goods）。前者指人类无须通过努力就能自由取用的物品，如阳光、空气等，其数量是无限的；后者指人类必须付出代价方可得到的物品，即必须借助生产资源通过人类加工出来的物品。经济物品在人类社会生活中是最重要的，但相对于人的无穷无尽的欲望而言，经济物品以及生产这些物品的资源总是不足的。

基于上述原因，便产生了如何利用现有资源去生产经济物品来更有效地满足人类欲望的选择问题。选择包括如下三个相关的问题。

（1）生产什么（What）物品与生产多少。如前所述，人的需求是无限的，而生产资源是稀缺的。首先，目的与达到目的的手段之间的矛盾迫使人们必须在各种需求之间权衡比较，有所取舍。其次，人们还必须决定每种产品的产量应各为多少。

（2）如何（How）生产，采用什么生产方法。每种生产要素一般有多种用途，而任何一种产品一般也可采用多种生产方法。例如，同一种产品，既可采用多用劳动少用资本的方法，也可采用多用资本少用劳动的生产方法。这里有一个生产效率的问题，即如何组织生产使生产要素能够最有效率地被使用的问题。

（3）被生产出来的产品怎样在社会成员之间进行分配，即经济学所说的收入分配问题，也就是为谁（For Whom）生产的问题。

以上三个方面的问题，即生产什么、如何生产和为谁生产，也就是人类社会所必须解决的基本问题。这三个问题称为资源配置问题。美国经济学家斯蒂格利茨指出："经济学研究我们社会中的个人、企业、政府和其他组织如何进行选择，以及这些选择如何决定社会资源的使用方式。"可以说，经济学就是研究稀缺资源如何实现有效配置的一门社会科学。

二、其他相关概念

1. 经济人

经济人，又称为经济人假设，即假定人的思考和行为都是理性的，唯一试图获得的经济好处就是物质性补偿的最大化。这一概念常作为经济学和某些心理学分析的基本假设前提。

经济学明确提出经济人假设是市场机制运行的基本前提，认为人是"自私、自利"的，在一定的约束条件下追求个人利益最大化。正

经济人假设

如亚当·斯密（1776 年）在《国富论》中提到的："我们每天所需要的食物和饮料，不是出自屠户、酿酒家和面包师的恩惠，而是出于他们自利的打算"。之后，西尼尔定量地确立了个人经济利益最大化公理，约翰·穆勒在此基础上总结出"经济人假设"，最后帕累托

将"经济人"这个专有名词引入经济学。

关于"经济人"假设，需要强调以下两点。

（1）假设人是理性的。理性是指每个人都能通过成本收益或趋利避害的原则来对其所面临的一切机会和目标，以及实现目标的手段进行优化选择。

（2）经济人假设是对普遍存在的人类行为进行的一种原则抽象，不存在价值取向的判断问题。

2. 机会成本与生产可能性边界

为了进一步描述资源配置问题，经济学引入了生产可能性边界（Production Possibility Frontier）的概念。要考察生产可能性边界，首先要说明**机会成本**（Opportunity Cost）的概念。经济资源的稀缺性决定了一个社会的经济物品在某一时期内是个定量，这就意味着，为了生产某种产品就必须放弃其他产品的生产。当把一定的经济资源用于生产某种产品时，所放弃的另外一些产品生产的最大收益就是这种产品生产的机会成本。

机会成本

生产可能性边界表明在既定的经济资源和生产技术条件下所能达到的各种产品最大产量的组合，又称为生产可能性曲线，如图 1-1 所示。

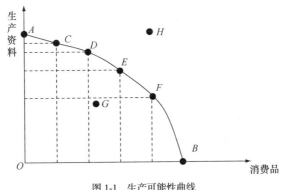

图 1-1　生产可能性曲线

分析生产可能性曲线前，一般需做以下假设：①在一定时间上，可供使用的各种生产要素的数量是固定不变的；②在现有生产过程中，所有的生产要素均得到了充分利用，不存在资源闲置；③在考虑问题的时间范围内，生产技术，即由投入转化为产出的能力是固定不变的；④为了简化问题起见，通常假定某一经济仅生产两种产品。

生产可能性曲线把各种生产组合分为三个部分：①生产可能性曲线以下的各种生产组合是可行的但不是最大的生产组合（如 G 点）；②生产可能性曲线以上的各种生产组合是不可能的组合（如 H 点）；③只有生产可能性曲线上的各种生产组合才是既可行，又最大的生产组合（如 A、B、C、D、E、F 点）。

生产可能性曲线表明，关于消费品和生产资料这两大部类的生产组合，可以有多种方式。但究竟该选择哪一种，即到底选择 C 点还是 E 点，或者 AB 线上的任何其他一点？这就是经济学上的选择问题。AB 线还表明了，多生产一单位资本财货要放弃多少消费品，或者相反，多生产一单位消费品要放弃多少资本财货，因此，又称为生产转换线。

需要注意的是，生产可能性曲线的位置不是固定不变的，它会随着生产资源供给的变化和生产技术的进步，发生变化。

第二节 经济学的产生与发展

一、经济学的产生

经济学被认为起源于古希腊的家政管理。亚里士多德（Aristotle，公元前384—公元前322年），古希腊著名哲学家和科学家。他认为，经济一词应包括两个内容：①研究家庭关系，除夫妻关系外，主要是研究奴隶主与奴隶的关系；②研究致富技术。

《国富论》简介

1. 亚当·斯密和《国富论》

公认的经济学鼻祖是英国伦理学家、经济学家亚当·斯密（AdamSmith，1723—1790年）。斯密最主要的著作是《国民财富的性质和原因的研究》，又名《国富论》，在书中他阐述了著名的"看不见的手"理论，主张自由放任，反对国家干预经济。

亚当·斯密对"看不见的手"是这样论述的："当每一个人企图尽可能地使用他的资本去支持本国工业，从而引导那些工业使它的产品可能有最大的价值时，每一个人必然要为社会年收入尽可能大而劳动。的确，他一般既无心去促进公共利益，也不知道能促进多少。他宁愿支持本国工业而不支持外国工业，只是想要确保他自己的安全；他指导这种工业使其产品能具有最大的价值，只是为了他自己的利益，也像在许多其他场合一样，他这样做只是被一只看不见的手引导着，去促进一个并不是出自他本心的目的。"

2. 克拉克与边际分析法

19世纪70年代的边际革命对经济学的发展产生了深远的影响。美国经济学家约翰·贝茨·克拉克（John Bates Clark）就以"边际生产力论"分析了微观的分配问题。现在，边际分析已成为现代经济学分析的基本思想与基本概念，被极为广泛地使用于经济学教科书和经济学论文，以至于如果离开"边际"，就无法展开经济学的分析。

3. 马歇尔和《经济学原理》

对微观经济现象作出最系统、最完整分析的是英国剑桥学派的代表人物阿尔弗雷德·马歇尔（Alfred Marshall）。1890年，马歇尔出版了《经济学原理》一书。在书中，马歇尔分析了需求和供给的特点和规律，并将供求论、生产费用论、边际效用价值论、边际生产力论等融合在一起，建立了一个以"均衡价格论"为核心的经济学体系。他所提出的由供求决定的均衡价格理论，至今仍然是经济学中微观部分的理论基础和主要内容。

4. 罗宾逊等人对微观经济学理论体系的完善

20 世纪 30 年代，英国的琼·罗宾逊（Joan Robinson）和美国的爱德华·哈斯丁·张伯伦（E. H. Chamberlin）进一步研究了垄断和垄断竞争条件下的生产者行为，形成了"厂商理论"，进一步发展了经济学微观研究部分的内容。但就整个微观经济学研究体系而言，仍然以马歇尔理论体系为主。另外，1930 年以后，希克斯（John Hicks）、莱昂·瓦尔拉斯（Leon Walras）、维弗雷多·帕累托（Vilfredo Pareto）等提出的一般均衡理论、序数效用论、福利经济学等，进一步补充了传统的微观经济学理论体系。之后关于市场失灵与微观政策调节的研究可以说也是对微观经济学理论的总结与发展。当然，伴随着博弈论、产权理论、信息经济学等新兴理论的出现和发展，微观经济学理论体系还将不断兼容并蓄，继续完善。

二、经济学的发展

在微观经济学作为传统主流经济学的时期，多数经济学家和政策制定者都认为商业周期难以避免，经济在价格机制这只"看不见的手"的巧妙调节下会自动恢复均衡。但传统主流经济学的观点难以解释 20 世纪 30 年代西方资本主义世界的大萧条，同时也无法提出有效的治理对策。在这一经济背景下，经济学家纷纷反思传统经济学的基本理论与政策主张。凯恩斯在 1936 年出版的《就业、利息与货币通论》中对大萧条提出了创造性的经济解释与政策主张，标志着现代宏观经济学的诞生。

实际上，宏观经济学术语作为与微观经济学相对应的术语在教科书中被首先使用，是在美国经济学家肯尼思·艾瓦特·博尔丁（Kenneth Ewart Boulding）的《经济分析》一书中。从经济学说史的角度看，宏观经济学的历史可以追溯到 17 世纪中期，并大致可以将其区分为四个不同的发展阶段。

1. 第一阶段：早期宏观经济学时期（17 世纪中期到 19 世纪中期）

在第一阶段中，古典学派和重农学派经济学家在对整个国民经济活动进行分析的时候，初步使用了一些总量经济概念，并采用全社会加总数和平均数的简单数学方法进行分析。

英国古典经济学家威廉·配第（William Petty）在 1662 年出版的《赋税论》被公认为是以宏观经济活动为主要研究对象的经济学著作，该著作对人口、财产、劳动收入与一国财政收支的关系进行了理论考察[①]。法国重农学派创始人弗朗斯瓦·魁奈（Francois Quesnay）在 1758 年出版的《经济表》中分析了社会资本的再生产过程，把国民财富产生和增加的源泉从流通领域转移到生产领域。此后，亚当·斯密（Adam Smith）在《国富论》中从更广泛的领域探讨了国民财富的形成与增长问题。大卫·李嘉图（David Ricardo）在《政治经济学及其赋税原理》中考察了国民财富的增长问题以及总收入与纯

---

① 厉以宁. 宏观经济学的产生与发展[M]. 长沙：湖南人民出版社，1997.

收入问题，并对货币流通量变动与物价波动的关系进行了探讨。

2. 第二阶段：现代宏观经济学的奠基时期（19 世纪晚期到 20 世纪 30 年代）

从 19 世纪晚期开始，资本主义逐步由自由竞争向垄断阶段过渡，经济危机频繁出现，宏观经济学进入了一个新的发展阶段。

从研究内容看，这一时期的宏观经济学主要集中于经济周期波动问题的研究上，形成了多种解释经济周期波动的原因的宏观经济学说。例如，瑞典经济学家冈纳·缪尔达尔（Karl Gunnar Myrdal）等在 20 世纪 20 年代末和 30 年代初将总量分析与动态过程分析结合在一起，形成了宏观动态均衡理论。约瑟夫·阿罗斯·熊彼特（Joseph Alois Schumpeter）将其经济周期理论建立在创新学说上，强调创新使资本主义经济从均衡走向失衡，又从失衡恢复到均衡。以阿尔弗雷德·马歇尔（Alfred Marshall）、阿瑟·塞西尔·庇古（Arthur Cecil Pigou）、欧文·费雪（Irving Fisher）为代表的英美经济学家对货币流通数量与物价水平的相互关系进行了开拓性研究。在国民收入研究领域，美国制度主义经济学家威斯利·C. 密契尔（Wesley C. Mitchell）等学者将国民收入及其变动与经济周期的分析紧密结合起来。

3. 第三阶段：现代宏观经济学产生和发展时期（20 世纪 30 年代后期到 60 年代）

直至 20 世纪最初 30 年的宏观经济学都不涉及国民收入水平的决定问题，坚持经济和谐的古典观念，坚信价格机制的自发调节功能，从而不会出现大规模失业，因此政府没有必要对经济进行干预。而这一时期经济大萧条的持续，改变了人们对经济运行规律的传统认识，也使得以凯恩斯主义经济学在第二次世界大战以后，逐步在宏观经济研究和政府决策领域取得主导地位。凯恩斯从社会总需求入手，探寻了大萧条产生的原因与治理对策。因此，凯恩斯的理论从一开始就是从宏观经济层面上展开，也被称为"有效需求理论"。

但是，凯恩斯宏观经济理论难以解释 20 世纪 60 年代后期开始出现的资本主义世界的"滞胀"局面，也未能提出有效的治理对策。因此在宏观经济学发展的第三阶段中，以下几个方面发生了重要变化。

（1）非凯恩斯派宏观经济学复兴。尤其是以米尔顿·弗里德曼（Milton Friedman）为代表的货币主义逐步发展成为凯恩斯经济学强有力的挑战者。此外，阿萨·林德伯克（Assar Lindbeek）的社会民主主义理论和混合经济模型、熊彼特基于创新理论的周期理论、康德拉捷夫（N. D. Kondratieff）和西蒙·史密斯·库兹涅茨（Simon Smith Kuznets）的长周期理论等非凯恩斯派宏观经济学也产生了较大影响。

（2）凯恩斯派宏观经济理论不断进行自我完善。哈罗德·德姆塞茨（Harold Demsetz）和埃弗塞·多马（Evsey David Domar）等经济学家在将凯恩斯理论动态化、长期化的过程中，不仅从总需求方面做了补充，也重视总供给因素；琼·罗宾逊（Joan Robinson）、詹姆斯·托宾（James Tobin）、阿瑟·奥肯（Arthur M. Okun）等人对价值判断和伦理标准的强调，使凯恩斯宏观经济理论增添了规范经济学色彩。

（3）凯恩斯宏观经济学和非凯恩斯宏观经济学互相渗透。经过较长期的论战与交锋，双方开始互相吸收对方的合理部分，互相渗透和影响，两派在货币因素的重要性、失业问题的顽固性、国家长期规划的作用、浮动汇率问题等方面取得了比较一致的看法。当然，两派的分歧难以从根本上消除，论战仍在继续[①]。

4. 第四阶段：现代宏观经济学的进一步发展和演变时期（20世纪70年代以后）

进入20世纪70年代以后，现代宏观经济学在以下四个方面获得了新进展。

（1）凯恩斯主义者在进一步吸收理性预期学说等非凯恩斯学派研究成果的基础上发展成为新凯恩斯主义。

（2）非均衡理论有了较大的发展。新凯恩斯主义把凯恩斯主义作为非均衡理论的一种加以继承与发扬。

（3）经济增长的研究视野进一步扩展。例如，人力资本与技术因素、制度因素在经济增长中的作用得到确认。

（4）政府失灵问题引起关注。斯蒂格利茨等学者从金融政策角度对金融管制与反管制金融政策的局限性等问题进行了研究；布坎南等学者从公共选择理论的角度说明了政府失灵。

第三节 经济学的研究对象与内容体系

微观经济学和宏观经济学有什么区别和联系？

一、经济学的研究对象

现代西方经济学按照其研究的对象、内容和研究的方法，可以大致分为两大类：微观经济学（Microeconomics）和宏观经济学（Marcoeconomics）。

经济学的研究对象

1. 微观经济学的研究对象

微观经济学是以单个经济单位（消费者或家庭、厂商，以及单个市场）为考察对象，研究单个经济单位的经济行为，以及相应的经济变量的单项数值如何决定。个体单位的经济行为大体上可归为以下三类。

（1）消费者个人的经济行为，如消费者如何在收入既定时选择需要购买的商品数量。

（2）厂商个体的经济行为，如厂商在资源既定的条件下，如何选择生产产品的数量和价格，才能保证获得利润。

---

① 厉以宁. 宏观经济学的产生与发展[M]. 长沙：湖南人民出版社，1997.

（3）单个市场上供求双方的经济行为如何决定单个商品（包括生产要素）的供给量、需求量、价格等经济变量。

由于在产品市场和要素市场上，消费者和生产者处于买卖的不同地位，因此，微观经济学对单个市场的分析可以分为两部分：一部分是研究消费者作为产品需求方和生产者作为产品供给方的产品市场上，产品的数量和价格是如何决定的；另一部分是研究消费者作为要素供给方和生产者作为要素需求方的要素市场上，劳动、土地、资本等生产要素的价格和数量是如何决定的。

由于以上单个经济单位的经济行为都需要通过市场的价格功能才能表现出来，因此微观经济学又可以称为"价格理论"。微观经济学的主要研究内容包括价格理论、消费者行为理论、生产理论、成本理论、厂商均衡理论、收入分配理论、福利经济学和一般均衡理论等。

2. 宏观经济学的研究对象

宏观经济学是以整个国民经济活动作为考察对象，研究整个国民经济活动或经济问题的经济学，即研究一个国家或地区的总产出水平、总就业量、总物价水平等宏观经济总量是如何决定与变动的，它们的相互关系如何，政府如何运用财政政策、货币政策等政策工具有效调控经济。

根据凯恩斯的传统二分法，总产出或总收入的变动可以一分为二：一部分是长期变动趋势，即一国或地区潜在总生产能力或总产出水平的提高；另一部分是短期波动，即经济周期。前者被称为经济增长问题，后者被称为经济波动或经济周期问题。为了研究的方便，宏观经济学在研究增长问题时，不考虑波动问题；在研究波动问题时，忽略长期趋势或潜在总产出水平的变动。因此，宏观经济学研究两大主题，即经济增长问题和经济波动问题。

现代西方经济学认为，微观经济学和宏观经济学既有联系又有区别，两者相辅相成，并无轻重之分。另外，也不能将宏观经济学简单地视作是微观经济学的加总。从表面上看，宏观经济活动是由微观经济活动加总累积而成的。但事实上，这种简单的加总在经济分析中是行不通的。例如，个人在收入有限的前提下，会趋向于从节俭角度来进行资源配置和消费安排。但从宏观经济角度看，主张节俭却不利于萧条经济的复苏和失业问题的解决。

二、经济学的内容体系

微观经济学与宏观经济学在研究对象、研究方法上的区别，使得两者的研究内容体系并不相同。

1. 微观经济学的研究内容体系

微观经济学从价格如何影响个人需求和个人供给出发，推导出市场需求和市场供给，再从市场供求的相互作用中，讨论市场机制对资源配置的调节作用。由此可见，微观经济学的内容框架大致可以概括为"4 个词、8 个字",即需求、供给、价格和市场,如图 1-2 所示。

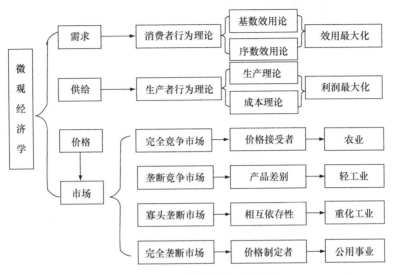

图 1-2 微观经济学的基本内容框架

但是要强调一点,微观经济学这种以微观个体经济行为为出发点,分析经济问题的思路不仅仅适用于产品市场,也适用于生产要素市场。两个市场之间关系紧密,可以用图 1-3 来说明。

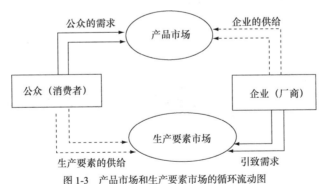

图 1-3 产品市场和生产要素市场的循环流动图

在图 1-3 中,左、右两个方框各表示公众(消费者)和企业(厂商)。单个消费者和单个厂商分别以产品的需求者和产品的供给者的身份出现在产品市场上,又分别以生产要素的供给者和生产要素的需求者的身份出现在生产要素市场上。

图中的上、下两个椭圆各表示产品市场和生产要素市场。图中的实线、虚线各表示需求关系和供给关系。消费者和厂商的经济活动通过产品市场和生产要素市场的供求关系的相互作用而联系起来。消费者的经济行为表现为在生产要素市场上提供生产要素,如提供一定数量的劳动、土地等,以取得收入,然后,在产品市场上购买所需的商品,进而在消费中得到最大的效用满足。厂商的经济行为表现为在生产要素市场上购买所需的生产要素，如雇用一定数量的工人、租用一定数量的土地等，以进行生产，进而通过商品的出售获得最大的利润。因此，产品市场和要素市场的价格决定必须充分考虑到各个市场之间的联系。

2. 宏观经济学的研究内容体系

宏观经济学是从宏观经济整体出发展开分析。在封闭经济条件下，宏观经济学一般围绕三大基本宏观经济目标，从宏观经济变量、宏观经济模型和宏观经济政策三个方面构建其内容体系。

由于经济增长、就业和物价情况关系到一国或地区的国民福利水平，以及社会经济的稳定，因此三者是封闭经济条件下宏观经济学研究的基本目标，并贯穿于宏观经济学研究的始终。宏观变量的设计是为了衡量一个经济体的整体运行情况，分析宏观经济问题的基础，就是设计一定的宏观经济变量。

宏观经济学研究的经济变量一般包括三大类：①总产出或总收入水平及其增长率，即国内生产总值（Gross Domestic Product，GDP）及其变动；②总就业水平，即失业率及其变动；③一般物价水平，即物价水平及其变动。

而要了解宏观变量的决定和影响过程，则需要借助于一定的宏观经济模型。在本书中，主要以国民收入的决定问题为主，介绍了简单的国民收入决定模型、IS-LM 模型和总供求模型。洞悉了一定宏观经济变量的产生过程和发展现状，即可以形成科学的宏观经济政策，对宏观经济的实践加以指导和干预，以更好地实现宏观经济目标。强调一点，在开放经济条件下，宏观经济学还要进一步解决如何实现国际收入平衡的问题。

第四节 经济学的研究方法

针对环境污染问题，如何分别展开规范经济学研究和实证经济学研究？

经济学所要研究的资源配置和利用问题，既可以用实证的方法进行分析，也可以用规范的方法进行分析。这是经济学研究中使用的一般研究方法。如果只是考察经济现象是什么（What is），即经济现状如何，为何会如此，其发展趋势如何，至于这种经济现象好不好，该不该如此，则不做出评价，这种研究方法称为**实证经济学**（Positive Economics）分析。另一种则是对经济现状及变化要做出好不好的评价，或该不该如此的判断，这种研究方法称为**规范经济学**（Normative Economics）分析。

一、实证分析与规范分析

实证分析与规范分析的区别，主要表现在怎样对待"价值判断"。价值判断是指对经济事物社会价值的判断，即对某一经济事物是好还是坏的判断。

实证分析企图超脱和排斥一切价值判断，只研究经济本身的内在规律，并根据这些规律，分析和预测人们经济行为的效果。规范分析则以一定的价值判断为基础，是以某些标准来分析处理经济问题，树立经济理论的前提，作为制定经济政策的依据，并研究如何才能符合这些标准。

**实证经济学与规范
经济学举例**

简言之，实证分析回答"是什么"的问题，而规范经济学分析则要回答的是"应该是什么"的问题，但两者并不是绝对对立的。一般来说，实证分析以规范分析为指导；同时，价值判断往往产生于一定的实证分析结论。经济学的研究既需要实证分析，也需要规范分析，二者的结合运用方能确保经济研究的正确方向。

二、其他研究方法

1. 均衡分析

均衡（Equilibrium）是从物理学中引进的概念。在物理学中，均衡是表示同一物体同时受到几个方向不同的外力作用而合力为零时，该物体所处的静止或匀速运动的状态。经济中均衡是指各种对立的、变动着的力量处于一种力量相当、相对静止、不再变动的状态。

均衡又分为**局部均衡**（Partial Equilibrium）与**一般均衡**（General Equilibrium）。局部均衡分析是假定在其他条件不变的情况下来分析某一时间、某一市场的某种商品（或生产要素）供给与需求达到均衡时的价格决定。一般均衡分析则在各种商品和生产要素的供给、需求、价格相互影响的条件下来分析所有商品和生产要素的供给和需求同时达到均衡时所有商品的价格如何被决定。一般均衡分析是关于整个经济体系的价格和产量结构的一种研究方法，是一种全面的分析方法，但由于一般均衡分析涉及市场或经济活动的方方面面，而这些又是错综复杂和瞬息万变的，实际上使得这种分析非常复杂和耗费时间。所以在经济学学习中，大多数采用局部均衡分析。

2. 静态分析、比较静态分析和动态分析

经济学所采用的分析方法又可分为静态分析、比较静态分析和动态分析。

（1）**静态分析**（Static Analysis）是分析经济现象的均衡状态以及有关的经济变量达到均衡状态所需要具备的条件，它完全抽掉了时间因素和具体变动的过程，是一种静止地、孤立地考察某些经济现象的方法。

（2）**比较静态分析**（Comparative Static Analysis）是分析在已知条件发生变化以后经

济现象均衡状态的相应变化，以及有关的经济总量在达到新的均衡状态时的相应变化，即对经济现象有关经济变量一次变动（而不是连续变动）的前后进行比较。

（3）**动态分析**（Dynamic Analysis）是对经济变动的实际过程进行分析，包括分析有关总量在一定时间过程中的变动、这些经济总量在变动过程中的相互影响和彼此制约的关系，以及它们在每一时点上变动的速率等。

3. 个量分析与总量分析

前面已经提过，宏观经济学采取总量分析方法，即对能够反映经济整体运行状况的经济变量及其变动和相互关系进行分析。总量分析还通常假定个量是已知和既定的，如宏观经济学研究一般物价水平的变动及其对国民收入的影响，分析一般物价水平变动与失业率的关系等，但不研究单个商品价格的形成与波动以及特定商品价格变化对其他商品价格的影响等，后者属于微观经济学的研究内容。

4. 经济模型

经济模型（Economic Model）是指用来描述与所研究的经济现象有关的经济变量之间相互关系的理论结构。简单地说，把经济理论用变量的函数关系来表示称为经济模型。一个经济模型是指论述某一经济问题的一个理论，如前已指出，它可用文字说明（叙述法），也可用数学方程式表达（代数法），还可用几何图形式表达（几何法、画图法）。

由于任何经济现象，不仅错综复杂，而且变化多端，如果在研究中把所有的变量都考虑进去，就会使得实际研究成为不可能。所以任何理论结构或模型，必须运用科学的抽象法，舍弃一些影响较小的因素或变量，把可以计量的复杂现象简化和抽象成为数不多的主要变量，然后按照一定函数关系把这些变量编成单一方程或联立方程组，构成模型。由于建立模型时选取变量的不同及其对变量的特点假定不同，因此，即使对于同一个问题也会建立多个不同的模型。

> ### 案例与拓展

拓展资料： 现代经济学的分析框架

资料来源： 节选自《理解现代经济学》，钱颖一，《经济社会体制比较》，2002 年第1 期。

经济学包括理论经济学和应用经济学两个"一级学科"下的全部"二级学科"，包括宏观、微观、计量、金融、财政、产业、劳动、环境、国际（世界）等经济学内容。关于现代经济学的概念，我们把最近半个世纪以来发展起来的、在当今世界上被认可为主流的经济学称为现代经济学。现代经济学代表了一种研究经济行为和现象的分析方法或框架。

作为理论分析框架，它由三个主要部分组成：视角（Perspective）、参照系（Reference）或基准点（Benchmark）和分析工具（Analytical Tools）。接受现代经济学理论的训练，是从这三个部分入手的。理解现代经济学的理论，也需要懂得这三个部分。

（1）现代经济学提供了从实际出发看问题的角度或曰"视角"。这些视角指导我们避开细枝末节，把注意力引向关键的、核心的问题。经济学家看问题的出发点通常基于三项基本假设：经济人的偏好、生产技术和制度约束、可供使用的资源禀赋包括信息。不论是消费者、经营者还是工人、农民，在做经济决策时出发点基本上是自利的，即在所能支配的资源限度内和现有的技术和制度条件下，他们希望自身利益越大越好。用现代经济学的视角看问题，消费者想买到物美价廉的商品，企业家想赚取利润，都是很自然的。这种利益最大化包括利他行为。从这样的出发点开始，经济学的分析往往集中在各种间接机制（比如价格、激励）对经济人行为的影响，并以"均衡""效率"作为分析的着眼点。

（2）现代经济学提供了多个参照系或基准点。这些参照系本身的重要性并不在于它们是否准确无误地描述了现实，而在于建立了一些让人们更好地理解现实的标尺。如一般均衡理论中的阿罗—德布罗定理（Arrow-Debreu Theorem）、产权理论中的科斯定理（Coase Theorem）和公司金融理论中的默迪格利安尼—米勒定理（Modigliani-Miller Theorem）都被经济学家用作他们分析的基准点。

（3）现代经济学提供了一系列强有力的分析工具，它们多是各种图像模型和数学模型。这种工具的力量在于用较为简明的图像和数学结构帮助我们深入分析纷繁错综的经济行为和现象。例如供需曲线图像模型，它以数量和价格分别为横轴、纵轴，提供了一个非常方便和多样化的分析工具。起初，经济学家用这一工具来分析局部均衡下的市场资源配置问题，后来又用它来分析政府干预市场的政策效果。不仅可用它来研究市场扭曲问题，也可用它来研究市场失灵问题和收入分配的福利分析等问题。

现代经济学提供的这种由视角、参照系和分析工具构成的分析框架是一种科学的研究方法。现代经济学并不是一些新鲜的经济学名词和概念的汇集，经济学家的工作也不是任意套用这些名词和概念，而是运用这些概念所代表的分析框架来解释和理解经济行为和现象。

本章要点

1. 经济学是研究人们行为的社会科学，它是研究个人和社会在一定的制度下，如何在满足人们需要的稀缺资源的用途之间进行配置和利用的科学。经济学是建立在理性行为假定和稀缺性规律这两大基本的前提之上的社会科学。

2. 理性行为假定是在经济活动中，作为经济决策的主体，居民、厂商和政府等都充满理性，一般都被视为理性人，他们既不会感情用事，也不会轻信盲从，而是精于判断和计算，其行为符合始终如一的偏好原则；稀缺性规律是指人类需求的无限性和资源的有限性之间的矛盾。

3. 经济学要研究的基本问题是资源配置和资源利用的问题。据此，经济学又可以分为微观经济学和宏观经济学。

4. 资源配置就是对稀缺资源所做出的一种选择。资源配置就是要解决"生产什么""如何生产"和"为谁生产"这三大基本经济问题。

5. 经济学的研究方法主要包括两种：实证分析和规范分析。其中，实证分析回答的是"是什么"的问题，而规范分析说明的是"应该是什么"的问题。

6. 均衡分析是指由于各种经济力量相互抵消而形成的一种稳定状态。

7. 经济模型是描述经济变量之间相互关系的理论结构。

关键概念

自由物品	经济物品	经济人	生产可能性边界
微观经济学	宏观经济学	实证经济学	规范经济学
均衡分析	静态分析	比较静态分析	动态分析

习 题 一

一、选择题

1. 经济物品是指（　　　）。

    A. 有用的物品　　　　　　　　　　B. 稀缺的物品

    C. 要用钱购买的物品　　　　　　　D. 有用且稀缺的物品

2. 人们在经济资源的配置和利用中要进行选择的根本原因在于（　　　）。

    A. 产品效用的不同　　　　　　　　B. 人们的主观偏好不同

    C. 经济资源的稀缺性　　　　　　　D. 经济资源用途的不同

3. 生产可能性曲线说明的基本原理是（　　　）。

    A. 一国资源总能被充分利用

    B. 假定所有经济资源能得到充分利用，则只有减少 Y 物品生产才能增加 X 物品的生产

    C. 改进技术引起生产可能性曲线向内移动

    D. 经济能力增长唯一决定于劳动力数量

4. 一国生产可能性曲线以外一点表示（　　　）。

    A. 通货膨胀

    B. 失业或者说资源没有被充分利用

    C. 该国可能利用的资源减少以及技术水平降低

    D. 一种产品最适度产出水平

5. 下列哪一项会导致生产可能线向外移动？（　　　）

    A. 失业　　　　　　　　　　　　　B. 通货膨胀

C. 有用性资源增加或技术进步　　　D. 消费品生产增加，资本品生产下降

6. 微观经济学是经济学的一个分支，主要研究（　　）。

    A. 市场经济　　　　　　　　　　B. 个体行为

    C. 总体经济活动　　　　　　　　D. 失业和通货膨胀等

7. 以下问题中，哪一个不属于微观经济学所考察的问题？（　　）

    A. 一个厂商的产出水平

    B. 失业率的上升或下降

    C. 关税变动对一国某一产品进出口的影响

    D. 某一行业中雇用工人的数量

8. 宏观经济学是经济学的一个分支，主要研究（　　）。

    A. 计划经济　　　　　　　　　　B. 经济总体状况，如失业与通货膨胀

    C. 不发达国家经济增长　　　　　D. 计算机产业的价格决定问题

9. 实证经济学（　　）。

    A. 关注应该是什么

    B. 主要研究是什么，为什么，将来如何

    C. 不能提供价值判断的依据

    D. 对事物进行价值判断

10. 下列命题中哪一个是规范分析命题？（　　）

    A. 1982 年 8 月美联储把贴现率降到 10%

    B. 1981 年失业率超过 9%

    C. 联邦所得税对中等收入家庭是不公平的

    D. 社会保险税的课税依据现在已超过 30 000 美元

二、分析题

1. 你认为消费问题是属于微观经济学现象还是宏观经济学现象？

2. 什么是经济理性主义？日常生活中有哪些行为是符合这个原则的？有没有"非理性"或"反理性"行为？自私自利和损人利己是理性的还是反理性的，为什么？您给出的答案是实证性的还是规范性的？

第二章 需求、供给与均衡价格

生活中令人费解的现象有很多，有些东西很有用却价格低，有些东西用处不大却价格高，如水与钻石的价值悖论；有些东西花费了大量的劳动但并不值钱，有些东西耗费的劳动不多却很昂贵。其实，在西方经济学中，用一个简单的供求工具就可以解释清楚。西方有一句谚语：你要使一只鹦鹉成为一位经济学家，只要教会它说"需求"和"供给"就可以了。虽然需求和供给分析远非鹦鹉学舌那么简单，但这一谚语却道出了供求分析在经济学中的重要意义。

第一节 需求

怎样才能形成对商品有效的需求？哪些因素可能影响人们对商品的需求？需求有规律可循吗？需求量的变动与需求的变动有何区别？

一、需求的定义与种类

（一）需求的定义

需求（Demand）是指人们在一定时期内，在每一价格水平下愿意而且能够购买的该商品或服务的数量。

需求

对"需求"定义的把握要注意以下两个方面。

（1）对商品的需求由购买欲望和购买能力两因素组成，二者缺一不可。只有购买的欲望却没有购买的能力，或者虽然有购买的能力但没有购买的欲望，都不能形成对商品的有效需求。

（2）需求反映了商品的价格与该价格水平上人们购买的商品数量这两个变量之间的关系，反映了一定的价格水平下人们最多购买的商品数量，或人们购买一定商品数量时最多愿意支付的价格。

（二）需求的种类

需求可以分为个人需求与市场需求。

1. 个人需求

个人需求是单个消费者或家庭在每一价格水平下愿意而且有能力购买的某种商品的

数量。

2．市场需求

市场需求是在每一价格水平下，所有消费者或家庭对某种商品的需求量的总和。个人需求是构成市场需求的基础，市场需求是所有个人需求的总和。

二、需求曲线和需求规律

（一）需求曲线

1．需求曲线和需求表

需求曲线和需求规律

表 2-1 是假定某人在各种价格水平上对某种商品的需求数量，反映了在每一可能的价格下商品需求量与价格的对应关系，这就是**需求表**（Demand Schedule）。我们把需求表中需求量与价格的对应关系用图示法表示出来，如图 2-1（a）所示，通常以纵轴表示商品的价格（P），横轴表示商品的需求量（Q），根据表中所列数字，就可以在图中画出某人的需求曲线。

需求曲线（Demand Curve）就是反映某种商品的需求量与其价格相互关系的曲线。一般来说，需求曲线向右下方倾斜，斜率是负的，表明某种商品的需求量与其价格负相关。有时，我们为了方便研究，常把需求曲线画成直线，如图 2-1（b）所示。

表 2-1   需求表

价格—数量组合	A	B	C	D	E
价格（元）	1	2	3	4	5
数量（单位数）	15	13	8	7	6

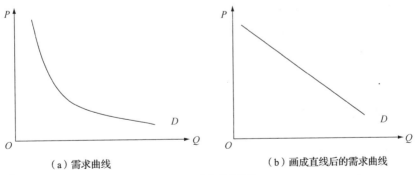

（a）需求曲线　　　　　　　　　　　（b）画成直线后的需求曲线

图 2-1　个人需求曲线

2．个人需求曲线和市场需求曲线

需求曲线分为个人需求曲线和市场需求曲线，图 2-1 是个人的需求曲线。为了分析市场如何运行，我们需要确定市场需求曲线。市场需求是所有个人需求的总和，如图 2-2 所示，假设这个市场只有张三和李四两个消费者，张三的需求曲线是 D_1，李四的需求曲

线是 D_2，当价格是 P_0 时，张三的需求量是 Q_1，李四的需求量是 Q_2，则在这个价格下，市场的需求量就是 Q_0（$Q_0=Q_1+Q_2$）。因此，图 2-2 中的 D 就是市场需求曲线，即把个人需求曲线水平相加得出的。

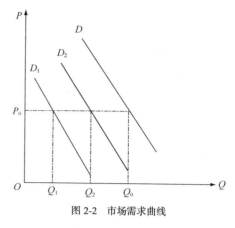

图 2-2　市场需求曲线

（二）需求规律

需求曲线向右下方倾斜，斜率是负值，反映出了需求规律。

需求规律（Law of Demand）是指在影响需求的其他因素既定的条件下，商品的需求量与其价格之间存在着反向依存的关系。当价格上涨时，需求量减少，价格下降时，需求量增加。需求规律和我们的日常生活经验是一致的。例如，在其他条件不变时，当猪肉的价格上涨，人们一般会减少对猪肉的购买；反之，猪肉的价格下降，人们就会增加对猪肉的购买。

掌握需求规律要注意以下两点。

（1）需求规律的前提是其他条件不变。在现实中，影响消费者购买的因素很多，例如价格、收入、偏好及相关商品价格的变化等。需求规律是假定除价格以外，其他因素都是不变的，专门研究需求量与价格的变化关系。

（2）需求规律存在例外。例如，"吉芬商品"（Giffen Goods）最早是由英国人吉芬提出来的，故以他的名字命名。吉芬发现，1845 年爱尔兰发生灾荒，人们的收入急剧下降。在此期间，土豆的价格虽然急剧上涨，但人们对它的需求量反而增加。"吉芬商品"是一种低档商品，但低档商品不一定是"吉芬商品"。这可以用后面的替代效应和收入效应来解释。再比如某些炫耀性商品，像豪华轿车、珠宝等的价格已成为身份或地位的象征时，如果它的价格下跌，不能再起到显示拥有者的地位和身份时，对它的需求量反而会下降。

三、影响需求的因素和需求函数

（一）影响需求的因素

1．商品自身的价格

在其他条件不变的情况下，一种商品的价格下降，消费者对它的需求量会上升，价格上涨，需求量会下降。这可以用**替代效应**（Substitute Effect）和**收入效应**（Income Effect）来解释。替代效应是指商品相对价格的变化对需求产生的影响。收入效应是指因商品价格变化使实际收入发生变化进而对需求产生的影响。

影响需求的因素和需求函数

对于正常商品，替代效应和收入效应都与价格呈反方向变动。当价格变动后，由于替代效应和收入效应的共同作用，需求量与价格负相关，需求曲线向右下方倾斜。对于劣等品而言，替代效应与价格呈反方向变动，收入效应与价格呈同方向变动，在大多数情况下，替代效应大于收入效应，需求曲线也向右下方倾斜，但吉芬品是一种特殊的劣等品，特殊性就在于其替代效应小于收入效应，所以吉芬品的需求曲线是向右上方倾斜的。

２．其他相关商品的价格

（１）替代商品价格的变化。如果两种商品都能满足人们某种共同的欲望，那么这两种商品就称为替代商品。当其他因素不变时，某种商品的需求与它的替代商品的价格同方向变动。例如，冷冻酸奶和冰淇淋都是冷而甜的奶油食品，能满足人们相似的欲望，可以视为替代品。当冰淇淋的替代品冷冻酸奶的价格下降，人们对冰淇淋的需求会减少，反之则会增加。

（２）互补商品价格的变化。如果两种商品只有结合在一起使用，才能满足人们的某种欲望，那么这两种商品就称为互补商品。当其他因素不变，一种商品的需求与它的互补商品的价格呈反方向变动。例如，汽车和汽油就是互补品，汽油的价格上涨会引起对汽车的需求减少。此外，计算机和软件也是如此。

３．消费者的收入水平

收入变动对商品需求的影响分为两种情况：对于正常商品而言，在其他条件一定时，随着人们收入的增加，对它的需求就会增加，反之会减少；对于低档商品而言，在其他条件一定时，随着人们收入的增加，对它的需求反而会减少，反之则会增加。当然，正常商品与低档商品的划分具有相对性。

４．消费者对未来价格的预期

如果其他因素不变，某种商品的需求与消费者对该商品的预期价格呈同方向变化。当消费者预期某种商品的价格上涨时，现在就会增加对该商品的购买。反之，现在则会减少对该商品的购买。

５．消费者的嗜好

消费者嗜好或偏好是指人们对某种商品的喜欢程度。消费者对某种商品的需求与对该商品的偏好程度呈正相关的关系。当其他因素不变，消费者对某种商品的偏好程度越高，对该商品的需求就越多。例如消费者喜欢冰淇淋，他就会多买一些。

此外，人口的多少、人口的年龄结构、收入分配的平等程度、气候条件与风俗习惯等也会影响商品的需求。

（二）需求函数

上述五个因素是影响商品需求的主要因素。如果把这五个因素看作自变量，把需求量看作因变量，则可以用函数关系来表达需求与这些影响需求的因素之间的依存关系，这就是**需求函数**（Demand Function），记作：

$$Q_\mathrm{d} = f(T, I, P, P_i, E)$$ 式（2-1）

式中　Q_d——某种商品的需求量；

T、I、P、P_i、E——分别代表偏好、收入、该商品的价格、相关商品的价格、对未来价格的预期。但在这五个因素中，商品自身的价格对需求量的影响是最重要的。因此，经济学假定其他因素都是不变的，重点研究价格对需求量的影响，将需求函数定义为需求量是价格的函数，则需求函数可以表示为：

$$Q_\mathrm{d} = f(P)$$ 式（2-2）

如果需求曲线是直线形的，需求函数的一般形式就可以写成：$P = a - bQ_\mathrm{d}$，其中$-b$ 是需求曲线的斜率。

四、需求量的变动与需求的变动

（一）需求量变动的含义及其表现

需求量的变动是指其他因素不变，由某种商品价格变动引起的消费者对该商品需求数量的变动。

需求量的变动与
需求的变动

在坐标图中，需求量的变动表现为在同一条需求曲线上点的位置移动。如图 2-3 所示，需求数量从 Q1 增加到 Q2 是由于自身价格下降引起的，在图形上表现为从 a 点移动到 b 点，原来的需求曲线则是不动的，这种情况就是需求量的变动。

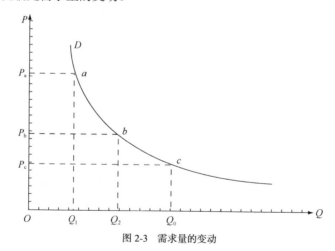

图 2-3　需求量的变动

（二）需求变动的含义及其表现

需求的变动是指某种商品的自身价格不变，由其他因素变动引起的消费者对该商品需求数量的变动。

在坐标图中，需求变动表现为需求曲线本身的移动。需求增加时，需求曲线向右上方移动；需求减少时，需求曲线向左下方移动，如图 2-4 所示。

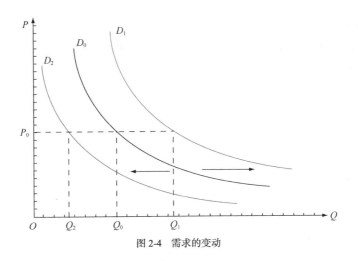

图 2-4　需求的变动

第二节 | 供给

 怎样才是有效的供给？哪些因素可能影响对商品的供给？供给有规律吗？供给量的变动与供给的变动有何区别？

一、供给的定义与种类

（一）供给的定义

供给（Supply）是指厂商在一定时期内，在每一价格水平下愿意而且能够提供的某种商品或服务的数量。

对供给定义的把握也要注意以下两个方面。

（1）对商品的供给由厂商供给商品的意愿和供给能力两因素组成，二者缺一不可。厂商只有供给的意愿却没有供给的能力，或者虽然有供给的能力但没有供给的意愿，都不能形成对商品的有效供给。

（2）供给反映了商品的价格与该价格水平上厂商供给数量这两个变量之间的关系，反映了一定的价格水平厂商最多供给的商品数量，或厂商供给一定数量的商品所愿意接受的最低价格。

供给

（二）供给种类

供给分为个别供给和市场供给两类。

1．个别供给

个别供给是指单个厂商对某种产品的供给。

2．市场供给

市场供给是市场上所有厂商对某种产品供给的总和。在每一价格水平上将各厂商对某种产品的供给相加，就可以得到市场供给。

二、供给曲线和供给规律

（一）供给曲线

1．供给表和供给曲线

供给曲线和供给规律

表 2-2 所示为某厂商在各种价格水平上对某种商品的供给数量，该表描述了在每一可能的价格下商品供给量与价格的对应关系，即**供给表**（Supply Schedule）。

我们把供给表中供给量与价格的对应关系用图示法表示出来，如图 2-5（a）所示，通常以纵轴表示商品的价格（P），横轴表示商品的供给量（Q），根据表中所列数字，就可以画出某厂商的供给曲线（S）。**供给曲线**（Supply Curve）就是反映某种商品的供给量与其价格相互关系的曲线。一般来说，供给曲线向右上方倾斜，斜率是正的，表明供给量与其价格正相关。有时为了方便研究，我们常把供给曲线画成直线，如图 2-5（b）所示。

表 2-2   供给表

价格—数量组合	A	B	C	D	E
价格（元）	1	2	3	4	5
数量（单位数）	10	53	77.5	100	115

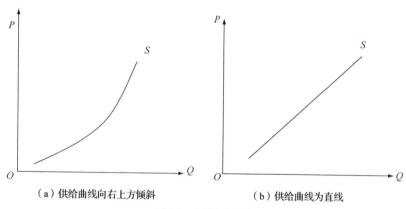

（a）供给曲线向右上方倾斜   （b）供给曲线为直线

图 2-5　个别供给曲线

2．个别供给曲线和市场供给曲线

供给曲线分为个别供给曲线和市场供给曲线，图 2-5 是个别供给曲线。为了分析市场如何运行，我们需要确定市场供给曲线。市场供给是所有个别供给的总和。假设这个市场只有甲和乙两个厂商供给蛋糕，甲的供给曲线是 S_1，乙的供给曲线是 S_2，当价格是 P_0 时，

甲的供给量是 Q_1，乙的供给量是 Q_2，则在这个价格下，市场的供给量就是 Q_0（$Q_0=Q_1+Q_2$）。因此，如图 2-6 所示，市场供给曲线 S 就是把个别供给曲线水平相加得出的。

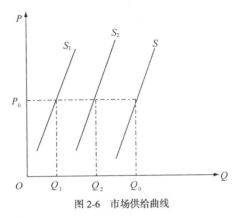

图 2-6　市场供给曲线

（二）供给规律

供给规律（Law of Supply）是指在其他因素不变的条件下，某种产品的供给量与该产品的价格存在正相关的关系。价格越高，供给量就越多；价格越低，供给量就越少。

掌握供给规律要注意以下两点。

（1）供给规律的前提是其他条件不变。影响供给量的因素很多，如价格、技术管理水平、生产成本等。供给规律是假定除价格以外，其他因素都是不变的，专门研究供给量与价格的变化关系。

（2）供给规律存在例外。某些产品的供给量是固定不变的，不会随着价格的上升而增加，如文物、土地等。另外，劳动的供给也存在例外，当劳动力的价格即工资率高到一定程度后，随着工资水平的提高，劳动的供给量反而减少。有关劳动的供给问题在后面会详述。

供给曲线和供给
规律

三、影响供给的因素和供给函数

（一）影响供给的主要因素

1．商品自身的价格

前面的供给规律已表明，如果其他因素不变，一般情况下，商品供给量与其价格同方向变动。

2．生产成本

投入要素的价格、生产的技术和管理水平等因素都会影响生产成本。单位产品的成本越低，厂商越愿意多生产，供给就越多。反之，成本增加，供给则减少。

3．相关商品的价格

（1）替代品价格的变化。如果一种物品的替代品价格上涨，该物品的供给就会减少。

例如，如果汽车装配线既可以生产轿车，又可以生产跑车，当跑车的价格上涨，厂商更愿意生产跑车，则轿车的供给就会减少，反之轿车的供给就会增加。

（2）互补品价格的变化。如果两种物品必须是同时生产的互补品，那么，一种物品的互补品的价格上涨，该物品的供给也会增加。例如，从煤中提炼化学产品时，可以生产煤焦油和尼龙。如果煤焦油或尼龙的价格上涨，另一种作为副产品的供给也会随之增加。

4．厂商对未来价格的预期

如果厂商预期某产品的未来价格要上涨，就会囤积这种商品，待价而沽，从而减少这种商品目前的市场供给；反之，则会增加这种商品目前的供给。例如，厂商如果预期食用油的价格要上涨，就会把现在生产的一些食用油贮存起来，减少目前的市场供给。所以供给与厂商预期的价格呈反向变化。

5．厂商数量

市场上出售同一种产品的厂商数量越多，市场供给也就越多，如果有厂商退出市场，该产品的市场供给就会减少。

此外，自然条件的变化、时间等因素都可能影响供给。

（二）供给函数

上述五个因素是影响商品供给的主要因素。如果把这五个因素看作自变量，把供给数量看作因变量，则**供给函数**（Supply Function）记为：

$$Q_S = f(P, C, P_i, E, A) \qquad \text{式（2-3）}$$

式中　Q_S——某种商品的供给量；

P、C、P_i、E、A——分别代表商品自身的价格、生产成本、相关商品的价格、厂商对未来价格的预期及厂商的数量。但在这五个因素中，商品自身的价格对供给量的影响是最重要的。因此，供给函数可以表示为：$Q_S = f(P)$。如果供给曲线是直线形的，线性的供给函数的一般形式就可以写成：$P=a+bQ_S$，其中 b 是供给曲线的斜率。

四、供给量的变动与供给的变动

（一）供给量的变动的含义及其表现

供给量的变动是指其他因素不变，由于某种商品价格的变动引起厂商对这种商品供给数量的改变。在图形中，供给量的变动表现为在同一条供给曲线上点的移动。如图 2-7 所示，在其他条件不变时，当该商品的价格从 P_c 下降到 P_b，供给数量从 Q_c 减少到 Q_b 时，其表现为在原来供给曲线 S 上从 c 点移到 b 点，原来的供给曲线 S 是不动的。

供给量的变动和
供给的变动

（二）供给变动的含义及其表现

供给的变动是指某种商品的价格不变，由于其他因素变动引起的厂商对该商品供给数量的改变。在图 2-8 中，供给变动表现为供给曲线的移动。在供给曲线 S_0 上，当价格是 P_0 时，供给量是 Q_0，如果生产成本减少，同样的价格会使供给数量增加到 Q_1，其他点也会右移，供给曲线则从 S_0 往右下方移到 S_1。当成本增加时，同样的价格 P_0，供给数量会从 Q_0 减少到 Q_2，其他点也会向左移，供给曲线则从 S_0 往左上方移到 S_2。

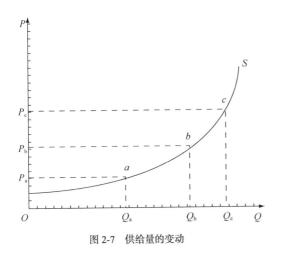

图 2-7　供给量的变动

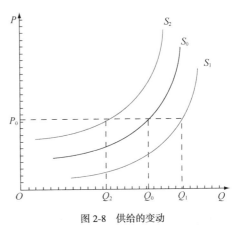

图 2-8　供给的变动

第三节

均衡价格

　　市场看上去是一群杂乱无章的卖者和买者，没有人去刻意地加以管理，但为什么市场却能和谐地运行呢？市场的核心作用是决定商品的价格，均衡的价格是如何形成的呢？在市场中，价格又是如何协调生产者和消费者的决策的？

一、均衡价格的含义

均衡一般是指相互对立的力量处于平衡的状态。经济学上的均衡也与此类似。市场上在买卖双方力量的共同作用下，自发地就会把价格推向买卖双方都愿意接受的市场价格即均衡价格。

均衡价格（Equilibrium Price）是指消费者对某种商品的需求量等于生产者所提供的该商品的供给量时的价格。市场达到均衡价格时，买者买到了想买的所有东西，卖者卖出了想卖的所有东西，双方都得到满足。而在均衡价格下的交易量称为**均衡数量**（Equilibrium Quantity）。图 2-9 中，E 是均衡点，P_E 是均衡价格，Q_E 是均衡数量。

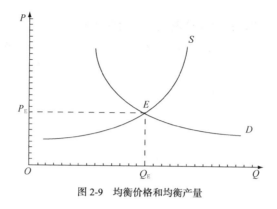

图 2-9　均衡价格和均衡产量

二、均衡价格的形成

在自由市场上，假设目前的市场价格高于均衡价格，则供给大于需求，产品过剩时，价格会自动下降；假设目前的市场价格低于均衡价格，则供给小于需求，产品短缺时，价格会自动上升。价格在需求和供给力量的共同作用下会自动地达到均衡水平，形成均衡价格。而价格的自动调整又会使该物品的需求和供给达到平衡，产品的过剩或短缺都是暂时的，市场也会自发地达到均衡产量。所以，在均衡价格水平上，市场就不存在使价格上升或下降的动力，处于一种相对稳定的状态，如图 2-10 所示。

均衡价格的形成

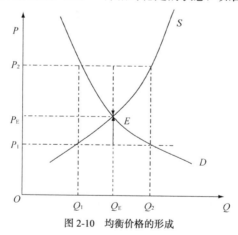

图 2-10　均衡价格的形成

三、均衡价格的数学模型

因为均衡价格是指消费者对某种商品的需求量等于生产者所提供的该商品的供给量时的价格，所以可根据需求函数和供给函数求得均衡价格，即可根据以下的方程组计算出均衡价格和均衡数量。

$$\begin{cases} Q_d = Q_S \\ Q_d = f(P) \\ Q_S = f(P) \end{cases}$$

假如需求函数是 $Q_d=50-5P$，供给函数是 $Q_S=-10+5P$，则根据

$$\begin{cases} Q_d = Q_S \\ Q_d = 50-5P \\ Q_S = -10+5P \end{cases}$$

可得均衡价格 $P=6$，均衡数量 $Q=20$。

四、均衡价格的变动

市场的均衡价格一旦形成以后，买卖双方都得到满足，也就不存在价格上涨或下降的动力，因而均衡价格也是稳定的，如果其他因素不变，这种价格将一直维持下去。但是，如果供给与需求变动了，均衡价格也将随之发生变动。

均衡价格的变动

1. 需求变动对均衡价格的影响

（1）当供给不变，需求增加时，需求曲线将向右上方平移，均衡价格会上升，均衡数量会增加，如图 2-11 所示。

（2）当供给不变，需求减少时，需求曲线将向左下方移动，均衡价格会降低，均衡数量会减少，如图 2-12 所示。

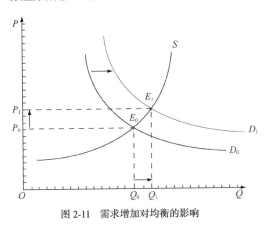

图 2-11　需求增加对均衡的影响

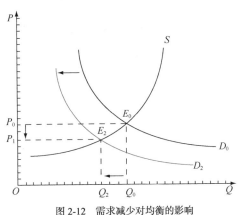

图 2-12　需求减少对均衡的影响

2. 供给变动对均衡价格的影响

（1）当需求不变，供给增加时，供给曲线将向右下方平移，均衡价格会下降，均衡数量会增加，如图 2-13 所示。

（2）当需求不变，供给减少时，供给曲线将向左上方移动，均衡价格会上升，均衡数量会减少，如图 2-14 所示。

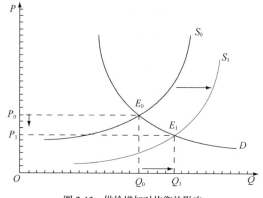

图 2-13　供给增加对均衡的影响

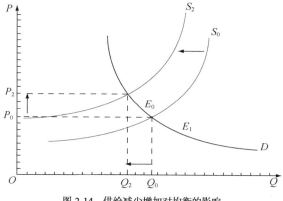

图 2-14　供给减少增加对均衡的影响

3. 需求供给同时变动对均衡价格的影响

当需求和供给同时增加时，均衡产量一定增加，均衡价格不能确定。均衡价格究竟是上升、下降还是保持不变，要看需求和供给增加的程度，如图 2-15 所示。

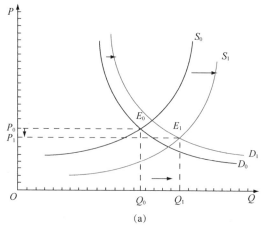

(a)

图 2-15　供给增加、需求增加对均衡价格和均衡数量的影响

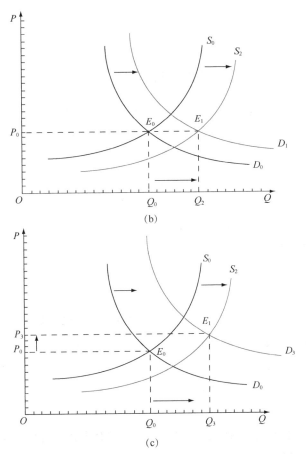

图 2-15　供给增加、需求增加对均衡价格和均衡数量的影响（续）

　　还可以用上面同样的方法分析需求和供给同时减少，或需求和供给发生反向变动对均衡价格和均衡数量的影响。下面将需求和供给变动对均衡的影响总结在表 2-3 中。

表 2-3　　　　　　　　　　　　　　　　需求和供给变动对均衡的影响列表

需求 Q_d	供给 Q_s	均衡价格 P_0	均衡数量 Q_0
增加	不变	上升	增加
减少	不变	下降	减少
不变	增加	下降	增加
不变	减少	上升	减少
增加	增加	不确定	增加
减少	减少	不确定	减少
增加	减少	上升	不确定
减少	增加	下降	不确定

　　通过分析供求变动对均衡价格的影响，我们可以总结出如下**供求规律**：均衡价格与需求同方向变动，但与供给反方向变动；均衡数量与需求和供给都是同方向变动的。

专栏 2-1

多地投放储备冻肉"降温"

　　数月来，市场供需偏紧的格局持续助推猪价涨势，且在不断刷新历史高点。目前，生猪价格已突破20元/千克大关：5月5日，全国生猪均价20.02元/千克，全瘦肉型生猪均价20.55元/千克。

　　在消费者感叹"吃不起猪肉"的时候，储备肉来了。据了解，从5月5日开始到7月4日期间，北京将向市场投放储备猪肉，增加生猪屠宰量，平抑目前居高不下的猪肉价格。其中，政府储备冻猪肉投放量为5万千克/日，累计投放总量为305万千克。此外，定点屠宰企业日均生猪屠宰量增至18 268头，增幅20%，恢复到2015年同期水平。北京还将在多家超市门店以投放"北京市政府补贴猪肉"的方式降低8个品种猪肉价格，降价标准为5元/千克，平均零售价综合降幅约18%。

　　生猪预警网首席分析师冯永辉接受《每日经济新闻》记者采访时表示，此次北京储备肉投放规模、补贴力度之大较为少见，"这也是因为5—8月是生猪供应最为短缺、生猪和猪肉价格会进一步上涨的几个月"。冯永辉表示，北京此次不仅大规模投放储备肉，还对屠宰厂等进行补贴，直接调控猪肉价格的方式，值得各地政府效仿，"老百姓能够吃到便宜肉，养猪人能够卖个好价钱"。

　　相比消费者买到低价猪肉的欢喜，养殖户则"谈储色变"，担心储备肉一出，生猪卖不出个好价格了。储备肉给疯狂的猪行情降了温，但能否真正结束此次猪行情呢？

　　据冯永辉介绍，在北京通报将启动储备肉补贴工作当天，生猪价格下跌0.1元/千克，但第二天便重拾上涨势头，再创新高。

　　节选自：吴泽鹏，《多地投放储备冻肉"降温"，业内人士称猪行情还未结束》。
　　每日经济新闻，2016年5月6日。

第四节

弹性理论

　　为什么农业生产中会存在"丰收悖论"的现象？什么样的商品可以"薄利多销"？厂商为了增加收益到底是应该降价还是提价？其中的经济学原理是什么？

　　我们已经知道，如果一种商品的价格下降，该商品的需求量会增加，反之会减少；如果消费者的收入增加，或者该物品的替代品的价格上涨，或者互补品的价格下降，消费者对该物品的需求通常也会增加。同样，供给也会随着市场条件的变动而发生反应。为了更精确地分析市场的需求和供给，经济学家引入了"弹性"概念。应该说弹性理论是价格理论的深化。

一、弹性的一般含义

弹性（Elasticity）原本是物理学上的概念，指某一物体对外界力量的反应程度。在经济学上，如果两个经济变量之间存在函数关系，就可以用弹性来表示因变量对自变量变化的反应敏感程度，其反应程度的大小即弹性系数等于因变量的变动比率除以自变量的变动比率。例如，当一个经济变量发生 1%的变动，引起另一个经济变量发生 2%的变动时，其弹性系数就是 2。

在经济学中，如果两个经济变量 X 和 Y 之间的函数关系为 $Y=f(X)$，则弹性的一般公式是：

$$E = \frac{\text{因变量的变动比率}}{\text{自变量的变动比率}} = \frac{\frac{\Delta Y}{Y}}{\frac{\Delta X}{X}} = \frac{\Delta Y}{\Delta X} \cdot \frac{X}{Y} \qquad \text{式（2-4）}$$

式中　　E——弹性系数；

　　　　X——自变量；

　　　　Y——因变量；

　　　　ΔX 和 ΔY——分别是 X 和 Y 的变动量。

借助"弹性"工具，不仅可以研究当市场条件变动后，需求量和供给量变动的方向，而且可以分析需求量和供给量变动的大小。本节主要分析需求的价格弹性、收入弹性、交叉价格弹性和供给价格弹性。

二、需求的价格弹性

（一）需求价格弹性的定义

需求的价格弹性，简称**需求弹性**（Elasticity of Demand），是指某种商品的需求量对其价格变动的反应程度，其弹性系数等于某种商品需求量变动的百分比除以该商品价格变动的百分比。

需求的价格
弹性与计算

（二）需求价格弹性的计算

由需求价格弹性的定义可知，需求价格弹性系数的公式：

$$E_d = \frac{\text{需求量变动的百分比}}{\text{价格变动的百分比}} = -\frac{\frac{\Delta Q_d}{Q_d}}{\frac{\Delta P}{P}} = -\frac{\Delta Q_d}{\Delta P} \cdot \frac{P}{Q_d} \qquad \text{式（2-5）}$$

式中 E_d——需求价格弹性系数；

    P——该商品的价格；

    Q——该商品的需求量；

    ΔP——价格的变动量；

    ΔQ——需求量的变动量。

需要指出的是，由于需求量变动的方向与价格变动的方向一般是相反的，需求的价格弹性系数是负数。而经济学在研究需求价格弹性时，一般取其绝对值来研究，只关心 E_d 的大小，因此在公式中加上负号，使 E_d 变为正数。

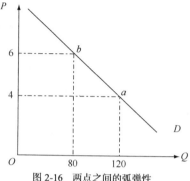

图 2-16　两点之间的弧弹性

1. 弧弹性

弧弹性主要是用来计算一条需求曲线上两点之间的弹性。

如图 2-16 所示，D 是某商品的需求曲线，假设在 a 点，当价格 $P=4$ 美元时，需求量 $Q_d=120$；在 b 点，当价格 $P=6$ 美元时，需求量 $Q_d=80$。

我们通常采用"中点法"来计算弧弹性：

$$E_d = -\cfrac{\cfrac{\Delta Q_d}{\cfrac{Q_{d1}+Q_{d2}}{2}}}{\cfrac{\Delta P}{\cfrac{P_1+P_2}{2}}} = -\frac{\Delta Q_d}{\Delta P}\cdot\frac{(P_1+P_2)/2}{(Q_{d1}+Q_{d2})/2}$$

这样，图中 a 点和 b 点两点之间的需求价格弧弹性：

$$E_d = -\cfrac{\cfrac{\Delta Q_d}{\cfrac{Q_{d1}+Q_{d2}}{2}}}{\cfrac{\Delta P}{\cfrac{P_1+P_2}{2}}} = -\frac{\Delta Q_d}{\Delta P}\cdot\frac{(P_1+P_2)/2}{(Q_{d1}+Q_{d2})/2}$$

$$= -\frac{Q_2-Q_1}{P_2-P_1}\cdot\frac{P_1+P_2}{Q_{d1}+Q_{d2}}$$

$$= -\frac{80-120}{6-4}\cdot\frac{4+6}{120+80}$$

$$=1$$

2．点弹性

当价格的变动量趋于无穷小时，实际上就是求需求曲线上某一点的弹性，点弹性的公式可用微分的方法导出：

$$E_{\mathrm{d}} = \lim_{\Delta P \to 0} -\frac{\Delta Q}{\Delta P} \cdot \frac{P}{Q} = -\frac{\mathrm{d}Q}{\mathrm{d}P} \cdot \frac{P}{Q_{\mathrm{d}}} \qquad \text{式（2-6）}$$

如果确定了一条需求曲线，已知需求函数，就可以求出曲线上各点的弹性系数。

例如：已知需求函数是 $Q=80-20P$，求 $P=2$ 时的弹性系数。这时我们就采用点弹性计算公式来计算：

$$E_{\mathrm{d}} = -\frac{\mathrm{d}Q_{\mathrm{d}}}{\mathrm{d}P} \cdot \frac{P}{Q_{\mathrm{d}}} = -(-20) \times \frac{2}{80 - 20 \times 2} = 1$$

3．需求价格点弹性的几何测定

假设需求曲线是直线形的，在图 2-17 中，线性需求曲线分别与纵轴和横轴相交于 C 点和 D 点，A 点为需求曲线上的任意一点。

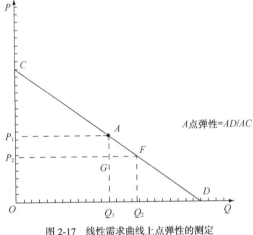

图 2-17　线性需求曲线上点弹性的测定

根据点弹性的公式，假设价格由 OP_1 降到 OP_2，需求量从 OQ_1 上升到 OQ_2，则 A 点的需求价格弹性：

$$|E_{\mathrm{d}}| = \frac{\Delta Q}{\Delta P} \cdot \frac{P}{Q} = \frac{Q_1 Q_2}{P_1 P_2} \cdot \frac{OP_1}{OQ_1} = \frac{GF}{GA} \cdot \frac{AQ_1}{OQ_1}$$

因为 $\triangle AGF \approx \triangle AQ_1 D$，所以 $\dfrac{GF}{GA} = \dfrac{Q_1 D}{AQ_1}$

所以 $|E_{\mathrm{d}}| = \dfrac{Q_1 D}{AQ_1} \cdot \dfrac{AQ_1}{OQ_1} = \dfrac{Q_1 D}{OQ_1} = \dfrac{Q_1 D}{P_1 A}$

所以 $\triangle CP_1 A \approx \triangle AQ_1 D$

所以 $\dfrac{Q_1 D}{P_1 A} = \dfrac{AD}{AC}$

所以 $|E_{\mathrm{d}}| = \dfrac{AD}{AC}$

因此，向右下方倾斜的需求曲线上的每一点的弹性都不同。CD 的中点的需求价格弹性系数的绝对值等于 1。C 点和中点之间的点弹性的绝对值大于 1，中点和 D 点之间的点弹性的绝对值小于 1，如图 2-18 所示。

如果需求曲线是非线性的，如图 2-19 所示，A 点是非线性需求曲线上的某一点，这点的需求价格弹性可以过该点作一条切线，这条切线分别与纵轴和横轴相交于 C 点和 D 点，则 A 点的弹性系数：

$$|E_d| = \frac{AD}{AC}$$

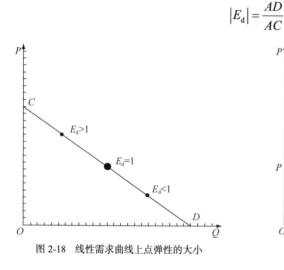

图 2-18　线性需求曲线上点弹性的大小

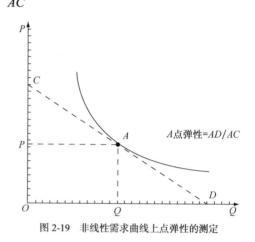

图 2-19　非线性需求曲线上点弹性的测定

（三）用需求价格弹性对需求进行分类

一般来说，经济学家根据需求弹性系数的大小将需求分为富有弹性的需求和缺乏弹性的需求。此外，还有三种特例，即单位弹性需求、完全无弹性的需求和完全富有弹性的需求，如图 2-20 所示。

需求价格弹性的类别

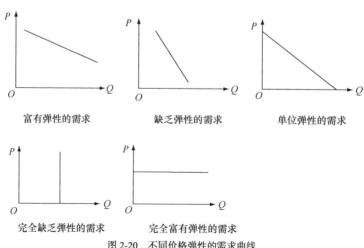

图 2-20　不同价格弹性的需求曲线

1．**富有弹性的需求**

当 $|E_d|>1$，表明需求量的变动比率大于价格变动的比率。消费者对这种商品的需求就是富有弹性的。一般而言，奢侈品（如轿车等高级消费品）的需求大多数是富有弹性的。在图形上，商品的需求价格弹性越大的，该商品的需求曲线越平坦。

2．**缺乏弹性的需求**

当 $|E_d|<1$，表明需求量的变动比率小于价格变动的比率，消费者对这种商品的需求就是缺乏弹性的。一般来说，粮油等生活必需品的需求大多数是缺乏弹性的需求。在图形上，商品的需求价格弹性越小的，该商品的需求曲线就越陡峭。

3．**单位弹性需求**

当 $|E_d|=1$，表明需求量的变动比率等于价格变动的比率。

4．**完全无弹性的需求**

$|E_d|=0$，表明不管价格如何变动，消费者对该商品的需求量总是相同的，消费者对这种商品的需求是完全无弹性的需求。这种情况在现实中可以说是特例，如治疗某种疾病的特效药。在图形上，完全无弹性的需求曲线为一条垂直线。

5．**完全富有弹性的需求**

$|E_d|=+\infty$，表明在一定的价格水平上，对该商品的需求量是无限的。该商品的需求变动对价格变动异常敏感，如果价格高一点，需求量就会变为零，这也是一种极端的情况。在图形中，完全富有弹性的需求曲线为一条水平线。

在现实生活中有些商品的需求弹性系数大，有些需求弹性系数小，其影响因素主要有：该商品相近替代品的数量及替代程度、人们在生活中对该商品的依赖程度、消费者对价格变动的反应时间和商品用途的广泛性。此外，需求价格弹性还会受到消费习惯、产品质量和服务，以及该商品的支出在消费总支出中所占的比重等多种因素影响。

（四）价格弹性与总收益之间的关系

1．**总收益**

总收益（用 TR 表示）是指厂商销售一定量产品所得到的收入总和，它等于某种商品的销售量与其价格的乘积，$TR=Q\times P$。

2．**需求价格弹性与厂商总收益之间的关系**

（1）对于需求缺乏弹性的商品，厂商的总收益与价格同方向变动。

假设食盐的需求价格弹性 $|E_d|=0.5$，当价格为 $P_1=2$ 元时，与此对应的需求量为 $Q_1=100$。此时，厂商的总收益：$TR_1=P_1\times Q_1=2\times100=200$（元）。

现在价格提高 10%，新的价格 $P_2=2.2$ 元，由于 $|E_d|=0.5$，则需求量将减少 $10\%\times0.5=5\%$，新的需求量为 $Q_2=100-100\times5\%=95$。此时厂商的总收益：$TR_2=P_2\times Q_2=2.2\times95=209$（元）。

可见，食盐涨价后，厂商的总收益增加了。根据需求规律，价格上涨时，需求量会减少，但由于食盐是需求缺乏弹性的商品，弹性系数小于 1，需求量的减少幅度小于价格的上涨幅度，这使得价格上涨带来的收益的增加超过了因需求量减少所减少的收益，最终使总收益增加，如图 2-21 所示。同理，需求缺乏弹性的商品价格下降时，厂商的总收益将减少。

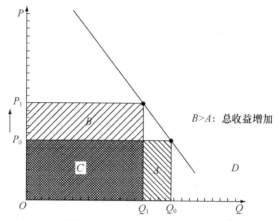

图 2-21　价格上升对需求缺乏弹性的商品的总收益的影响

（2）对于需求富有弹性的商品，厂商的总收益与价格反方向变动。

假设彩色电视机的需求价格弹性 $|E_d|=2$，当价格 $P_1=1\,000$ 元，对应的需求量为 $Q_1=100$ 时，厂商的总收益：$TR_1=P_1\times Q_1=1\,000\times100=100\,000$（元）。

现在价格下降 10%，新的价格 $P_2=1\,000-1\,000\times10\%=900$ 元，由于 $|E_d|=2$，则需求量将增加 $10\%\times2=20\%$，新的需求量 $Q_2=100+100\times20\%=120$。此时，厂商的总收益：$TR_2=P_2\times Q_2=900\times120=108\,000$（元）。

可见，彩色电视机降价后，厂商的总收益反而提高。根据需求规律，价格下降时，需求量会增加，由于彩色电视机是需求富有弹性的商品，弹性系数大于 1，需求量的增加幅度大于价格的下降幅度，这使得需求量上升带来的收益的增加超过了因价格下降所减少的收益，最终使总收益增加，如图 2-22 所示。同理，需求富有弹性的商品价格上涨时，厂商的总收益将减少。

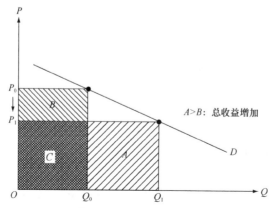

图 2-22　价格下降对需求富有弹性的商品的总收益的影响

综上所述，可以得出以下结论：对于需求缺乏弹性的商品，价格提高会使总收益增加，价格下降会使总收益减少，厂商的总收益与价格的变化方向是相同的；对于需求富有弹性的商品，价格提高会使总收益减少，价格下降会使总收益增加，厂商的总收益与价格的变化方向是相反的。

3. 谷贱伤农和薄利多销

根据上述结论，我们不难理解现实生活中的丰收悖论、谷贱伤农和薄利多销现象。因为，粮食丰收会使粮食的供给增加，而供给增加又会使粮食的市场价格下降，但粮食是需求缺乏弹性的商品，价格的下降并不会使粮食的需求量大增，所以价格下降最终会使农民的总收益减少，出现粮食增产而农民不增收和谷贱伤农的现象。

但对于一些需求富有弹性的商品，降价会使其需求量更大比率地增加，单位产品的"利"是"薄"了，但销量更大了，销量增加所增加的收益超过了降价所减少的收益，最终使厂商的总收益增加，即薄利多销。所以，厂商想通过降价来增加总收益只适用于那些需求富有弹性的商品。

三、需求的收入弹性

（一）定义及计算公式

需求的收入弹性是用来衡量某种商品的需求量对消费者收入变动的反应程度，其反应程度的大小即需求的收入弹性系数等于某种商品需求量的变动比率与消费者收入的变动比率之比。如果用 M 和 ΔM 表示收入和收入的变动量，Q 和 ΔQ 表示需求量和需求量的变动量，E_m 表示需求的收入弹性系数，则需求的收入弹性公式：

收入弹性

$$E_m = \frac{\frac{\Delta Q_d}{Q_d}}{\frac{\Delta M}{M}} = \frac{\Delta Q_d}{\Delta M} \cdot \frac{M}{Q_d}$$

（二）需求收入弹性的种类

当需求的收入弹性系数是正数，即 $E_m>0$ 时，该商品为正常商品，如果 $0<E_m<1$ 时，该商品是必需品，$E_m>1$ 时，该商品是奢侈品；$E_m<0$ 时，该商品为低档商品，人们的收入增加了，反而会减少对它的需求量，去购买更好的商品。

$$\begin{cases} E_m > 0: \text{正常商品} \begin{cases} E_m < 1: \text{生活必需品} \\ E_m > 1: \text{奢侈品或高档商品} \end{cases} \\ E_m < 0: \text{低档商品或劣等品} \end{cases}$$

当然，正常商品与低档商品，必需品与奢侈品的区分也是相对的，会随着人们收入水平的变化而改变。

由于食物的收入弹性系数小，当收入越多时，总支出越大，但食物支出增加的比例并不大，因而越有钱越享受奢侈品。德国统计学家恩格尔提出了恩格尔定律：随着家庭或国家的收入增加，食物支出在全部支出中所占的比重不断下降，即恩格尔系数是递减的。恩格尔系数可以反映一个国家或家庭的富裕程度。

四、需求的交叉价格弹性

（一）定义及计算公式

需求的交叉价格弹性是衡量某种商品的需求量对另一种商品的价格变动的反应程度。其弹性系数等于某种商品需求量的变动比率与另一种商品的价格变动比率之比。

交叉弹性

如果 Y 商品的价格变动会引起 X 商品的需求量变动，则 X 商品的需求量对 Y 商品的价格变动的反应程度，即需求的交叉价格弹性系数：

$$E_{XY} = \frac{\dfrac{\Delta Q_{dX}}{Q_{dX}}}{\dfrac{\Delta P_Y}{P_Y}} = \frac{\Delta Q_{dX}}{\Delta P_Y} \cdot \frac{P_Y}{Q_{dX}}$$

式中　E_{XY}——需求的交叉价格弹性系数；

Q_{dX}——X 商品的需求量；

ΔQ_{dX}——X 商品的需求量的变动量；

P_Y——Y 商品的价格；

ΔP_Y——Y 商品价格的变动量。

（二）交叉弹性与商品之间的关系

根据需求的交叉弹性的数值可以了解商品之间的关系。

1. 需求的交叉弹性的数值为正数，即 $E_{XY}>0$

这种情况表明 X 商品的需求量与 Y 商品的价格同方向变化，X 和 Y 应该具有替代关系，互为替代品，而且弹性系数越大，替代性越强。例如，馒头的价格上涨会引起花卷的需求量增加，交叉弹性系数为正数，馒头和花卷是替代品。

2. 需求的交叉弹性的数值为负数，即 $E_{XY}<0$

这种情况表明 X 商品的需求量与 Y 商品的价格反方向变化，X 和 Y 应该具有互补关系，是互补品。而且弹性系数越大，互补性越强。例如，汽油的价格上涨会引起汽车的需求量减少，交叉弹性系数为负数，汽车和汽油是互补品。

3. 需求的交叉弹性的数值为零，即 $E_{XY}=0$

这种情况表明 X 商品的需求量与 Y 商品的价格变动没有关系，X 和 Y 应该是相对独立的商品。例如，馒头价格的上涨并不会直接引起电视机需求量的变化，馒头与电视机是相互独立的商品。

五、供给价格弹性

（一）定义和计算

供给价格弹性，简称供给弹性（Elasticity of Supply），是衡量某种商品的供给量对其价格变动的反应程度，其弹性系数等于某种商品的供给量的变动比率与价格的变动比率之比。如果某商品的价格上涨 1%，引起供给量增加 2%，则供给弹性系数等于 2。

如果 E_S 表示供给价格弹性，P、Q_S、ΔP 和 ΔQ_S 分别表示该商品的价格、供给量、价格的变动量和供给量的变动量，则供给价格弹性系数的公式：

供给弹性与计算

$$E_S = \frac{\text{供给量的变动比率}}{\text{价格的变动比率}} = \frac{\dfrac{\Delta Q_S}{Q_S}}{\dfrac{\Delta P}{P}} = \frac{\Delta Q_S}{\Delta P} \cdot \frac{P}{Q_S}$$

由于供给量的变动（ΔQ_S）与价格的变动（ΔP）正相关，因此，供给弹性系数大于零，即 $E_S > 0$。

与需求的价格弹性系数的计算一样，供给的价格弹性系数的计算也可以分为弧弹性和点弹性。

供给的弧弹性计算公式：$E_S = \dfrac{\dfrac{\Delta Q_S}{\dfrac{Q_{S1} + Q_{S2}}{2}}}{\dfrac{\Delta P}{\dfrac{P_1 + P_2}{2}}} = \dfrac{\Delta Q_S}{\Delta P} \cdot \dfrac{P_1 + P_2}{Q_{S1} + Q_{S2}}$

供给的点弹性计算公式：$E_S = \dfrac{\dfrac{\mathrm{d}Q_S}{Q_S}}{\dfrac{\mathrm{d}P}{P}} = \dfrac{\mathrm{d}Q_S}{\mathrm{d}P} \cdot \dfrac{P}{Q_S}$

（二）根据供给价格弹性对供给进行分类

供给弹性的类别

一般来说，经济学家根据供给价格弹性的大小也将供给分为富有弹性的供给和缺乏弹性的供给。此外，还有三种特例，即单位弹性供给、完全无弹性的供给和完全富有弹性的供给，如图 2-23 所示。

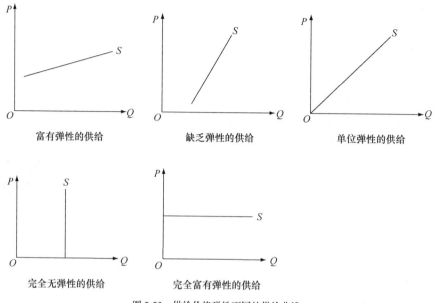

图 2-23　供给价格弹性不同的供给曲线

1．富有弹性的供给

如果 $E_S > 1$，表明供给量的变动比率大于价格变动的比率，在图形上，供给曲线比较平坦。

2．缺乏弹性的供给

如果 $E_S < 1$，表明供给量的变动比率小于价格变动的比率，在图形上，供给曲线比较陡峭。

3．单位弹性的供给

如果 $E_S = 1$，表明供给量的变动比率等于价格变动的比率，这是一种特例，曲线如图 2-23 所示。

4．完全富有弹性的供给

如果 $E_S = +\infty$，表明在一定的价格水平上供给量是无限的。这也是一种极端的情况。只有在商品严重过剩时才类似于这种情况。该供给曲线为一条水平线，意味着价格发生微小的变化，供给量都会发生很大的变动。

5．完全无弹性的供给

如果 $E_S = 0$，表明不管价格如何变动，供给量始终不变。这又是一种极端的情况。像土地、文物等类似于无弹性的供给，该曲线为一条垂直线。

供给价格弹性的大小会受到生产产品的难易程度、生产规模的大小以及生产产品的时间长短等因素的影响。一般而言，生产越困难，生产规模越大，供给弹性越小，反之供给弹性越大。

案例与拓展[1]

拓展资料：农产品保护价格与支持价格

资料来源：《工人日报》，2015 年 1 月 12 日第 04 版

一、收储市场主体多元化促进秋粮收购

在经济新常态下，国内粮食流通领域有何新特征？是否存在农民"卖粮难"的问题？日前，在全国粮食流通工作会议召开之际，记者赴安徽合肥、芜湖等收储一线进行了采访。

安徽省粮食局巡视员戴绍勤告诉记者，随着国内粮食生产连年丰收，粮食需求增速放缓，作为粮食主产区，安徽省粮食收储压力日益加大。2013 年以来，国家通过启动政策性粮食竞价交易，释放政策性库存，为新粮收购腾库……

戴绍勤告诉记者："去年只有国企在进行政策粮收购，诸多民企都不敢入市，造成去年中晚稻收购数量不足。今年有所不同，不少民企加入收购大军，粮食收储市场的市场主体更加多元化，今年秋粮收购将会较好。"

不过，戴绍勤表示，在经济新常态下，粮食流通领域除了面临粮食收储压力之外，粮食生产成本"地板价"不断上升，三大谷物品种配额外进口（缴纳 65% 关税）的价格逼近"天花板"，导致粮食价格面临双重挤压与保护粮农利益的矛盾也日益突出。

那么，今年的粮食收购价格是多少，又是否存在"卖粮难"的情况呢？

1 月 6 日下午，巢湖市迎来了今冬以来的第一场大雪，但记者在安徽光明槐祥工贸集团看到，前来卖粮的农户依然不少。巢湖市坝镇种粮大户丁大伯在等了 5 分钟后，便将装了几十袋稻谷的货车开到了结算室门口的地磅上称重。

结算室内的大屏幕上显示，质量为 10 960 千克。随后，丁大伯将货车开往粮食仓库，在稻谷卸了之后，再一次将车子停在了地磅上。这时，大屏幕上显示，质量为 3 500 千克。扣除 112 千克的杂质，粮食净重为 7 348 千克。

安徽光明槐祥工贸集团公司质量部部长李家丰告诉记者，丁大伯售卖的粳稻为二级，按照每千克 3.14 元的收购价格，丁大伯能拿到 23 000 多元钱。

戴绍勤说，近年来粮食部门严格执行最低收购价和临时收储政策，坚持收购守则，坚决防止出现农民"卖粮难"，绝不允许向售粮农民打"白条"，对维护粮食市场稳定起到了积极作用。

二、农产品的支持价格及其影响

上述资料是我国某地近期粮食收购的情况。在现实的经济社会中，许多国家都会对本国农产品实行保护价格，即对农产品规定一个高于市场均衡价格的最低价格。我国也采取价格干预手段，加强对粮食市场的调控，保持价格基本稳定。当粮食供求关系发生重大变化时，为保障市场供应、保护种粮农民的利益，必要时可由国务院决定对短缺的

重点粮食品种在粮食主产区实行最低收购价格。在全球经济一体化的过程中，很多人关注农产品的自由贸易问题，要求政府取消对农产品的保护价格或出口价格补贴。但有些国家担心取消农产品保护价可能不利于本国农业的发展，会损害农民的利益，因此一般都会采取支持价格的策略。

1. 支持价格的含义及其影响

支持价格是指政府对某种产品规定的高于市场均衡价格的最低价格。政府实施支持价格的目的一般是为了支持某个行业的发展，增加某些产业的生产者的福利，提高收入分配的公平程度。

支持价格

政府实施支持价格对产品市场的影响可以用图 2-24 来分析。

如图 2-24 所示，该产品市场的均衡价格是 P_E，均衡产量是 Q_E。政府为了支持该行业的发展，会规定一个高于市场均衡价格的最低价格 P_f，从而使该产品的市场价格人为地上涨了，这对该产品的生产者有利。然而，在 P_f 的价格水平上，需求量是 Q_D，供给量是 Q_S。显然，在高于均衡价格的支持价格下，必然出现产品供大于求的局面。产品过剩不仅浪费了资源，而且会带来其他新的问题。

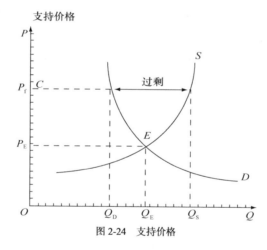
图 2-24　支持价格

2. 农产品保护价的影响

对农产品实行保护价格，既有积极影响，也有消极影响。

（1）农产品保护价的积极影响。

农产品存在丰收悖论的现象。如果农业粮食丰收，粮食供给会增加，粮食的市场价格就会下降。而由于粮食是需求缺乏弹性的商品，需求量增加的幅度会小于价格下降的幅度，导致农民的总收益减少，出现谷贱伤农的现象，损害了农民的利益。

如果农民的收入减少，生产粮食的积极性会下降。然而粮食生产是关系到国计民生的一件大事。为了稳定农业生产，一些国家的政府会采取对农产品的支持价格，如图 2-24 所示，支持价格 P_f 是高于市场均衡价格 P_E 的最低价格，这样就使农民不会因为多生产粮食而减少收益，从而保护了农民利益，促进了农业投资，整体上有利于本国农业的发展。

（2）农产品保护价的消极影响。

① 使政府背上了沉重的财政负担，许多国家的政府每年都要花费巨大的财政支出用于农产品的价格支持。

② 导致农产品的长期过剩。由于价格支持，会出现农产品供过于求。那些农产品过剩的国家都力图保护本国市场，而将产品打入他国市场，像欧美等发达国家常常会因此引发农产品的贸易争端。

③ 受保护的农业竞争力会下降。特别是对于不发达国家，依靠价格支持来保护本国农业的发展，只是治标不治本，不利于从根本上改变农业的落后状况，提高农业本身的竞争能力。

案例与拓展[2]

拓展资料："号贩子"与限制价格

资料来源：《法制日报》，2016 年 2 月 5 日第 008 版

一、号贩子"咋这么猖獗"的背后

2016 年春节前后，一段外地女孩痛斥北京医院"号贩子"的视频刷爆了微信朋友圈，再次引起广大民众、各路媒体及管理层的高度关注。

《法制日报》（2016.2.5）以"号贩子'咋这么猖獗'的背后"为题对此事件进行了新闻报道：近日，一段女孩痛斥北京某医院号贩子的视频备受关注。这名痛斥号贩子的女孩带着瘫痪的母亲从外地来北京看病，她们住在每天一百多元租金的地下室里，在冬季寒冷的夜晚排队挂号。已经排到窗口的第三个位置却依然挂不上号，而旁边的号贩子手里竟然有号，但是要买到号需要支付 15 倍的费用。

民警说，对于大医院的号贩子，警方虽然一直在强化打击力度，但号贩子却不愿改行，这自然是因为利润丰厚，违法成本过低。从处罚力度上来说，根据现行法律，只能以治安管理处罚法来对医院号贩子进行惩处，根据号贩子的行为和情节严重程度处以一定期限的拘留和罚款。有民警坦言，有时抓获一名号贩子，也只能处以 5 天的治安拘留和 100 元的罚款。很多号贩子即便被抓也就是自认倒霉，拘留期满后继续从事这个非法职业。

号贩子之所以存在，必有其生存土壤。对于许多外地患者来说，到知名三甲医院求医无疑是他们的最后一根救命稻草。一些知名大医院每天的门诊量基本都上万，这其中 80% 都是外地患者。他们大老远赶来，大多是奔着专家，而专家号资源有限，这就形成了巨大的倒号利润。

二、从限制价格看"号贩子"现象

从经济学的角度如何看医院的"号贩子"现象？其实，"号贩子"并不是什么新鲜事，

即是"黄牛党"。"黄牛党"已有很长的发展史了。他们在新中国成立前倒黄金，在"文革"时倒卖缝纫机、自行车、手表等各类票证。如今，开始倒大剧院戏票、春运期间的火车票、医院的专家门诊号等。众所周知，长期以来，"黄牛党"泛滥成灾。无论政府如何严打"黄牛党"，仍是屡禁不止，原因何在？供求模型和限制价格政策能帮助我们解释这个现象。

1. 限制价格的含义及其影响

限制价格是指政府对某种商品规定的低于市场均衡价格的最高价格。限制价格的目的一般是为了让消费者以更低的价格买到该商品，保护消费者的利益，安定民心。

限制价格

政府实施限制价格会带来怎样的影响呢？

从图 2-25 可以看出，该产品市场的均衡价格是 P_E，均衡产量是 Q_E，政府为了让消费者买到更便宜的产品，会规定一个低于市场均衡价格的最高价格 P_C，从而将该产品的市场价格被人为地压低了，消费者则以更低的价格买到了该商品，从中受益。

限制价格（Price Ceiling）

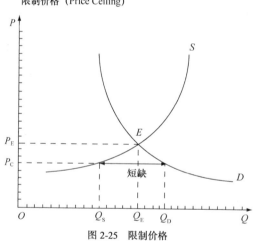

图 2-25　限制价格

限制价格也有它的弊端。在 P_C 的价格水平上，需求量是 Q_D，供给量是 Q_S，显然，在低于均衡价格的限制价格水平，必然出现产品供不应求的情况，其直接影响就是产品短缺。要解决产品短缺问题，一是通过政府采取配给制，发放购物券来控制需求量；二是通过排队来解决，排在队伍后面的买者就无法买到产品，而排长队往往是耗费了人们的时间和精力，浪费了资源；三是容易出现黑市交易、腐败等行为；四是人为地压低价格将影响生产者增加供给的积极性，供不应求的局面很难改变。

2. 专家号的市场均衡价格

从市场供求关系来看，大城市里大医院的专家号的价格应当是很高的。

一方面，市场对大医院专家的需求巨大。有资料显示，我国医疗条件比较好和医疗水平比较高的医院基本上都位于北上广等大城市，目前全国 80%的医疗资源集中在这些大城市，其中的 30%又集中在这些城市的大医院。全国各地的病患者一旦久治不愈，或者患上了疑难杂症，就不得不往大城市的大医院跑。而且，中国老百姓很多人的就医习惯是，不信服小医院或社区医院，不相信普通医生，迷信专家，无论大病小病也都要找专家看，造成大城市里的大医院看病非常拥挤，导致"挂号难"和"看病贵"，特别是这些医院里的专家号，更是"一号难求"。

另一方面，大医院专家的供给又是很少的。要成为一名大医院专家不仅必须经过长期的学习培训，而且要具有丰富的临床工作经验和高超的医术。所以各大医院各个科室的专家也都寥寥可数。面对庞大的患者队伍，专家也是忙个不停。有的专家一个上午最多时要看近百人，少一点也要看 30～50 人，甚至不敢喝水，减少上厕所时间。为了保证看病质量，有的专家只有通过延长下班时间保证患者的就诊时间，有时甚至下午一两点才能吃上午饭。

由于市场上对专家号的需求巨大而供给很少，这就决定了由市场供求关系调节出来的专家号的均衡价格肯定是很高的。

3. 对专家号进行限价的影响

目前，为了让患者挂到更便宜的专家号，专家的挂号费实际上是被限制了的，也就是说被人为地压到由市场供求关系决定的均衡价格之下。

如图 2-25 所示，假定 P_E 是由市场供求关系决定的专家号的均衡价格。然而，政府规定专家挂号费为 P_C。P_C 就是政府所规定低于市场均衡价格的限制价格，这样患者支付的专家挂号费会更便宜。但从模型中我们可以清楚地看到，在限制价格 P_C 的水平，对专家号的需求量大于供给量，必然出现专家号供不应求的局面。

要解决专家号的短缺问题，或者是政府配给，或者是排长队挂号，或者是进行黑市交易。当人们既得不到政府配给，又不愿意浪费很多时间精力去排长队时，就有部分人可能去买高价的专家号，号贩子也就应运而生。

所以，限制价格会导致专家号供不应求，号贩子只是市场上专家号供不应求的结果，而不是专家号供不应求的原因。

现实中，要想铲除"黄牛党"困难重重。患者挂不到号，号贩子却总能挂到。如今，挂号早已有了电话、网络等与时俱进的预约方式，但道高一尺，魔高一丈，号贩子总能有缝可钻。根本原因仍在于专家医疗服务价值的扭曲，形成了过大的套利空间。唯有从需求侧和供给侧进行改革，弥合医疗服务供求缺口，让医疗挂号的价值回归，这样的漏洞和尴尬才有望从根本上消除。

本章要点

1. **需求规律**

在其他条件不变的情况下，商品的价格与其需求量成反比。一般商品都会满足需求规律，但现实生活中也有例外情况，如吉芬商品和炫耀性物品。

2. 需求量的变动与需求的变动

需求量的变动是指其他因素不变，由某种商品价格变动引起的消费者对该商品需求数量的改变。在坐标图中，需求量的变动表现为在同一条需求曲线上点的位置移动。

需求的变动是指当某种商品的自身价格不变时，由其他因素变动引起的消费者对该商品需求数量的改变。在坐标图中，需求变动表现为需求曲线位置的移动。

3. 供给规律

其他因素不变的条件下，某种产品的供给量与该产品的价格存在正相关的关系。

4. 供给量的变动与供给的变动

供给量的变动是指当其他因素不变时，由于某种商品价格的变动引起的厂商对这种商品供给数量的改变。在图形中，供给量的变动表现为在同一条供给曲线上点的移动。

供给的变动是指当某种商品的价格不变时，由其他因素变动引起的厂商对该商品供给数量的改变。在图形中，供给变动表现为供给曲线位置的移动。

5. 均衡价格

均衡价格是指消费者对某种商品的需求量等于生产者所提供的该商品的供给量时的价格。在市场经济条件下，供求关系决定了均衡价格。当供给大于需求，价格会自动下降；当供给小于需求，价格会自动上涨，价格在需求和供给力量的共同作用下会自动地达到均衡水平，形成均衡价格。

6. 需求的价格弹性及其计算公式

需求的价格弹性又称需求弹性，是指某种商品的需求量对其价格变动的反应程度，其弹性系数等于某种商品需求量变动的百分比除以该商品价格变动的百分比。

需求的弧弹性公式：

$$E_d = -\frac{\dfrac{\Delta Q_d}{\dfrac{Q_{d1} + Q_{d2}}{2}}}{\dfrac{\Delta P}{\dfrac{P_1 + P_2}{2}}} = -\frac{\Delta Q_d}{\Delta P} \cdot \frac{(P_1 + P_2)/2}{(Q_{d1} + Q_{d2})/2}$$

需求的点弹性公式：

$$E_d = \lim_{\Delta P \to 0} -\frac{\Delta Q}{\Delta P} \cdot \frac{P}{Q} = -\frac{dQ}{dP} \cdot \frac{P}{Q_d}$$

7. 需求弹性的种类

当 $|E_d| > 1$，该物品的需求为富有弹性的需求；当 $|E_d| < 1$，该物品的需求为缺乏弹性的需求；当 $|E_d| = 1$，该物品的需求为单位弹性；当 $|E_d| = 0$，该物品的需求为完全无弹性的需求，其需求曲线为一条垂直线；当 $|E_d| = +\infty$，该物品的需求为完全富有弹性的需求，其需求曲线为一条水平线。

8. 需求价格弹性与总收益的关系

对于需求缺乏弹性的商品，价格提高会使厂商的总收益增加，价格下降会使总收益减少，厂商的总收益与价格的变化方向是相同的；对于需求富有弹性的商品，价格提高会使厂商的总收益减少，价格下降会使总收益增加，厂商的总收益与价格的变化方向是相反的。

9. 需求的收入弹性（E_m）

需求的收入弹性是用来衡量某种商品的需求量对消费者收入变动的反应程度，其反应程度的高低即需求的收入弹性系数等于某种商品需求量的变动比率与消费者收入的变动比率之比。

$$\begin{cases} E_m > 0: \ 正常商品 \begin{cases} E_m < 1: \ 生活必需品 \\ E_m > 1: \ 奢侈品或高档商品 \end{cases} \\ E_m < 0: \ 低档商品或劣等品 \end{cases}$$

10. 交叉弹性系数（E_{xy}）

需求的交叉价格弹性是衡量某种商品的需求量对另一种商品的价格变动的反应程度。其弹性系数等于某种商品需求量的变动比率与另一种商品的价格变动比率之比。

（1）当 $E_{xy}>0$ 时，表明 x 与 y 两种商品之间有替代关系。

（2）当 $E_{xy}<0$ 时，表明 x 与 y 两种商品之间有互补关系。

（3）当 $E_{xy}=0$ 时，表明 x 与 y 两种商品无直接关系。

11. 供给价格弹性及其计算公式

供给价格弹性是衡量某种商品的供给量对其价格变动的反应程度，其弹性系数等于某种商品的供给量的变动比率与其价格的变动比率之比。

供给的弧弹性：$E_s = \dfrac{\dfrac{\Delta Q_S}{\dfrac{Q_{S1}+Q_{S2}}{2}}}{\dfrac{\Delta P}{\dfrac{P_1+P_2}{2}}} = \dfrac{\Delta Q_S}{\Delta P} \cdot \dfrac{P_1+P_2}{Q_{S1}+Q_{S2}}$

供给的点弹性：$E_s = \dfrac{\dfrac{dQ_S}{Q_S}}{\dfrac{dP}{P}} = \dfrac{dQ_S}{dP} \cdot \dfrac{P}{Q_S}$

12. 供给弹性的分类

当 $E_s > 1$，该商品为富有弹性的供给；当 $E_s < 1$，该商品为缺乏弹性的供给；当 $E_s = 1$，该商品为单位弹性的供给；当 $E_s = +\infty$，该商品为完全富有弹性的供给，该供给曲线为一条水平线。当 $E_s = 0$，该商品为完全无弹性的供给，该供给曲线为一条垂直线。

关键概念

需求　　需求的变动　　　需求量的变动　　　供给　　供给的变动
供给量的变动　　　　需求价格弹性　　　需求的收入弹性
需求的交叉价格弹性　　供给价格弹性　　　均衡价格
支持价格　　　　　　限制价格

习　题　二

一、选择题

1. 需求量和价格呈现反方向变动的原因是（　　　）。
   A．替代效应的作用　　　　　　　B．收入效应的作用
   C．上述两种效应同时发生作用　　D．以上均不正确

2. 以下哪种因素不会使某种商品的供给曲线移动（　　　）。
   A．该商品价格下降　　　　　　　B．其他有关商品价格下降
   C．技术进步　　　　　　　　　　D．原材料价格上升

3. 培养蘑菇的工人工资提高将使（　　　）。
   A．蘑菇的供给曲线左移并使蘑菇的价格上涨
   B．蘑菇的供给曲线右移并使蘑菇的价格下降
   C．蘑菇的需求曲线左移并使蘑菇的价格下降
   D．蘑菇的需求曲线右移并使蘑菇的价格上涨

4. 市场某种商品存在供不应求是由于（　　　）。
   A．该产品价格超过均衡价格　　　B．该产品价格低于均衡价格
   C．该产品生产太多了　　　　　　D．该产品是优质品

5. 假如生产皮鞋所需原材料价格下降了，则皮鞋的（　　　）。
   A．需求曲线向右方移动　　　　　B．需求曲线向左方移动
   C．供给曲线向左方移动　　　　　D．供给曲线向右方移动

6. 如果 x 和 y 两种产品的交叉弹性是2，则（　　　）。
   A．x 和 y 是互补品　　　　　　B．x 和 y 是正常商品
   C．x 和 y 是劣质品　　　　　　D．x 和 y 是替代品

7. 如果某商品是缺乏弹性的需求，则该商品价格下降（　　　）。
   A．销售总收益可能增加也可能减少　　B．销售总收益增加
   C．销售总收益下降　　　　　　　　　D．销售总收益不变

8．随着人们收入水平的提高，食物支出在总支出中所占比重将（　　　）。

　　A．大大增加　　　　　B．稍有增加　　　　C．下降　　　　　　D．不变

9．假定某商品的价格从 2 美元上涨到 3 美元，需求量将从 11 单位下降到 9 单位，则厂商的总收益将（　　　）。

　　A．减少　　　　　　　B．增加　　　　　　C．保持不变　　　　D．无法判断

10．如果价格下降 5% 会使消费者的总支出增加 3%，则这种商品需求价格弹性是（　　　）。

　　A．富有弹性　　　　　B．缺乏弹性　　　　C．具有单元弹性　　D．不能确定

11．低档商品需求的收入弹性 E_m 是（　　　）。

　　A．$E_m>0$　　　　　B．$E_m=0$　　　　C．$E_m<0$　　　　　D．$E_m<1$

12．如果粮食丰收导致粮食价格下降，下列说法正确的是（　　　）。

　　A．粮食供给量的减少引起需求上升

　　B．粮食供给的减少引起需求上升

　　C．粮食供给量的增加引起需求量上升

　　D．粮食供给的增加引起需求量上升

二、计算题

1．已知需求函数 $Q_d=17-2P$，供给函数 $Q_s=2+3P$，求该商品的均衡价格，以及均衡时的需求价格弹性和供给价格弹性。

2．某商品的价格由 24 元上涨到 30 元后，需求量相应减少 10%，问该商品的需求弹性是多少？该商品价格变化对总收益有何影响？

3．假设彩色电视机的需求价格弹性系数 $E_d=1.2$，需求收入弹性系数 $E_m=3.0$，在其他条件一定的情况下，通过计算回答下列问题：（1）彩色电视机价格提高 3% 以后对彩色电视机销售的影响；（2）人们的收入增加 2% 以后对彩色电视机需求的影响。

4．甲公司与乙公司是两家竞争性企业，甲公司产品的需求曲线为 $P_X=1\,000-5Q_X$，现在的销售量是 100 单位的 X；乙公司产品的需求曲线是 $P_Y=1\,600-4Q_Y$，现在的销售量是 250 单位的 Y。求：（1）甲公司与乙公司当前的需求价格弹性；（2）若乙公司降价后，销售量增加到 300 单位，同时导致甲公司的销售量下降到 75 单位，求这两家公司商品的交叉价格弹性。

三、讨论题

1．你认为影响我国商品房价格的主要因素是什么？如果对商品房采取限价措施有利于解决住房问题吗？

2．根据弹性与总收益的关系，你认为航空公司为了增加总收益是否应该对飞机票进行打折销售？

第三章 | 消费者行为理论

本章我们将进一步从需求方面对价格理论展开研究。需求源于消费者的消费行为。我们是否留意到，消费者每天都要就如何配置资源如金钱和时间做出选择，如早晨是应该按时起床吃早餐，还是舒舒服服睡个大懒觉？午饭是吃红烧肉还是吃红烧鱼？晚上是留在家里看电视，还是去电影院看大片？我们赚的钱是全部花掉还是留一部分来储蓄以备日后使用？消费者的欲望是很多的，然而时间、精力及收入等资源是有限的，消费者应该如何平衡各种各样的需求或欲望以实现满足程度的最大化？本章将揭示这些隐藏在消费者选择和消费者行为背后的基本机理。

第一节 | 选择与效用理论

 消费者消费的目的是什么？欲望和效用是主观概念还是客观概念？基数效用论和序数效用论在分析方法上有何区别？

一、选择

消费者每天都要作出选择，都要平衡各种需求或欲望。在一个自由的市场经济中，政府通常让人们自主决定如何花费其货币收入，对自己的生活方式做出选择。

经济学假设消费者在消费时都是理性的，假如某些人想买昂贵的汽车而另一些人想买昂贵的房子，那么我们假定他们都知道什么对自己最有益，政府应尊重他们的选择。消费者在收入等资源一定的时候，总是会选择那些能给他带来最大满足程度的商品或服务，在选择商品消费的组合时也是选择能给自己带来最大满足程度的组合。消费者行为理论就是要研究在有限的资源条件下，消费者如何进行选择消费以实现满足程度最大化的问题。

二、欲望

消费者在消费商品或服务时所感觉到的满足程度与人的欲望有关。欲望或需要是指人们缺乏某种东西但又想得到它的心理状态，它是不足之感与求足之愿的统一，二者缺一不可。

从人的本性来看，人类的欲望或需要是多样性的，而且是无限的。根据马斯洛的需要层次理论，人的需要是多层次的，最基本的需要是生理的需要，当人的旧的需要满足了，又会产生新的需要。也就是说，当生理的需要满足了，又会逐步产生安全需要、社交需要、尊重的需要，以至自我实现的需要。

在清人胡澹庵编辑的《解人颐》一书中收录了一首《不知足》的诗：

"终日奔波只为饥，方才一饱便思衣。衣食两般皆具足，又想娇容美貌妻。娶得美妻生下子，恨无田地少根基。买得田园多广阔，出入无船少马骑。槽头拴了骡和马，叹无官职被人欺。县丞主薄还嫌小，又要朝中挂紫衣。若要世人心里足，除是南柯一梦西。"该诗也生动地刻画了人的欲望本性是无限的。

如果按欲望无限的本性来看，人永远都不能得到完全的满足。然而，经济学假设在某个特定时候，人的欲望是有限的。也就是说，假设欲望一定时，消费者总是力图用有限的资源去获得最大的满足。

三、效用

1. 效用的含义

经济学用"**效用**"（Utility）来表示满足。效用是指消费者在消费某种物品或劳务时所感觉到的满足程度。消费者在消费某种物品或劳务时感觉到满足程度大，效用就大，满足程度小，效用就小。消费该商品时如果感觉到痛苦就是产生了负效用。

效用

2. 效用具有主观性

因为客观的东西是不以人的意志为转移的，而效用却会因人而异。不同的人由于对商品的偏好不同，对同一种商品会产生不同的满足感，即效用不同。消费同一种物品，有些人效用大，有些人效用小，有些人则是负效用。例如，香烟对烟民会带来满足，特别是对吸烟上瘾的人，他的感觉可能是"饭后一支烟，赛过活神仙"，可见满足感极大，效用极大。而对不喜欢香烟味的人，吸烟则会给他们带来痛苦。

不仅如此，即使同一个人在不同的时空条件下，消费同一物品也会产生不同的效用。例如，让一个人在饥肠辘辘时吃馒头和酒足饭饱后吃馒头所带来的效用也是不同的。所以，效用不仅会因人而异，而且会因时因地而不同，效用是消费者对物品满足自己欲望的能力的一种主观评价。

3. 效用理论的发展

消费者行为理论要研究消费者满足程度最大化的问题，实际上就是要研究欲望一定时，人们如何配置其有限的收入从而获得效用的最大化问题，经济学中研究消费者行为的理论实际上就是效用理论。

从效用理论的历史来看，其理论的根源是功利主义。1700 年，数理概率学的基本理论发展后不久，"效用"的概念就产生了，后来英国哲学家杰里米·本瑟姆（Jeremy Bentham）

将效用概念引入社会科学领域，提出"效用是任何客体所具有的可以产生满足、好处或幸福，或者可以防止……痛苦、邪恶或不幸……的性质。"根据杰里米·本瑟姆的理论，所有立法都应该按照功利主义原则来制定，从而促进"最大多数人的最大利益"。这些观点在 200 多年以前是非常具有革命性的。因为，以往制定政策的正当理由和依据是基于传统、君主的意志或宗教教义，而本瑟姆强调的是社会和经济政策的制定应当能够取得一定实际效果，这些观点对后来许多政治思想家都产生了较大的影响。新古典经济学家威廉·斯坦利·杰文斯推广了本瑟姆的效用概念，并用效用论来解释消费者的行为[①]。在效用论的发展过程中，西方经济学家先后提出了基数效用论和序数效用论，并在此基础上，形成了两种分析消费者行为的方法，基数效用论者用的是边际效用分析方法，序数效用论者用的是无差异曲线的分析方法。

第二节 | 基数效用分析

 　　消费者在消费一种商品的时候是不是多多益善？消费者在消费时会受到什么条件约束？消费者如何把有限的货币收入分配在各种商品的购买中以获得最大的满足？

　　效用是主观的，主观的东西本来是不可以计量的，但基数效用论假设效用可以用基数来计量，这是早期西方经济学家普遍采用的分析消费者行为的效用理论。

　　基数效用论者认为，正如可以用 1 米、2 米等来衡量长度，用 1 千克、2 千克等来计量质量一样，消费者消费某种商品时所感觉到的满足程度即效用，我们假定也可以用 1、2、3 等基数来衡量它的大小，并可以加总求和。假设某人吃一块巧克力感觉到的满足感为 5 个效用单位，看一场电影感觉到的满足感是 10 个效用单位，那么，他看一场电影，吃一块巧克力所感觉到的总满足程度则是 15 个效用单位。在这样假设的基础上，基数效用论是用边际效用分析方法来解释消费者的行为的。

一、总效用与边际效用的含义

1. 总效用（用 TU 表示）

　　总效用（Total Utility）是指消费者消费一定数量的商品所获得的满足程度总和，如果消费者对一种商品的消费数量为 Q，则总效用函数为：

$$TU = f(Q)$$

2. 边际效用（用 MU 表示）

　　边际量的一般含义是指自变量增加一个单位所引起的因变量的变化量，其公式为：

---

① 保罗·萨缪尔森，威廉·诺德豪斯. 微观经济学[M]. 北京：华夏出版社，2002.

$$边际量 = \frac{因变量的变化量}{自变量的变化量}$$

在西方经济学中，引入"边际"的概念，常常是指"新增"的意思，边际分析方法是经济学最基本的分析方法之一，边际效用是本书出现的第一个边际概念。**边际效用**（Marginal Utility）是指消费者在一定时间内每增加一单位某种物品的消费所增加的总效用，因此，边际效用函数是：

$$MU = \frac{\Delta TU}{\Delta Q}$$

例如：某人面包的消费量从一个增加到两个，总满足程度从 5 个效用单位增加到 8 个效用单位，则边际效用是 3 个效用单位。

当商品的增加量趋于无穷小，即当 $\Delta Q \rightarrow 0$ 时，则边际效用函数可写成：

$$MU = \frac{\mathrm{d}TU}{\mathrm{d}Q}$$

二、边际效用递减规律

1. 边际效用递减规律的基本含义

经济学家在分析效用时提出了边际效用递减规律。**边际效用递减规律**是指在一定时间内，在其他条件一定的时候，随着消费者对某种商品消费量的增加，消费者从该商品连续增加的每一单位的消费中所得到的满足程度越来越小，即边际的效用量是递减的。

边际效用递减规律

由于存在边际效用递减，我们将某人吃馒头的边际效用做一张表（如表 3-1 所示），并根据该表作出一条曲线，如图 3-1 所示，MU 曲线就是边际效用曲线，它反映出边际效用会随着连续消费某种商品数量的增加呈现出递减的规律，而且数量增加到一定的时候，边际效用是负数。

表 3-1　　　　　　　　　　　　　　　某人吃馒头的边际效用

消费量 Q	边际效用 MU
0	0
1	30
2	20
3	10
4	0
5	−10

边际效用递减规律和我们日常生活的体验是一致的。例如，当一个人饥肠辘辘的时候，吃第一个馒头给他带来的满足感往往非常大。随着所吃的馒头数量连续增加，每增加一个馒头给他带来的效用增量即边际效用越来越小。如果他已经吃饱了，再继续吃，就会越来越难受，即产生了负效用。生活中，当我们连续消费某种商品时所体会的这种感觉，实际上就是边际效用递减规律的体现，所以，再好的东西也不要无节制地消费下去。

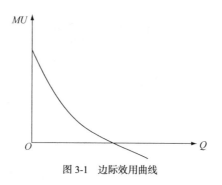

图 3-1　边际效用曲线

2．边际效用递减的原因

（1）在生理上，人的大脑神经元对外界连续的等量刺激的反应敏感度是越来越小的。所以，消费者从连续增加的每一单位商品的消费中所感受到的满足程度就会递减。

（2）在心理上，人的本性往往是"物以稀为贵"，所以随着连续消费某种商品的数量越来越多，越往后就越不觉得珍贵，效用就越来越小。

（3）当一种商品有几种用途时，消费者总是将第一单位的消费品用在最重要的用途上，第二单位的消费品用在次重要的用途上，依次类推，这样，消费品的边际效用便随着消费品用途重要性的逐步下降而递减。

3．货币的边际效用

基数效用论者在分析消费者行为时，通常假定货币的边际效用是不变的。但实际上，货币可以用来购买消费者所需要的商品和劳务，如同商品一样，也可以给人带来满足，因而也具有效用。商品的边际效用递减规律也就同样适用于货币。

对于一个消费者来说，随着货币数量的不断增加，每增加一元钱给该消费者所带来的满足感会越来越小，即货币的边际效用是递减的。所以增加一元钱给低收入者所带来的满足感比给高收入者所带来的满足感要大。但是，在一般情况下，消费者的收入是给定的，而且，单位商品的价格只占消费者总货币收入量中的很小部分，所以，当消费者对某种商品的购买量发生很小的变化时，所支出的货币的边际效用的变化是非常小的，因此，我们在分析消费者的行为时，可以忽略这种微小货币的边际效用的变化，假定其是既定的。

三、总效用与边际效用之间的关系

由于存在边际效用递减规律，假定一个人饥肠辘辘的时候开始吃馒头，在其他条件一定的时候，随着馒头消费数量的增加，不仅边际效用会递减，总效用也会与边际效用发生对应的变化。效用的变化如表 3-2 所示。

总效用与边际效用的关系

表 3-2　　　　　　　　　　　　　　某商品的效用表

商品数量 （1）	边际效用 （2）	总效用 （3）
0	0	0
1	30	30
2	20	50
3	10	60
4	0	60
5	−10	50

为了更加直观地看出总效用和边际效用的变化规律，根据表 3-2 可以绘制总效用曲线和边际效用曲线，如图 3-2 所示。

图中的横轴表示商品的数量，纵轴表示效用水平，图 3-2（a）中的 TU 曲线是总效用曲线，图 3-2（b）中的 MU 曲线是边际效用曲线。

从图3-2中可以总结出总效用和边际效用的关系：在其他条件一定时，消费者连续消费某种商品，边际效用是递减的。当边际效用大于零，即 $MU > 0$ 时，总效用递增；当边际效用等于零，即 $MU = 0$ 时，总效用达到最大；当边际效用小于零，即 $MU < 0$ 时，总效用递减。

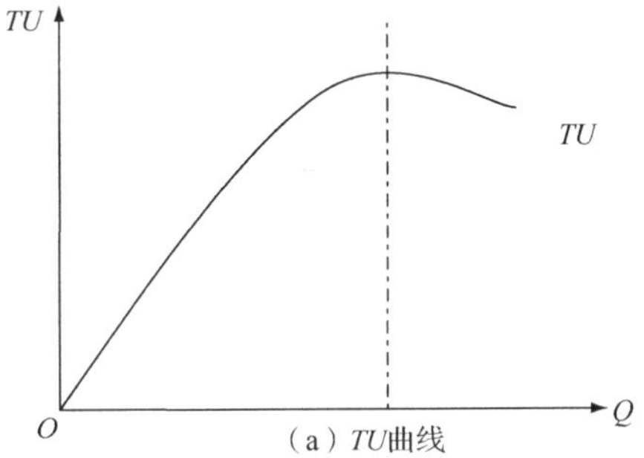

（a）TU曲线

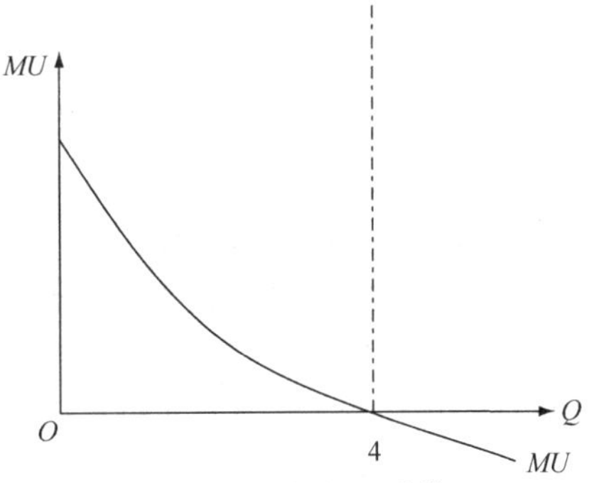

（b）MU曲线

图 3-2　总效用曲线和边际效用曲线

四、消费者均衡

（一）消费者均衡的含义

1. 消费者均衡的基本含义

消费者均衡是研究在收入和商品价格一定的时候，消费者如何把有限的货币收入分配在各种商品的购买中以获得最大的满足。只有当消费者达到满足最大化时，才既不想再增加，也不想再减少任何商品的购买数量，从而维持这种收入配置以使总效用达到最大化的状态。这是一种相对静止的状态，也就是实现了消费者均衡的状态。

2. 消费者均衡的约束条件

消费者想获得最大的效用，并不是可以无限地购买商品，因为要受到各种商品的价格和消费者的货币收入的限制。假定消费者用既定的收入 M 只购买 X 与 Y 两种商品，X 与 Y 两种商品的价格分别为 P_X 与 P_Y，这两种商品的购买数量分别是 X 和 Y，则消费者均衡的约束条件可以表示为：

$$M \geq P_X \cdot X + P_Y \cdot Y$$

假定没有储蓄，消费者将收入全部用于消费，约束条件就可写为：

$$M = P_X \cdot X + P_Y \cdot Y$$

该约束条件反映了收入和价格一定的时候，消费者所能购买的 X 与 Y 两种商品的最大数量组合。如果增加了 X 商品的购买数量，就必须减少一定的 Y 商品的购买数量。

假设某人用全部收入购买巧克力和音乐唱片这两种商品，当收入和商品价格一定时，购买巧克力和音乐唱片的数量及效用如表 3-3 所示。

表 3-3　　　　　　　　　商品的不同组合与总效用

音乐唱片		巧克力		音乐唱片和巧克力的总效用
购买数量	总效用	购买数量	总效用	
0	0	10	291	291
1	50	8	260	310
2	88	6	225	313
3	121	4	181	302
4	150	2	117	267
5	175	0	0	175

由于受到收入和价格的限制，如果增加了一定的巧克力的消费数量，就必须减少一定的唱片的消费数量，反之亦然。如果消费者在消费商品时没有达到饱和，则随着巧克力消费数量的增加，巧克力给消费者带来的总效用会递增，而随着唱片消费数量的减少，唱片给消费者带来的总效用会递减。从表 3-3 可知，消费者购买 2 张音乐唱片和 6 块巧克力的组合给消费者带来的总效用是 313，该组合是在收入和价格一定时，两种商品最大数量的各种组合中使消费者实现了效用最大化的一种组合，即实现了消费者均衡的组合。消费者因此会选择购买 2 张音乐唱片和 6 块巧克力，从而获得满足的最大化。

（二）消费者均衡的条件

由于存在边际效用递减规律，消费者不会无休止地消费某一种商品，况且人对商品的需求也是多样的。在商品价格和消费者收入一定时，消费者要从所消费的物品中获得最大的效用，就必须将有限的收入分配到他所需要消费的各种物品中去。

消费者均衡的条件

消费者如何把有限的收入配置到他所需要的各种物品上去才能获得最大的满足？西方经济学为此提出了等边际法则：我们应该这样安排自己的消费，即在每一种物品上所支出的最后 1 元钱，都能给我们带来相等的边际效用。也就是说，在价格和消费者收入一定时，当花费在任何一种物品上的最后一元钱所得到的边际效用正好等于花费在其他任何一种物品上的最后一元钱所得到的边际效用时，该消费者就达到了满足程度的最大化或效用的最大化，这种等边际准则就是实现了消费者均衡的条件。

假定：消费者用既定的收入 M 购买 n 种商品。P_1，P_2，…，P_n 分别为 n 种商品的既定价格，X_1，X_2，…，X_n 分别表示 n 种商品的数量，MU_1，MU_2，…，MU_n 分别表示 n 种商品的边际效用，则上述的消费者效用最大化的均衡条件可以用公式表示为：

$$\frac{MU_1}{P_1} = \frac{MU_2}{P_2} = \cdots = \frac{MU_n}{P_n} = \lambda$$

该公式表示消费者应选择的最优的商品组合的条件：使得自己花费在各种商品上的最后一元钱所带来的边际效用相等，且等于货币的边际效用 λ。

如果消费者只购买 X 和 Y 两种商品，消费者均衡条件的公式可简化为：

$$\frac{MU_X}{P_X} = \frac{MU_Y}{P_Y} = \lambda$$

 专栏 3-1

消费者均衡条件的数学证明

设效用函数为 $TU = f(X,Y)$

消费者的目标是获得总效用 TU 最大。

约束条件为 $M = P_X X + P_Y Y$

从数学角度看，该问题是有约束的极值问题，可以利用拉格朗日方法求解。

为了保证 TU 在既定约束条件下的极大，要求 $Z = f(X,Y) + \lambda(M - P_X X - P_Y Y)$ 对 X、Y 的一阶偏导数等于零，即：

$$Z_X = \frac{\partial f(X,Y)}{\partial X} - \lambda P_X = 0 \Rightarrow MU_X = \lambda P_X ; \quad Z_Y = \frac{\partial f(X,Y)}{\partial X} - \lambda P_Y = 0 \Rightarrow MU_Y = \lambda P_Y$$

从而有：

$$\frac{MU_X}{P_Y} = \frac{P_X}{P_Y}, \quad 即 \frac{MU_X}{P_X} = \frac{P_Y}{P_Y}$$

第三节 | 序数效用分析

 序数效用论是如何运用无差异曲线来分析消费者行为的？

序数一词和基数一样，也是来自数学。但序数与基数不同，它既不能衡量大小，也不能加总求和。它是指第一、第二、第三……只是用来表示顺序或等级，至于第一、第二和第三本身各自的数量具体是多少，是没有意义的。

一、序数效用论的基本观点及假定

1. 序数效用论的基本观点

到了 20 世纪 30 年代，大多数西方经济学家普遍采用序数效用的理论来研究消费者行为。序数效用论者认为，效用是主观的，类似于香、臭、美、丑等概念。而主观的东西是无法具体衡量的，所以消费者在消费商品时感觉到的满足程度的高低也无法用"1、2、3……"等基数来计量它的大小，更不能求和。但可以对满足程度的高低通过排序来比较，即用"第一、第二、第三……"来表示满足程度的高低。序数效用论回答的是消费者偏好哪一种消费，哪一种消费的效用排第一，哪一种消费的效用排第二。或者是说，要回答的是消费者宁愿看一场电影大片，还是宁愿去听一场音乐会。序数效用论者反对将不可计量的效用附着于普通物品的消费上，还认为，与现代需求理论有关的只是序数效用的原则，即使不用基数效用的理论也很容易推导出需求曲线。因此，序数效用论者在分析消费者行为时，考察的是商品组合的偏好顺序，回答的问题是"A 组合是否比 B 组合值得偏好？"

基数效用论和序数效用论是两种研究消费者行为的理论。但在现代微观经济学里，通常使用序数效用论来进行研究。序数效用论者是运用无差异曲线的分析方法来分析消费者的偏好和选择，并运用这一工具推导消费者行为的主要结论。

2. 序数效用论对偏好的假定

序数效用论者提出了消费者偏好的概念，考察的是消费者对商品组合的偏好顺序。偏好是指爱好或喜欢的意思。序数效用论者认为，给定 A、B 两种商品组合：A 是 1 单位食品和 5 单位衣服的组合，B 是 2 单位食品和 3 单位衣服的组合。如果 A 组合给该消费者带来的满足程度大于 B 组合，那么某消费者对 A 商品组合的偏好程度就大于 B 商品组合，即这个消费者认为 A 组合的效用水平大于 B 组合的效用水平。

序数效用论者在研究消费者偏好时，对消费者偏好做了三个基本的假定。

（1）偏好完全性的假定。偏好是主观的，是因人而异的。不同的消费者对不同商品的组合、偏好可能不同。正如前面所提到的，如果 A 组合给消费者甲带来的满足程度大于 B 组合，那么甲对 A 商品组合的偏好程度就大于 B 商品组合；如果 A 组合给消费者乙带来的满足程度小于 B 组合，那么乙对 B 商品组合的偏好程度就大于 A 商品组合。这种偏好可以通过人们的选购行为反映出来。但序数效用论者认为，同一个消费者对不同商品组合的偏好总是可以比较和排列顺序的。例如，对于 A 和 B 两个商品组合，消费者总是可以做出偏好的判断：要么对 A 的偏好大于对 B 的偏好，要么对 A 的偏好等于对 B 的偏好，要么对 A 的偏好小于对 B 的偏好。上面三种偏好选择，消费者总能够选择其中的一种，把自己的偏好评价准确地表达出来，这就是偏好的完全性。偏好完全性的假定保证了消费者对于偏好的表达方式是完备的。

（2）偏好可传递性的假定。为了保证消费者偏好的一致性，序数效用论者认为，消费者偏好具有可传递性。例如，消费者对于若干个商品组合 A、B、C……如果该消费者对 A 组合的偏好大于对 B 组合的偏好，对 B 组合的偏好又大于对 C 组合的偏好，则消费者对 A 组合的偏好一定大于对 C 组合的偏好。

（3）偏好非饱和性的假定。按基数效用论来看，由于存在边际效用递减规律，随着商品消费数量的连续增加，边际效用是递减的，而且到一定时候还会由正数变为零乃至负数，当边际效用等于零时，总效用达到最大，说明消费者消费商品的时候达到了饱和状态，再继续增加消费量的话，边际效用就会变为负数，总效用反而下降。但序数效用论假设，消费者对每一种商品的消费都没有达到饱和状态，因而对于任何一种商品，消费者总是认为数量多比数量少好。在不同的商品组合中，总是偏好含有商品数量较多的那个商品组合。当然，都是针对"好的东西"而言，而不涉及"坏的东西"。

二、无差异曲线

1. 无差异曲线的含义

无差异曲线（Indifference Curve）是指在一定的条件下，能给消费者带来相同效用水平的两种商品不同组合的曲线。

无差异曲线及特征

在生活中，消费者需要购买不同的商品或劳务，如猪肉、牛肉、苹果、梨、衣服、鞋等来满足自己的欲望，很多商品之间有一定的替代性，有些替代性强，而有些替代性弱，如猪肉和牛肉都能满足人们对肉的需要，替代性强些。猪肉和苹果虽然不如猪肉和牛肉之间的替代性强，但也都能满足人们对吃的需要，因而也有一定的替代性。为了简单起见，现在假设消费者只购买香蕉和苹果两种商品。如表 3-4 所示，A 组合是 10 只香蕉和 1 个苹果，B 组合是 6 只香蕉和 2 个苹果，C 组合是 4 只香蕉和 3 个苹果，D 组合是 2.5 只香蕉和 4 个苹果，A、B、C、D 虽然是香蕉和苹果的不同数量组合，但假设它们给消费者带来的满足程度是相同的。从表 3-4 中可见，多消费一定数量的苹果，而少消费一定数量的香蕉，或者少消费一定数量的苹果，而多消费一定数量的香蕉，可以让消费者获得相同的满足程度。

表 3-4　　　　　　　　　　　　效用相同的不同商品的数量组合

组合	香蕉（Y）	苹果（X）
A	10	1
B	6	2
C	4	3
D	2.5	4

下面，根据表 3-4 来画一张图，如图 3-3 所示，图中的横轴和纵轴分别表示苹果的数量和香蕉的数量，将表中所列的 A、B、C、D 关于香蕉和苹果的不同数量组合在图形上找到对应的点，然后将这些点连成一条曲线，该曲线就是无差异曲线。无差异曲线代表

苹果和香蕉两种商品的数量组合虽然不同，但带给消费者的满足程度是相同的，效用是无差异的。它意味着消费者对该曲线上各点的偏好是相同的。

2. 无差异曲线的特征

（1）无差异曲线向右下方倾斜，斜率为负。为了使 A 点和 B 点的总效用不变，增加了一定的 X，同时就必须减少一定的 Y。

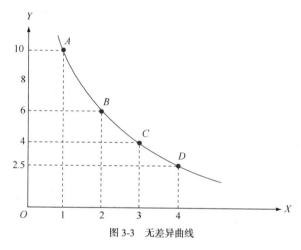

图 3-3　无差异曲线

（2）无差异曲线是凸向原点的，即无差异曲线的斜率的绝对值是递减的。无差异曲线之所以具有凸向原点的特征，主要是因为商品的边际替代率存在递减规律。关于边际替代率递减的规律，后面再进行详细地分析。

（3）在同一平面图中，有无数条无差异曲线，离原点越远的无差异曲线代表的效用水平越高。反之，离原点越近的无差异曲线代表的效用水平越低。

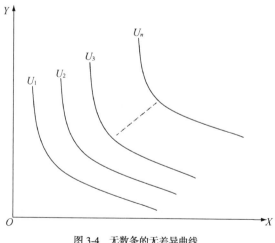

图 3-4　无数条的无差异曲线

图 3-4 中的 $U_1<U_2<U_3<\cdots<U_n$。

（4）同一平面图上的任意两条无差异曲线不会相交，否则会存在矛盾，违背了偏好的完全性假定。

3. 无差异曲线的特殊形状

一般情况下，无差异曲线向右下方倾斜，凸向原点，但不会与横轴和纵轴相交。这说明，这两种商品只能是一定程度的相互替代，但不能完全相互替代。但也存在两种特殊的情况：①商品之间具有完全相互替代的关系，如图 3-5（a）所示；②商品之间具有完全互补的关系，如图 3-5（b）所示 。

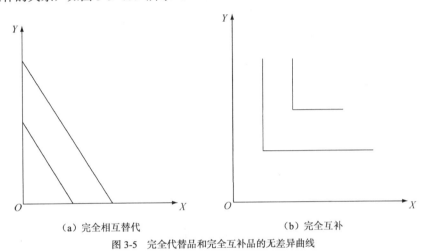

（a）完全相互替代　　　　　　　　（b）完全互补

图 3-5　完全代替品和完全互补品的无差异曲线

三、边际替代率递减规律

边际替代率递减规律是指在总效用水平不变的前提下，随着某种商品消费量的连续增加，消费者为了增加一单位该商品的消费数量所愿意放弃的另一种商品的消费数量越来越少。

从图 3-6 中可知，无差异曲线上各点的效用是相同的。为了保持各点的总效用不变，从 A 点到 B 点，消费者愿意用 1 个单位 X 商品去替代 4 个单位 Y 商品，A 点和 B 点连线的斜率的绝对值是 4。从 B 点到 C 点，消费者愿意用 1 个单位 X 去替代 2 个单位 Y，B 点和 C 点连线的斜率的绝对值是 2。从 C 点到 D 点，消费者愿意用 1 个单位 X 去替代 1.5 个单位 Y，C 点和 D 点连线的斜率的绝对值是 1.5。

可见，沿着无差异曲线向右下方移动，无差异曲线的斜率的绝对值，也就是边际替代率（Marginal Rate of Substitution）是越来越小的。因为，随着 X 商品数量越来越多，Y 商品数量越来越少，则 X 商品的边际效用会越来越小，而 Y 商品的边际效用会越来越大，所以每增加一个单位 X 商品所能替代的 Y 商品的数量就越来越少。边际替代率递减也就决定了无差异曲线具有凸向原点的特征。

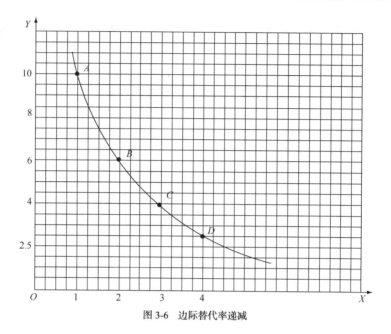

图 3-6　边际替代率递减

专栏 3-2

边际替代率

在无差异曲线上，两种商品的数量组合不同，但效用水平保持不变。这意味着，在保持效用水平不变的前提条件下，消费者每增加一种商品的消费数量，同时就必须放弃一部分另一种商品的消费数量，即是用增加一部分某种商品的消费数量来替代一部分另一种商品的消费数量。为了反映这种替代关系的变化规律，经济学家提出了商品的边际替代率（Marginal Rate of Substitution，MRS）的概念。

边际替代率是指在偏好与效用水平既定不变的条件下，消费者增加一单位某种商品的消费数量时所要放弃的另一种商品的消费数量。假设从图3-6的A点移动到B点，增加了一定数量的ΔX，同时减少了一定数量的ΔY，但A点和B点的总效用不变，则边际替代率的公式是：

$$MRS_{XY} = -\frac{\Delta Y}{\Delta X}$$

公式中ΔX和ΔY的变动方向相反，ΔY/ΔX为负数，但一般取其正值来比较MRS_{XY}的大小，所以就在公式中加了一个负号。边际替代率实际上也就是无差异曲线斜率的绝对值。如果ΔX→0时，边际替代率的公式则可以写为

$$MRS_{XY} = -\frac{\mathrm{d}Y}{\mathrm{d}X}$$

另外，边际替代率也是可以写成两种物品的边际效用之比。因为A点和B点的总效用一样，B点比A点增加了ΔX，但减少了ΔY，增加X商品的消费数量会增加相应的总效用，所增加的总效用是$TU_X=MU_X \cdot \Delta X$，减少Y商品的消费数量会减少相应的总效用，减少的总效用是$TU_Y=-MU_Y \cdot \Delta Y$，$TU_X$应该等于$TU_Y$，

即 $MU_X \cdot \Delta X=-MU_Y \cdot \Delta Y$，所以：

$$MRS_{XY}=-\frac{\Delta Y}{\Delta X}=\frac{MU_X}{MU_Y}$$

四、预算线

消费者总是偏好于选择更多的商品数量的组合，但多多益善只是消费者的偏好，这种偏好还受到消费者自己的收入水平和市场上商品价格的限制，家庭预算线就是反映家庭消费的这种限制。

预算线

（一）预算线的含义

预算线（Budget Line）是指在既定的收入以及价格水平下，消费者所能购买的两种商品最大数量组合的轨迹。

假设某人的收入是 $M=600$ 元，全部用来购买 X 和 Y 两种商品。其中，X 的价格是 $P_X=2$ 元，Y 的价格是 $P_Y=1$ 元，那么他用 600 元全部购买 X 商品，最多可以买 300 个单位；如果购买 200 个单位 X 商品，则最多购买 200 个单位的 Y 商品；如果购买 100 个单位 X 商品，则最多购买 400 个单位的 Y 商品；如果全部购买 Y 商品，最多购买 600 个单位的 Y 商品。如表 3-5 所示。

表 3-5　　　　　　　　收入一定时所能购买的 X 和 Y 的最大数量组合

组合方式	X 的购买数量（X）	Y 的购买数量（Y）
A	300	0
B	200	200
C	100	400
D	0	600

根据表 3-5 来作一个图，如图 3-7 所示，横轴代表 X 商品的购买数量，纵轴代表 Y 商品的购买数量，将表中 X 和 Y 的各种组合在图中找到对应的点，将这些点连成一条线 AD 线，这条线就是预算线。这条线反映了在既定的收入以及价格水平下，消费者所能购买的两种商品最大数量的组合。线内的任何一点都是目前能够购买的数量，但消费者的全部收入在购买线内任何一点的商品组合以后还有剩余。线外的任何一点都是目前无法实现的购买数量。所以，预算线实际上也称为预算边界。

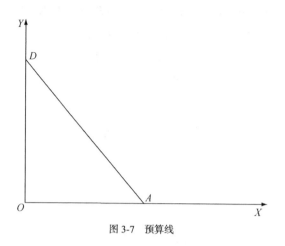

图 3-7　预算线

假定以 M 表示消费者的既定收入，以 P_X 和 P_Y 分别表示商品 X 和商品 Y 的价格，以 X 和 Y 分别表示商品 X 和商品 Y 的数量，那么，相应的预算线方程为 $M = P_X \cdot X + P_Y \cdot Y$ 或者 $Y = \dfrac{M}{P_Y} - \dfrac{P_X}{P_Y} \cdot X$。

该式表示：消费者的全部收入等于他购买商品 X 和商品 Y 的总支出。而且，$\dfrac{M}{P_X}$ 和 $\dfrac{M}{P_Y}$ 分别是预算线的横截距和纵截距，表示全部收入购买商品 X 或全部收入购买商品 Y 的数量。

从预算线方程 $Y = \dfrac{M}{P_Y} - \dfrac{P_X}{P_Y} \cdot X$ 告诉我们，预算线的斜率为 $-P_X / P_Y$，即是两种商品的价格之比。

（二）消费者预算线的移动

既然预算线是在消费者的收入和商品的价格一定的条件下，消费者所能购买到的两种商品的最大数量组合的轨迹，那么，如果消费者的收入和商品的价格发生了变化，消费者所能购买到的两种商品的最大数量组合也会发生相应变化，预算线也会因此发生位置的改变。下面主要介绍预算线平行移动和预算线旋转的情况。

1. 预算线的平行移动

如图 3-8 所示，当 X 和 Y 两种商品的价格一定，消费者的收入 M 增加时，或者当消费者的收入一定，两种商品的价格 P_X 和 P_Y 同比例下降时，预算线会平行向右上方移动。反之向左下方移动。

2. 预算线的旋转

当消费者的收入 M 不变，商品 Y 的价格 P_Y 保持不变，商品 X 的价格 P_X 下降，预算线会从 AB 旋转到 AB_1，如图 3-9 所示。如果商品 X 的价格 P_X 上升，预算线会从 AB 旋转到 AB_2，如图 3-9 所示。

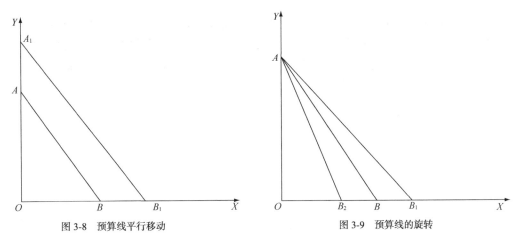

图 3-8 预算线平行移动   图 3-9 预算线的旋转

当消费者的收入 M 不变，商品 X 的价格 P_X 保持不变，如果商品 Y 的价格 P_Y 下降，预算线会从 AB 旋转到 A_1B，如果商品 Y 的价格 P_Y 上升，预算线会从 AB 旋转到 A_2B，如图 3-10 所示。

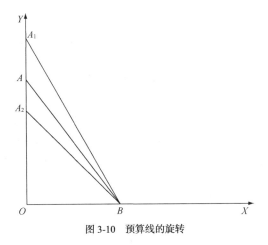

图 3-10 预算线的旋转

五、消费者均衡

无差异曲线描述了消费者偏好的特征，预算线则表明了在消费者收入和商品价格既定之下消费者选择的限制条件。将无差异曲线和家庭消费预算线结合在一起，可以用来分析消费者在预算线约束的前提下对最优商品组合的选择，即一定收入水平获得了满足最大化的消费选择。

消费者均衡

如图 3-11 所示，AB 是消费者的预算线，AB 线上的不同点是 X 和 Y 两种商品不同数量的组合，但每种组合花费的钱是一样的。而在同一个平面图上有无数条无差异曲线，每一条无差异曲线表示，线上的各点是两种商品数量组合不同但效用相同。如果把预算线和无数条无差异曲线放在同一个平面图上会形成三种关系：有的无差异曲线与预算线相交，有的无差异曲线与预算线相切，有的无差异曲线与预算线相离。为了简化起见，分别以 U_0、U_1、U_2 代表这三种情况。

在图 3-11 中，消费者会选择哪种商品的组合呢？

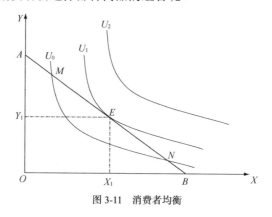

图 3-11 消费者均衡

从图 3-11 可见，M 点、N 点和 E 点都在 AB 预算线上，意味着 X 和 Y 两种商品的数量组合虽然不同，但它们都是将所有的收入消费完，即所消费的钱是一样的。理性的消费者肯定是选择消费同样的钱带来满足程度最大那个组合。M 点、N 点在 U_0 上，E 点在 U_1 上，$U_1 > U_0$，所以 E 点的商品组合给消费者带来的效用即满足程度大于 M 点、N 点的商品组合。虽然 $U_2 > U_1$，即 U_2 的效用更大，但 U_2 上各点的商品组合都是消费者现有条件下无力购买的。所以，无差异曲线与预算线的切点所对应的商品组合，即 X_1 和 Y_1 能够使消费者在收入和价格一定时获得最大的效用，是消费者愿意维持的一种均衡状态，因而也就是消费者均衡的条件。

案例与拓展[1]

拓展资料：从盼春晚到吐槽春晚与边际效用递减规律

资料来源：收集资料自编.

一、从观众视角看春晚

央视春晚在 1983 年第一次举办后，人们欢呼雀跃，晚会的节目成为全国老百姓在街头巷尾和茶余饭后津津乐道的题材。之后，一家人守在电视机前看一场央视春晚成为老百姓每年除夕夜的视听盛宴，更成了华人的年夜饭。

然而，随着时间的推移，春晚已走过了三十多个年头，其自身的吸引力在逐年下降。人们对央视春节联欢晚会的评价也越来越差。有数据显示，2010 年虎年春晚总收视率为38.26%，2012—2015 年则一直呈下降趋势。

2016 年春晚前，央视在地铁上打起了广告，宣传"CCTV 微视"手机 App。CCTV 微视在直播春晚的同时设有聊天室供网友评论。有人认为，这是以另一种方式——"吐槽"来吸引观众看春晚，将其当成维持春晚收视率的手段之一。

微博作为网友围观讨论春晚的主要平台，在 2016 年除夕夜玩出新花样。微博联合企业、明星连续 14 天给网友发红包，并推出全球华人共迎新春的全民红包活动。除夕当天，还特别邀请 100 多位网络创作者和名人，在微博上讨论春晚。在春晚直播期间实时发布视频点评，用户也可以发图片聊春晚。为了鼓励网友"吐槽"的热情，微博拿出百万巨奖，奖励春晚"神点评"。在微博"吐槽"春晚，已经成为网友必不可少的年夜饭。2016 年羊年春晚直播期间，3 470 万名网友参与微博互动，总互动量达到 6 941 万次，讨论春晚的微博达到 4 505 万条，相关话题总阅读量达到 41.5 亿次。不少人的除夕之夜都是在狂点红包中度过的。

看来，从观众视角看，人们已从盼春晚到渐渐吐槽春晚，要改变春晚遭吐槽的命运似乎已成了一块难啃的骨头。

二、从经济学视角看春晚

从经济学的角度来看，春晚现象与边际效用递减规律有关，即在其他条件不变的前提下，当一个人在消费某种物品时，随着消费量的增加，由于生理和心理的原因，消费者从中得到的边际效用也就是增加的满足感是越来越少的，这是一种普遍存在的现象。因此，我们也就不难理解，第一届春节联欢晚会能让我们欢呼雀跃，但举办次数多了，由于刺激反应弱化，春晚给人们增加的满足感就越来越小了。

春晚年复一年地办下来，投入的人力、物力越来越大，技术效果越来越先进，场面设计越来越宏大，节目种类也越来越丰富。但发展到了一定水平，要再创新难度加大。在春晚内容和形式没有多少创新空间的情况下，观众从中增加的满足感逐渐下降，评价自然也会越来越差。也难怪一些网络评论家们每年也都宣布"今年的春晚最难看"。

其实，以现在的眼光看，第一届春晚应该是一台非常"土气"的晚会：在 600 平方米的演播室，所有的工作人员加起来不到 60 人，演员少、穿着俭朴。李谷一个人就演唱了 7 首歌，摄像机找不到焦点，一段并不精彩的相声……

但这样的一届晚会为什么能给当时的观众带来极大的满足呢？原因是，第一届春晚开创了一个新时代：在形式上，它是我国第一次观众参与点播互动、第一次设立晚会主持人；在内容上，春晚现场解禁"靡靡之音"。在那个年代，人们听到的大部分是鼓舞人们斗志的雄壮歌曲，李谷一的一曲《乡恋》抒发了人们的个人情怀，舒缓了人们压抑已久的情感，告诉人们可以去想个人的幸福，也可以有个人的追求。这样一台完全以欢歌笑语为核心的晚会，颠覆了人们传统的习惯，给人耳目一新的感觉。因此，第一届春晚无论在内容还是形式上都是一种突破。

随着观看次数的不断增加，如何让观众从"春晚"中再增加满足感呢？经济学告诉我们，只有通过不断创新：①对产品内容和形式创新。即使是同类产品，只要有独到之处，就不会引起边际效用递减。②要多开发新产品。因为当消费者持续消费一种商品时，它带给消费者的边际效用就在递减，从中增加的满足感就会下降。

→ **案例与拓展[2]**

拓展资料： 水与钻石的"价值悖论"在经济学上的解释

资料来源： 保罗·萨缪尔森，威廉·诺德豪斯. 微观经济学[M]. 北京：华夏出版社，2002.

一、"价值悖论"的困惑

200多年前，亚当·斯密在《国富论》中提出了价值悖论：没有什么能比水更有用，然而水很少能交换到任何东西。相反，钻石几乎没有任何实际使用价值，但经常可以交换到大量的其他物品。换句话说，为什么对生活如此必不可少的水几乎没有价值，而只能用作装饰的钻石却索取高昂的价格？这一悖论当年困惑着亚当·斯密，今天，我们还会为此困惑吗？

二、"价值悖论"在经济学上的解释

美国著名经济学家保罗·萨缪尔森认为，要回答水与钻石的"价值悖论"，还必须再加上一条真理，即水在整体上的效用并不决定它的价格或需求。相反，水的价格取决于它的边际效用，取决于最后一杯水的有用性。

对于水而言，人在非常干渴的时候，喝第一杯水的时候，边际效用最大，此时水对他来说是必需品，是维持生命所必需的。喝第二杯的时候，边际效用就会降低，因为他对水的要求不会那么迫切了，接下来再喝的话，水的边际效用就更低了。虽然，水给我们带来的总效用是巨大的，没有水，我们无法生存，但我们用的水是很多的，最后一单位水所带来的边际效用就微不足道了。由于有如此之多的水，所以最后一杯水的边际效用很低，只能以很低的价格出售。即使最初的几滴水相当于生命自身的价值，但最后的一些水仅仅用于浇草坪或洗汽车。

消费者所愿意支付的价格取决于最后一单位的边际效用，边际效用大，消费者所愿支付的价格高，边际效用小，消费者所愿支付的价格低。在一定时间内，在其他商品的消费数量保持不变的情况下，随着消费者对某种商品消费数量的增加，消费者从该商品连续增加的每一消费单位中所得的效用增量即边际效用是递减的，因此，消费者随着商品消费数量的增多，所愿意支付的价格越来越低。

本章要点

1. 效用

效用是指消费者在消费某种物品或劳务时所感觉到的满足程度。效用具有主观性，是消费者对物品满足自己欲望的能力的一种主观评价。

2. 基数效用论和序数效用论

基数效用论和序数效用论是两种研究消费者行为的理论。基数效用论者假设效用是可以衡量并加总求和的，在这样的假设基础上，基数效用论用边际效用分析方法来解释消费者的行为；序数效用论者认为，效用既不能衡量大小，也不能加总求和，效用只能排序。序数效用论者运用无差异曲线的分析方法来分析消费者的偏好和选择，并运用这一工具推导出消费者行为的主要结论。

3. 边际效用递减规律

边际效用递减规律是指在一定时间内，在其他条件一定的时候，随着消费者对某种商品消费量的增加，消费者从该商品连续增加的每一单位的消费中所得到的满足程度越来越小，即边际的效用量是递减的。

4. 总效用 TU 和边际效用 MU 的关系

在其他条件一定时，消费者连续消费某种商品，边际效用是递减的。当 $MU > 0$ 时，TU 递增；当 $MU = 0$ 时，TU 达到最大；当 $MU < 0$ 时，TU 递减。

5. 无差异曲线及其特征

无差异曲线是指在一定的条件下，能给消费者带来相同效用水平的两种商品不同组合的曲线。无差异曲线的特征：无差异曲线向右下方倾斜，斜率为负；无差异曲线是凸向原点的；在同一平面图中，有无数条无差异曲线，离原点越远的无差异曲线代表的效用水平越高；同一平面图上的任意两条无差异曲线不会相交。

6. 边际替代率递减规律

边际替代率是指在偏好与效用水平既定不变的条件下，消费者增加一单位某种商品的消费数量时所要放弃的另一种商品的消费数量。在总效用水平不变的前提下，随着某种商品消费量的连续增加，消费者为了增加一单位该商品的消费数量所愿意放弃的另一种商品的消费数量越来越少。边际替代率的公式：$MRS_{XY} = -\dfrac{\Delta Y}{\Delta X} = \dfrac{MU_X}{MU_Y}$。

7. 预算线

预算线表示在既定的收入以及价格水平下，消费者所能购买的两种商品的最大数量组合。它反映了家庭在消费商品时要受到收入和商品价格的约束。

8. 消费者均衡

消费者均衡是研究在收入和商品价格一定的时候，消费者如何把有限的货币收入分配在各种商品的购买中以获得最大的满足。

基数效用论是用边际效用分析方法来研究消费者均衡，其均衡条件是：在价格和消费者收入一定时，当花费在任何一种物品上的最后一元钱所得到边际效用正好等于花费在其他任何一种物品上的最后一元钱所得到边际效用时，该消费者就达到了满足程度的最大化或效用的最大化，这种等边际准则就是实现了消费者均衡的条件，即

$$\frac{MU_1}{P_1} = \frac{MU_2}{P_2} = \cdots = \frac{MU_n}{P_n} = \lambda。$$

序数效用论者运用的是无差异曲线的分析方法来研究消费者均衡，把无差异曲线和预算线画在同一个平面坐标系中，预算线必与无数条无差异曲线中的一条相切，这一切点所对应的商品组合就是能够使消费者在收入和价格一定时获得最大效用的商品组合，是消费者愿意维持的一种均衡状态。

关键概念

效用　　　　边际效用　　　总效用　　　　消费者均衡

无差异曲线　预算线　　　　边际替代率

习 题 三

一、选择题

1. 总效用曲线递增时，（　　　）。

　　A. 边际效用曲线达到最大点　　　　　B. 边际效用为零

　　C. 边际效用大于零　　　　　　　　　D. 边际效用小于零

2. 同一条无差异曲线上的不同点意味着（　　　）。

　　A. 效用水平不同，两种商品的组合比例也不相同

　　B. 效用水平相同，但所消费的两种商品的组合比例不同

　　C. 效用水平不同，但所消费的两种商品组合比例相同

　　D. 效用水平相同，两种商品的组合比例也相同

3. 无差异曲线上任一点上商品 X 和 Y 的边际替代率是等于它们的（　　　）。

　　A. 数量之比　　　　　　　　　　　　B. 边际效用之比

　　C. 边际成本之比　　　　　　　　　　D. 总效用之比

4. 如果收入不变，商品 X 和 Y 的价格按相同的比率下降，预算线（　　　）。

　　A. 向右上方平行移动　　　　　　　　B. 向左下方平行移动

　　C. 不变动　　　　　　　　　　　　　D. 向左下方或右上方平行移动

5. 在消费者均衡点上预算线的斜率（　　　）。

　　A. 大于无差异曲线的斜率　　　　　　B. 小于无差异曲线的斜率

C. 等于无差异曲线的斜率　　　　　　D. 以上都有可能

6. 已知消费者的收入是 100 元，商品 X 的价格是 3 元，商品 Y 的价格是 5 元。这时所购买商品 X 和 Y 的边际效用分别是 30 和 10，如要获得最大效用，他应该（　　）。

A. 减少 X 的购买量，增加 Y 的购买量　　B. 增加 X 的购买量，减少 Y 的购买量

C. 同时增加 X 和 Y 的购买量　　　　　D. 同时减少 X 和 Y 的购买量

7. 若无差异曲线上任何一点的斜率等于 $-\dfrac{1}{3}$，这意味着消费者有更多的 X 时，他愿意放弃（　　）单位 X 而获得一单位 Y。

A. 1/3　　　　　　B. 1　　　　　　C. 3　　　　　　D. 2

二、计算题

1. 已知某消费者的收入为 540 元，该消费者的效用函数 $U=3XY$，X，Y 两种商品的价格分别为 $P_X=20$ 元，$P_Y=30$ 元，求消费者获得的最大效用时两种商品的购买量各是多少？该消费者所能获得的最大效用是多少？

2. 已知消费者对两种商品的效用函数是 $U=XY$，预算约束方程是 $M=P_XX+P_YY$（M 为消费者的收入，X 和 Y 分别是两种商品的数量，P_X 和 P_Y 是两种商品的价格），求证：在效用最大化条件下对这两种商品的需求函数分别是 $X=M/2P_X$ 和 $Y=M/2P_Y$。

三、讨论题

1. 亚当·斯密在《国富论》中提出了价值悖论：没有什么能比水更有用，然而水很少能交换到任何东西。相反，钻石几乎没有任何实际使用价值，但经常可以交换到大量的其他物品。换句话说，为什么生活中如此必不可少的水几乎没有价值，而只能用作装饰的钻石却索取高昂的价格？请运用经济学知识解释这一价值悖论。

2. 如果将高工资人员的一部分收入转移给低工资人员，这一措施能否增加全社会的总效用？请根据边际效用递减规律（假定货币的边际效用也递减）加以分析说明。

3. 假如某人只有有限的可利用时间，为了使其在各门功课中获得的知识量最大化，他应该在每一门功课上花费相同的学习时间吗？

第四章　生产与成本理论

经济学假设生产者都是具有完全理性的经济人，生产的目的是实现利润最大化。本章的生产理论就是考虑物质技术关系，通过研究生产中投入量和产出量的关系，揭示生产规律。成本理论则主要是分析成本及其与收益之间的关系，确定利润最大化的原则。

第一节　生产函数

企业的生产经营目标是什么？生产的短期与长期是如何区分的？

一、企业及其经营目标

企业即生产者或厂商（Firm），是一种投入生产要素并生产出产品或劳务的生产经营性组织。

微观经济学的一个基本假定是完全理性的经济人的假定，即假设所有经济活动的参与者都是力图用最小的代价去获得最大的利益。这一假定在生产理论中的具体化就是，假定厂商的目标都是追求利润的最大化。

随着现代经济社会的发展，许多有识之士普遍认为，企业以利润最大化为目标，但不能忘了企业应承担的社会责任。"企业社会责任"的概念最早由西方发达国家提出，但随着国际间经济文化的交流，企业应承担社会责任的思想在我国也已深入人心。虽然学术界对什么是企业社会责任众说纷纭，但总结起来，企业的社会责任大体应包含对消费者的责任、对企业员工的责任、对保护生态环境的责任以及对社会公益和慈善事业的责任。从表面上和短期来看，企业承担社会责任将实实在在地增加企业的成本支出，包括维护消费者权益及改善员工待遇和福利的成本、环境责任成本，以及公益慈善捐赠所增加的社会成本等，会导致企业利润的减少。但从本质上和长远来看，企业承担社会责任与追求利润的最大化并不矛盾，其最终可以树立企业良好的社会形象，从而提高企业产品和服务的声誉，为未来利润的增长拓展新的空间。

二、生产的含义及生产的要素

1. 生产的含义

生产是指一切能够创造或增加效用的人类活动。企业的生产过程也就是把投入转变为产出的过程。

2. 生产的要素

企业在生产过程中所需投入的生产要素包括劳动、资本、土地和企业家才能四大类，统称为生产四要素。其中，劳动是指劳动力的数量与质量，包括体力劳动和脑力劳动；资本是指厂房、设备、机械、工具等资本品；土地是一个广义的概念，不仅指泥土地，而且是泛指一切自然资源，如山川、河流、矿藏、森林等；企业家才能是指其创新与经营管理企业的能力。在生产的四要素中，企业家才能往往起着至关重要的作用，是生产好坏的关键因素。通过对生产要素的组合与运用，厂商可以为市场提供各种实物产品和劳务。

三、生产函数及其表达形式

1. 生产函数

企业对生产要素的投入量会对产出量产生相应的影响，因此，生产过程中对劳动、资本、土地和企业家才能等生产要素的投入量和产品的产出量之间存在函数关系，这种产品产出量与为生产该产品所需投入的要素量之间的关系就是**生产函数**（Production Function）。

生产函数

2. 生产函数的表达形式

如果用 Q 代表产出量，L、K、N、E 分别代表生产中所投入的劳动、资本、土地和企业家才能，则生产函数的表达式可写为 $Q = f(L, K, N, E)$，为了简化起见，微观经济学在分析生产函数时，一般又假定技术不变，土地和企业家才能是一定的，则产出量就是一定的劳动和资本投入的函数，生产函数的一般表达式也就可以简写为 $Q = f(L, K)$。该生产函数式表明，在一定的技术水平条件下，生产 Q 的产量，需要一定的劳动数量和资本数量的组合。或者已知劳动与资本的数量组合时，也可以推算出最大的产量。

生产函数反映了产量与要素投入量之间的关系。如果生产要素的投入量变化 λ 倍，产量也同方向变化 λ^n 倍，这样的生产函数为齐次生产函数。如果 $n=1$，则为线性齐次生产函数。

不同的生产函数代表了不同的生产方法和技术水平。当今世界，科学技术飞速发展，像通信和生化技术等，随着时间的推移，原来的生产函数很快就会被淘汰。还有些生产函数只适用于特定的地点，如医学实验室，若换个地方也就变得毫无用处。但无论如何，经济学家们还是发现，在特定条件下，生产函数对于描述企业生产能力还是十分有用的。

四、生产的短期和长期

生产的短期和长期并不是一个确切的自然时间跨度，而是有其特定的经济含义。

生产的短期和长期

短期是指生产者只能调整部分生产要素的数量，来不及调整全部生产要素的数量，至少有一种生产要素的数量是固定不变的时间长度。假设企业只投入劳动和资本这两种生产要素，那么，短期资本是不变的，生产函数的形式则是 $Q=f(L)$。它表明在短期，在资本 K 一定时，产量会随着劳动投入数量的变动而变动。例如，某种产品的市场需求量突然增大时，厂商可以通过增加劳动的投入，让工人加班加点，增加原材料等生产要素来增加产量，但有一部分生产要素，如厂房、机器和设备等来不及随产量的增加而增加。

长期是指生产者可以调整全部生产要素的数量的时间长度。长期生产函数的形式是 $Q=f(L,K)$。它表明：在长期，不仅劳动 L 的投入数量可以改变，资本 K 的投入数量也是可以调整的，产量会随着劳动和资本投入数量的变动而变动。例如，如果某种产品的市场景气时间比较长，厂商不仅可以通过增加劳动和原材料等生产要素来增加产量，而且也来得及增加厂房、机器和设备等生产要素，也就是说来得及扩大生产规模，提高生产能力来增加产量。

对于不同的产品生产，短期和长期的界限会不同。例如，改变一家汽车制造厂的规模可能需要 3 年的时间，而改变一家理发店的规模可能仅需要 2 个月的时间。

第二节 | 短期生产函数

生产的短期为什么会存在边际报酬递减规律？在生产的短期，劳动的投入越多，产量就越大吗？合理的劳动投入应该是怎样的？

短期生产函数 $Q=f(L)$ 表明，在短期内，资本是不变的，不断追加劳动要素的投入量，产量会随之发生变化。那么，在短期，产量的变化有什么规律？劳动的投入数量多少是最适合的？

一、总产量、平均产量和边际产量

首先了解几个相关概念及其曲线。

（一）总产量、平均产量和边际产量的含义

总产量（Total Product）是指一定的某种生产要素的投入量所生产出来的全部产量。

总产量、平均产量与
边际产量的关系

总产量用 TP 表示，$TP = Q = f(X)$，其中 X 代表某种生产要素的投入数量。

平均产量（Average Product）是指平均每单位某种生产要素所生产出来的产量。平均产量用 AP 表示，$AP = \dfrac{TP}{X}$。

边际产量（Marginal Product）是指每增加一单位某种生产要素投入所增加的产量。边际产量用 MP 表示，$MP = \dfrac{\Delta TP}{\Delta X}$ 或者 $MP = \dfrac{\mathrm{d}TP}{\mathrm{d}X}$。

（二）总产量、平均产量和边际产量曲线

已知总产量函数，可以求出平均产量函数和边际产量函数。

例如，当 $TP = Q = f(X) = 27X + 12X^2 - X^3$，则：

$$AP_X = TP / X = 27 + 12X - X^2$$

$$MP_X = \lim_{\Delta X \to 0} \Delta TP / \Delta X = \mathrm{d}TP / \mathrm{d}X = 27 + 24X - 3X^2$$

假定生产某种产品需要资本和劳动两种生产要素，当短期资本不变，$K=10$ 时，不断地增加劳动量，根据上面的产量函数，产量会随着劳动的投入数量而变化，这样可以计算出总产量、平均产量和边际产量，如表 4-1 所示。

表 4-1   总产量、平均产量和边际产量

K	L	ΔL	TP_L（Q）	AP_L（Q/L）	$MP_L = \Delta Q / \Delta L$	$MP_L = \mathrm{d}Q/\mathrm{d}L$
10	0	0	0			
10	1	1	38	38	38	48
10	2	1	94	47	56	63
10	3	1	162	54	68	72
10	4	1	236	59	74	75
10	5	1	310	62	74	72
10	6	1	378	63	68	63
10	7	1	434	62	56	48
10	8	1	472	59	38	27
10	9	1	486	54	14	0
10	10	1	470	47	−16	−33

根据表 4-1 中的数据，可以作出总产量、平均产量和边际产量的曲线图，如图 4-1 所示。

图 4-1 的前提条件是技术水平不变，资本不变，不断地增加劳动这种生产要素。从中可以看出，总产量曲线、平均产量曲线和边际产量曲线的变化特点如下。

1. 曲线呈倒 U 形特征

在资本一定时，随着所投入的劳动数量不断增加，总产量、平均产量和边际产量开始都

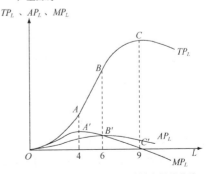

图 4-1   总产量、平均产量和边际产量的曲线

先递增，但分别增加到一定程度后会开始递减。当 $L=4$ 时，边际产量 MP 开始递减；当 $L=6$ 时，平均产量 AP 开始递减；当 $L=9$ 时，总产量 TP 开始递减。这是生产要素报酬递减规律造成的。有关要素报酬递减规律将在后面专门介绍。

2. 总产量与边际产量的关系

（1）当劳动的投入量在 0～4，边际产量大于零，并且是递增的，此时总产量以递增的速度增加，总产量迅速增长。

（2）当劳动的投入量在 4～9，边际产量大于零，但呈现出递减的趋势，此时总产量以递减的速度增加，总产量增长趋缓。

（3）当劳动的投入量等于 9 时，边际产量等于零，此时总产量达到最大。

（4）当劳动的投入量大于 9 时，边际产量继续递减，并且小于零，此时总产量呈现出递减的趋势，总产量会绝对减少。

3. 边际产量与平均产量的关系

（1）当劳动的投入量在 0～6，边际产量大于平均产量，平均产量呈现出递增的趋势，因为，只要增加一个单位劳动所增加的边际产量比平均产量要大，就会使平均产量提高。

（2）当劳动的投入量为 6 时，边际产量与平均产量会相交，并且相交于平均产量的最高点，此时平均产量达到最大。

（3）当劳动的投入大于 6 时，边际产量小于平均产量，平均产量呈现出递减的趋势，因为，只要增加一个单位劳动所增加的边际产量比平均产量要小，就会使平均产量下降。

二、边际报酬递减规律

边际报酬递减规律又称生产要素报酬递减规律，或边际收益递减规律，这是短期生产中一条重要的经济规律。

边际报酬递减规律是指在技术水平不变的条件下，将一种可变的生产要素投入到另一种或几种不变的生产要素中时，随着这种可变生产要素的连续增加，最初会使产量增加，到一定的时候，增加的产量会开始递减，最后会使产量绝对下降。

边际报酬递减规律

要注意边际报酬递减规律发生作用的前提条件是技术水平不变，将一种可变的生产要素投入到其他不变的生产要素中去，并且所增加的生产要素在每个单位上的性质都是相同的，如果增加的第二个单位的生产要素要比第一个单位的生产要素更加有效，则边际报酬不一定递减。

边际报酬递减规律是在工业生产、农业生产以及日常生活当中普遍起作用的一条经济规律。比如，盲目推广水稻密植，以及一些地区不顾客观情况将原本的两季稻改为三季稻，反而使粮食减产。再比如，行政机关太庞大，人员太多，容易出现官僚作风，降低办事效率。这些都证明，在其他条件一定时，可变生产要素的投入并不是多多益善，在任何一种产品的短期生产中，随着一种可变要素投入量的增加，到一定的时候，边际报酬必然会开始递减。

三、一种生产要素的合理投入区域

由于存在边际报酬递减规律，显然在一定的技术水平下，当资本一定时，劳动的投入数量并不是越多越好。那么劳动的投入量多少是合适的呢？我们先将总产量曲线、平均产量曲线和边际产量曲线分成三个阶段来进行分析，如图 4-2 所示。

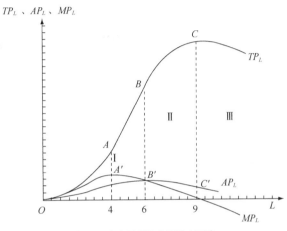

图 4-2　生产要素的合理投入区域

第 I 阶段：平均产量递增阶段。当可变生产要素劳动的投入数量在 0～6，即 0< L<6 时，边际产量大于平均产量，平均产量处于上升阶段。

这意味着，对于固定的资本而言，该阶段劳动的投入量太少，如果增加劳动，会提高对资本的利用水平，使平均产量上升。理性的厂商不会把可变生产要素劳动的投入数量局限在这个阶段。否则，固定资本没有充分利用起来，是很不经济的。

第 II 阶段：平均产量递减且边际产量大于零的阶段。当可变生产要素劳动的投入数量在 6～9，即 6< L<9 时，边际产量小于平均产量，平均产量递减。

在这一阶段，边际产量虽然递减但大于零，意味着增加劳动量仍可使边际产量增加，但增加的比率是递减的，所以，该阶段的总产量仍是递增，只是增长的趋势变缓，直到边际产量为零时，总产量递增到了最大值。

第 III 阶段：边际产量小于零且总产量下降的阶段。当可变生产要素劳动的投入数量大于 9，即 L>9 时，边际产量为负数，总产量呈现递减趋势。

在该阶段每增加一个单位可变的劳动要素反而会使总产量绝对下降，而减少劳动的投入反而增加总产量。因为资本被过度利用，劳动投入到这一阶段也是不经济的。

综上所述，理性的厂商在技术水平一定和资本一定时，可变要素劳动的投入数量既不会停留在第 I 阶段，也不会在第 III 阶段。相对于固定的要素资本而言，第 I 阶段劳动的投入数量太少，固定生产要素的作用不能充分发挥，第Ⅲ阶段劳动的投入数量又太多，造成资源的浪费，因而都是不经济的。合理的劳动投入数量应该在第Ⅱ阶段。如果劳动的投入为 6，即 $L=6$ 时，平均产量达到最大；如果 $6<L<9$，平均产量虽然下降，但总产量仍在增加；如果劳动的投入为 9，即 $L=9$ 时，总产量就达到了最大。至于劳动的投入量在第二个区域的哪个点，就要看厂商追求的具体目标。总之，第Ⅱ阶段是一种可变生产要素投入的合理区域。

第三节 长期生产函数

在生产的长期，资本和劳动这两种生产要素按什么比例配合最好呢？生产要素最适组合的原则是什么？

在长期，所有的生产要素都是可以调整的。如果厂商在生产中只使用资本和劳动这两种生产要素，那么，生产者为了获得利润的最大化，应该如何把既定的成本分配于这两种生产要素的购买与生产上？为了解决这个问题，西方经济学在分析长期生产函数时引进了等产量曲线和等成本线。

一、等产量曲线

（一）等产量曲线的含义

等产量曲线（Isoquant Curve）是指在技术水平不变的条件下，能给厂商带来相同产量水平的两种要素各种可能组合的轨迹。

表 4-2 是资本和劳动不同数量的组合，但这几种组合方式得到的产量是相同的。

等产量线及其特征

表 4-2　　　　　　　　　　　　产量相同的要素组合

组合方式	资本 K	劳动 L
A	6	1
B	3	2
C	2	3
D	1	6

根据表 4-2 作出图 4-3。用横轴代表劳动投入的数量，纵轴代表资本投入的数量，将表中 A、B、C、D 各种组合在图中找到对应的点，并将这些点连成一条线，该曲线 Q 上各个点代表资本和劳动数量的不同组合，但所得到的产量相同，故称等产量曲线。

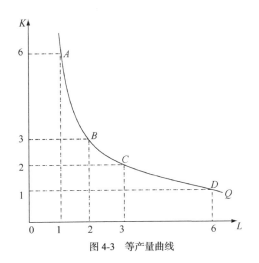

图 4-3　等产量曲线

（二）等产量曲线的特征

（1）等产量曲线一般向右下方倾斜，斜率为负。这表明，为了保持相同的产量，减少一定的 K，就必须增加一定的 L。

（2）等产量曲线是凸向原点，即等产量曲线的斜率的绝对值是递减的，这主要是因为边际技术替代率存在递减规律。关于边际技术替代率递减的规律，后面再进行详细的分析。

（3）在同一平面图中，有无数条等产量曲线，离原点越远的等产量曲线代表的产量水平越高。反之，离原点越近的等产量曲线代表的产量水平越低。

（4）同一平面图上的任意两条等产量曲线不会相交，否则就会与上面相矛盾。

（三）特殊形状的等产量曲线

等产量曲线的形状表明在维持产量不变的前提下一种生产要素对另一种生产要素的替代情况。一般情况下，两种生产要素只能是一定程度的相互替代，不能完全相互替代，但也存在以下两种特殊的情况。

1. 固定技术系数的等产量曲线

如果两种生产要素投入完全不能替代，只要其中一种生产要素投入固定不变，另一种生产要素的投入不论怎样增加，产量都不会增加。要增加产量，就必须按原来的比例同时增加这两种生产要素的投入。如图 4-4 所示，这种固定技术系数的等产量曲线呈直角形状。

2. 两种生产要素可以完全替代的等产量曲线

这种情况的等产量曲线就是向右下方倾斜的直线，其边际技术替代率是不变的。该曲线意味着可以用一种生产要素完全替代另一种生产要素，如图 4-5 所示。

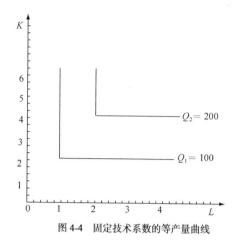

图 4-4　固定技术系数的等产量曲线

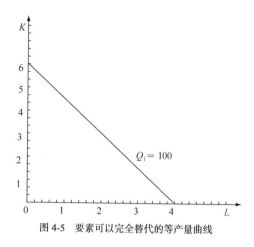

图 4-5　要素可以完全替代的等产量曲线

二、边际技术替代率

边际技术替代率（Marginal Rate of Technical Substitution）是指在技术不变的条件下，厂商为了维持相同的产量水平，增加一单位某种生产要素的投入所能减少的另一种生产要素的投入量。如图 4-6 所示，A 点和 B 点的产量相同，但 B 点比 A 点增加了一定的劳动，减少了一定的资本，每一单位劳动所能替代的资本数量就是边际技术替代率。

边际技术替代率

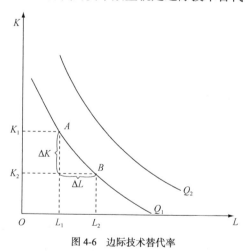

图 4-6　边际技术替代率

如果劳动对资本的边际技术替代率用 $MRTS_{LK}$ 表示，则：

$$MRTS_{LK} = -\frac{\Delta K}{\Delta L} \ \text{或} \ MRTS_{LK} = -\frac{\mathrm{d}K}{\mathrm{d}L}$$

式（4-1）

边际技术替代率实际就是等产量曲线在该点斜率的绝对值。

另外，边际技术替代率也可以用两种生产要素的边际产量之比来表示。因为，等产

量曲线上假设有 A 点和 B 点,这两点组合得到的总产量是一样的,B 点比 A 点增加了 ΔL,但减少了 ΔK,增加劳动所增加的总产量是 $TP_L = MP_L \cdot \Delta L$,减少资本 K 所减少的总产量是 $TP_K = -MP_K \cdot \Delta K$,而且,增加劳动 L 所增加的总产量应该等于减少资本 K 所减少的总产量,即 $MP_L \cdot \Delta L = -MP_K \cdot \Delta K$,所以,$MRTS_{LK} = -\dfrac{\Delta K}{\Delta L} = \dfrac{MP_L}{MP_K}$。

专栏 4-1

边际技术替代率递减规律

边际技术替代率存在递减规律。边际技术替代率递减是指在总产量不变的前提下,随着某种生产要素投入量的连续增加,每增加一单位这种生产要素的投入量所能减少的另一种生产要素的投入数量越来越少。

如表4-2或图4-3所示,A、B、C、D 是各种资本和劳动的数量组合不同,但产量相同。从 A 到 B,增加一个单位劳动所能减少的资本数量是3个单位。从 B 到 C,增加一个单位劳动所能减少的资本数量是1个单位。从 C 到 D,增加一个单位劳动所能减少的资本数量是 0.33个单位。可见边际技术替代率的绝对值是递减的。

边际技术替代率递减的原因:由于存在边际报酬递减规律,随着劳动 L 投入的数量越来越多,劳动的边际报酬在递减,随着资本 K 投入的数量越来越少,资本的边际报酬在递增。所以,每增加一定数量的劳动投入所能替代的资本的数量越来越少,即每增加一个单位的 ΔL,所减少的 ΔK 会越来越小。边际技术替代率递减也就决定了等产量曲线具有凸向原点的特征。

三、等成本线

厂商在购买生产要素进行生产时,要受到企业所拥有的成本及生产要素价格的限制。等成本线就反映了厂商进行生产的这种限制条件。

(一)等成本线的含义及方程

等成本线(Isocost Curve)就是在厂商成本及生产要素价格既定的条件下,厂商所能购买到的两种生产要素最大数量组合的轨迹。

假设某厂商的成本是 600 元,全部用来购买劳动 L 和资本 K 两种生产要素。其中,资本 K 的价格是 1 元,劳动 L 的价格是 2 元,那么,他用 600 元全部购买资本 K 和劳动 L 的不同组合如表4-3所示。

等成本线

表4-3   成本相同的要素组合

组合方式	购买 L 的数量	购买 K 的数量
A	300	0
B	200	200
C	100	400
D	0	600

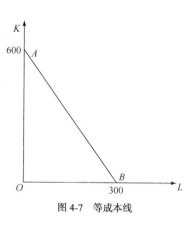

图4-7   等成本线

根据表4-3来作一个图，将表中 L 和 K 的各种组合在图中找到对应的点，将这些点连成一条 AB 线，这条线就是等成本线，如图4-7所示。这条线反映了在既定的成本以及生产要素价格水平下，厂商所能购买的两种生产要素最大数量的组合。线内的任何一点都是厂商目前能够购买的数量，但厂商的全部成本在购买线内任何一点的要素组合以后还有剩余。线外的任何一点都是目前无法实现的购买数量。

假定以 C 表示生产的既定成本，以 P_L 和 P_K 分别表示劳动 L 和资本 K 的价格，以 L 和 K 分别表示劳动和资本的数量，那么，相应的等成本线方程为：

$$C=P_L \cdot L + P_K \cdot K \text{ 或 } K=\frac{C}{P_K}-\frac{P_L}{P_K} \cdot L \qquad \text{式（4-2）}$$

该式表示：厂商的全部成本等于他购买劳动 L 和资本 K 这两种生产要素的总支出。而且，$\frac{C}{P_L}$ 和 $\frac{C}{P_K}$ 分别是等成本线的横截距和纵截距，表示全部成本购买劳动 L 或全部成本购买资本 K 的数量。

等成本线方程 $K=\frac{C}{P_K}-\frac{P_L}{P_K} \cdot L$ 告诉我们，等成本线的斜率为 $-\frac{P_L}{P_K}$，即是两种要素的价格之比。

（二）等成本线的移动

如果成本和要素的价格发生了变化，厂商所能购买到的两种生产要素的最大数量组合也会发生相应变化，等成本线也会因此发生位置的改变。

1. 等成本线的平行移动

如图4-8所示，当劳动和资本的价格一定，成本增加时，或当成本一定，两种要素的价格 P_L 和 P_K 同比例下降时，等成本线会平行向右上方移动；反之，等成本线平行向左下方移动。

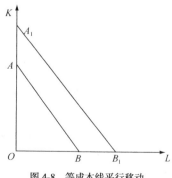

图4-8   等成本线平行移动

2. 等成本线的旋转

当成本不变，资本的价格 P_K 保持不变，如果劳动的价格 P_L 下降，等成本线会从 AB 旋转到 AB_1，如图 4-9 所示。如果劳动的价格 P_L 上升，等成本线会从 AB 旋转到 AB_2，如图 4-9 所示。

当成本不变，劳动的价格 P_L 保持不变，如果资本的价格 P_K 下降，等成本线会从 AB 旋转到 A_1B，如图 4-10 所示。如果资本的价格 P_K 上升，等成本线会从 AB 旋转到 A_2B，如图 4-10 所示。

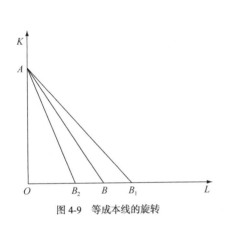

图 4-9　等成本线的旋转

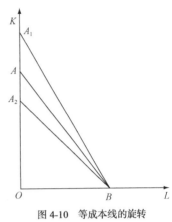

图 4-10　等成本线的旋转

四、生产要素的最适组合

（一）生产要素最适组合的含义

生产要素的最适组合应该是：在成本一定时，能够带来最大产量的要素组合；或者，在产量一定时，所花成本最小的要素组合。西方经济学将等产量曲线和等成本线结合在一起，就可以用来分析理性厂商在成本约束的前提下对生产要素最适组合的选择，即一定的成本获得了产量最大化的选择。

生产要素最适组合

（二）实现要素最适组合的原则

下面将等产量曲线和等成本线结合在一起，并用它来分析两种生产要素的最适组合。

如图 4-11 所示，如果把等成本线和无数条等产量曲线放在同一个平面图上会形成三种关系：有的等产量曲线与等成本线相交，有的等产量曲线与等成本线相切，有的等产量曲线与等成本线相离。为了简化起见，分别以 Q_1、Q_2、Q_3 代表这三种情况。

那么理性的厂商会选择哪种要素的组合呢？

（1）作为理性的厂商肯定不会选择等成本线以内即等成本线左下方区域中的任何一个要素组合，因为，该区域内的任何一种要素组合，成本都未花完。厂商应该将其全部成本都花完以实现更大的产量。

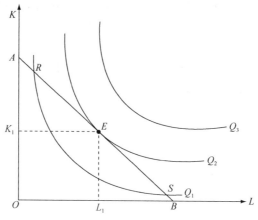

图 4-11　生产要素的最适组合

（2）理性的厂商肯定也不会选择等成本线以外即等成本线右上方区域中的任何一个商品组合，因为在成本和要素价格既定的条件下，要购买该区域的任何一个要素组合都会超出成本，因而都是不可能实现的。

（3）理性的厂商必定在等成本线上选择最优的购买组合，而且这个最优的购买组合只能是等产量曲线与等成本线的切点所对应的要素组合。

从图 4-11 可见，R 点、E 点和 S 点都在 AB 等成本线上，意味着 L 和 K 两种要素的数量组合虽然不同，但它们所花的成本是一样的。理性的厂商肯定是选择花同样的成本带来的产量最大的那个组合。而 R 点、S 点在 Q_1 上，即 R 点或 S 点的产量都是 Q_1，E 点在 Q_2 上，即 E 点的产量是 Q_2，$Q_2 > Q_1$，所以 E 点的要素组合给厂商带来的产量大于 R 点、S 点的要素组合。虽然 $Q_3 > Q_2$，Q_3 的产量更大，但 Q_3 上各点的要素组合都是现有条件下无法实现的。所以，等产量曲线与等成本线的切点所对应的要素组合即 L_1 和 K_1 能够使厂商在成本和要素价格一定时获得最大的产量，是厂商愿意维持的一种均衡状态，因而也就是生产者均衡的条件。

厂商最大化的均衡条件还可以用公式表示。等产量曲线与等成本线的切点所对应的要素组合能够使厂商在成本和要素价格一定时获得最大的产量，而在切点 E，等产量曲线的斜率和等成本线的斜率是相等的。前面已经分析，等产量曲线的斜率的绝对值实际上就是边际技术替代率 $MRTS_{LK} = -\dfrac{\Delta K}{\Delta L} = \dfrac{MP_L}{MP_K}$。等成本线的斜率的绝对值等于两种要素的价格之比，即 P_L/P_K。因此，可以推导出生产者均衡的条件：

$$MRTS_{LK} = -\frac{\Delta K}{\Delta L} = \frac{MP_L}{MP_K} = \frac{P_L}{P_K}，\quad 即\ \frac{MP_L}{MP_K} = \frac{P_L}{P_K}\ 或\ \frac{MP_L}{P_L} = \frac{MP_K}{P_K} \qquad 式（4-3）$$

该公式表明，生产要素最适组合的原则：在成本和生产要素价格既定的条件下，应该使厂商所购买的各种生产要素的边际产量与其价格的比例相等，或者说，每一单位货币无论购买何种生产要素所得到的边际产量相等。

五、生产扩展线

在技术水平和要素价格既定不变的条件下，如果成本变动了，会引起最适要素组合的变动。

如图 4-12 所示，E_1 是最初的等成本线与等产量线的切点，该点实现了生产要素的最适组合。如果成本增加了，等成本线会从 K_1L_1 向右上方移动到 K_2L_2，K_2L_2 必定会与另一条等产量线相切于 E_2，生产要素的最适组合就会从 E_1 移到 E_2。成本如果继续增加，等成本线又会从 K_2L_2 向右上方移动到 K_3L_3，同样道理，生产要素的最适组合就会从 E_2 移到 E_3。所以，随着厂商的货币成本不断增加，等成本线不断地向右上方平行移动，相继与不同的等产量线相切，形成不同的生产要素的最适组合点 E_1、E_2、E_3……将这些均衡点连成一条线，就形成了一条生产扩张线（Expansion Path）。

生产扩张线表明，随着企业生产成本的增加，厂商沿着这条线去选择生产要素的最适组合，去扩大生产规模是最有利的，因为它可以使厂商在成本一定时获得最大产量。

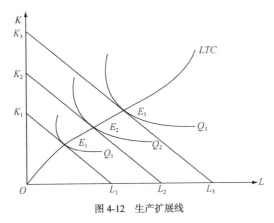

图 4-12　生产扩展线

第四节 | 规模报酬

 企业生产规模变动以后对产量会发生什么影响？为什么规模大的企业在市场竞争中往往更有优势？生产规模是否越大越好呢？

在短期，如果产品销路好，厂商会在既定的生产规模基础上，适当地增加可变要素的投入。但如果增加可变要素的投入所增加的产量仍不能满足市场要求，厂商最终会考虑扩大生产规模。因为，在长期，所有的生产要素都可以改变，生产规模来得及调整。如果生产要素比如劳动和资本按原来的技术系数同时增加，则企业的生产规模就扩大了，反之，就是缩小生产规模。那么，企业在生产当中定多大的规模是最合适的呢？这是长期生产理论要解决的问题。长期生产理论中的一条重要的经济规律，即有关规模报酬的变化规律。

规模报酬

一、规模报酬的含义

规模报酬（Return to Scale）是指所有生产要素的投入同比例地增加或减少时，即生产规模变动以后引起产量的变化情况。

规模报酬有以下三种情形。

1. 规模报酬递增

规模报酬递增是指产量增加的比例大于各种要素投入所增加的比例。假如一家汽车制造厂，厂房和机器设备、劳动及其他所有生产要素的投入都增加 10%，会引起汽车的产量超过 10%的增长，则实现了规模报酬递增。

2. 规模报酬不变

规模报酬不变是指产量增加的比例等于各种要素投入所增加的比例。假如农民所投入的土地、劳动和其他生产要素都增加一倍，而粮食的产量也增加一倍，则是规模报酬不变。

3. 规模报酬递减

规模报酬递减是指产量增加的比例小于各种要素投入所增加的比例。假如一个面包厂商投入 10 单位资本和 5 单位劳动，日产面包 10 万只，当他投入的要素按原来的比率增加一倍，即投入 20 单位资本和 10 单位劳动，但日产面包的数量小于 20 万只，则出现了规模报酬递减。

一般来说，当厂商从最初较小的生产规模开始扩张时，产出增加的比例会大于投入增加的比例。当规模扩大到一定水平时，产出增加的比例会等于投入增加的比例。如果继续扩大生产规模，当规模过大时，产出增加的比例会小于投入增加的比例，即依次会出现规模报酬递增、规模报酬不变和规模报酬递减的情形。

二、规模报酬变动的原因

（一）规模报酬递增的原因

当企业扩大生产规模，使产出增加的比例大于投入增加的比例时，意味着，扩大规模以后，提高了效益，出现了规模报酬递增，其主要原因是：

1. 规模扩大后，便于使用更先进的机器设备

生产中所使用的生产要素，有些是不可分割的。例如，大型的农

规模报酬递增的
原因

业机械设备、自动化装配线、大型炼钢炉等。只有生产规模达到一定要求时，才能使用这些机器设备，否则会增加无效作业。而且规模小、产量少，平均每单位产量分摊设备的费用也高。所以，许多大型专用设备只有在规模扩大到一定程度，产量达到一定水平时才能使用。而使用先进的专业化生产设备，可以降低每单位产品的平均成本，提高生产效率，从而获得规模效益。

2. 规模扩大后，有利于促进专业化的分工与协作

生产规模较小时，劳动者较少，分工不可能很细。每个劳动者往往要在生产中充当不同的角色，承担多种业务。生产规模扩大后，使用的劳动者较多，劳动者可以进行更精细的专业化分工与协作。而专业化分工与协作显然是可以提高劳动效率的。

3. 规模扩大后，便于采用现代化管理

生产中无论规模的大小，都需要管理人员。如果生产规模小，管理人员无法被充分利用。规模扩大后，容易采用现代化管理模式，提高管理效率，形成一种新的生产力，使效益得到进一步提高。

4. 规模扩大后，企业更有能力进行技术创新

实践证明，小规模的企业，由于力量有限，难以进行重大的技术创新。而规模大的企业有雄厚的人力、物力和财力进行技术创新。企业可以通过技术创新降低产品的平均成本，开拓新的市场，提高生产效率。

此外，企业扩大规模后，易于对副产品进行综合利用，"变废为宝"；在生产要素的采购及产品的销售市场上容易占据垄断地位，从中获得好处。总之，生产规模扩大所带来的效益是多方面的，这里就不一一列举了。

（二）规模报酬递减的原因

生产规模也不是越大越好，当厂商不断地扩大生产规模，规模的增大最终会达到一个极点，超过这个点就会出现规模报酬递减，即产出增加的比例小于要素投入增加的比例。企业出现规模报酬递减的主要原因如下。

（1）规模过大，造成管理效率下降。生产规模过大，会增加管理机构和管理层次，不仅使信息在传递过程中容易失真，增加企业决策时获得各种信息的难度，而且会增加管理和协调的难度，提高管理控制成本。规模过大，还容易滋生官僚腐败作风，在管理上出现各种漏洞，降低效益。

（2）生产规模过大，会增加原材料采购及产品销售的难度。太大的企业，会大量增加对原材料的需求，促使原材料价格上升。特别是许多涉及自然资源，如鲜奶或种植酿酒的葡萄等的生产活动，容易遇到资源的最大供给量的限制。同时，生产规模过大，产量过多，会增加销售环节和销售费用，并受到市场最大容量的限制，导致规模报酬递减。

（3）规模过大，还会使企业内部原来的合理分工被破坏，生产难以协调，降低生产效率。

可见，生产的规模也不是越大越好。生产规模过大，会降低效益，出现规模报酬递减。

三、适度规模

从以上的分析可以看出，企业适当扩大生产规模，可以实现规模报酬的递增，获得规模效益。但规模太大，又会出现规模报酬递减。所以，企业应选择适度规模。当一家企业的产量达到了长期平均成本最低时，就可以说实现了适度规模。当然，不同行业的适度规模是不同的。有些行业要求投资大，设备先进、复杂，像重化工行业、汽车、电子、通信等行业的最适规模都很大，扩大规模往往会带来规模报酬递增。但对于轻工、服务等行业也不一定盲目求大。如果盲目扩大规模，也可能出现规模报酬递减。总之，企业的适度规模要以效益为标准。

第五节 | 成本函数

成本是一个重要概念，但经济学分析的成本与会计成本不同，你想知道两者之间的区别吗？

一、成本与成本函数

1. 成本及其相关概念

成本（Cost）是指厂商为提供一定量的某种产品或服务所实际花费的生产要素的价值，它等于投入的每种生产要素的数量与每种生产要素单位价格乘积的总和。因此，厂商生产过程中所投入的每种生产要素数量的多少和价格的高低，都会影响厂商付出成本的高低。而本章只是在假定生产要素价格既定的条件下，进行厂商的生产成本分析的。根据上述厂商的生产成本组成关系可知，在生产要素价格既定的情况下，厂商的生产成本将唯一地取决于生产要素的投入量。

经济学对成本的理解，并不仅仅局限于上述的成本定义。这是因为在经济学的分析中，成本的内涵要大过基于会计成本分析的成本定义。通过引入机会成本概念，还可以将成本分成显性成本和隐性成本两类。

机会成本是指把一定经济资源用于生产某种产品时所放弃的其他用途上最大的收益。机会成本的存在需要两个前提条件：①生产要素是稀缺的；②生产要素具有多种用途。

显性成本（Explicit Cost）是指厂商购买或租用生产要素所花费的实际支出。这些支出费用都清清楚楚地记录在会计的账簿上，故称为显性成本，又称为会计成本。例如支付的生产费用、工资费用、市场营销费用等，因而它是有形的、实际发生的真实成本。

显性成本与隐性成本

隐性成本（Implicit Cost）是指厂商自身所拥有的且被用于该企业生产过程的那些生产要素的总价格。这部分成本在会计账簿上没有记录，故称为隐性成本。这是因为厂商将自有生产要素，如自己的资金和土地等都投入到自己的企业进行生产，就失去了用于其他用途所获得的报酬，这种报酬就是厂商使用自有生产要素的机会成本。

专栏 4-2

生活中的机会成本

机会成本的概念并不局限在生产或金钱范畴，我们也可以用个人选择了某一机会时所放弃的其他机会的收益去定义机会成本。由于每个人选择的价值判断不同，因此，机会成本存在于主观形态中。

现实生活中我们每天都要面对很多的选择。因此，为了做出合理的决策，必然要考虑到可供选择的几种方案各自的成本和收益。但是，在许多情况下，某种行动的成本可能并不那么容易判断出来。例如，当面对毕业后是工作还是继续读三年书的选择时，如果选择了继续读书，则要付出的成本将不仅是用于学费、书籍、住宿和伙食等方面的金钱总和，还有一个要考虑的成本就是机会成本，即如果当时选择了工作，那么在三年内得到的工资总和就是现在选择读书所要负担的机会成本。这样说来，继续读三年书似乎并不是一个好选择。但是，正如在前面所说的一样，机会成本主要存在于主观形态中。因此，某种选择获得的最大效用不只是实质金钱上的衡量，也包含精神满足的程度。假如读书深造对这位同学而言，可以获得更大的心理满足，在成本和效益的两相权衡之下，也许就会选择继续读书。由此可知，不同的人选择做同一件事时所考虑的角度不同，机会成本就会不同。

2. 成本函数

正如生产理论主要研究生产函数一样，成本理论主要分析成本函数。厂商生产成本的大小，一般与一定数量的产品及其价格相关。我们可以用成本方程核算总成本大小，即成本等于投入要素价格的总和，这是一个恒等式。可以将成本函数表示为

$$C=F(Q) \qquad\qquad 式（4-4）$$

式中　Q——产量；

　　　C——厂商在生产 Q 产量时所需要支付的最低总成本；

　　　F——产量 Q 和总成本 C 之间的函数关系。

总结：生产函数反映厂商投入生产要素与获得产出之间的数量关系，再考虑投入生产要素的价格，就可以得到与一定产量对应的成本函数。例如，某一厂商的生产函数可以表示为 $Q=KL$，其中资本 $K=100$，则劳动 $L=Q/K$，即 $L=Q/100$，如果假定劳动的价格 $P_L=200$（美元），就可以得到成本函数 $C=L \times P_L=(Q/100) \times 200=2Q$（美元）。

二、短期成本函数

短期是指在这期间厂商不能调整其生产规模，即在厂商投入的全部生产要素中，只有一部分生产要素是可以变动的，而另一部分则固定不变。例如，在短期内厂商可以调整原料、燃料及生产工人数量这类生产要素，而不能调整厂房、设备等生产要素。因此，短期内生产要素分为两部分：①随产量变动而发生投入数量变动的生产要素称为可变生产要素；②不能随产量变动而发生投入数量变动的生产要素称为固定生产要素。购买不变要素的费用支出就是固定成本（Fixed Cost，FC），其不随产量变动而变动，即使是企业停产停业，这部分费用也需要照常支付。购买可变生产要素的费用支出就是可变成本（Variable Cost，VC），它随产量增减变动而变动，是产量的函数。

1. 短期总成本

短期总成本（Short-run Total Cost，STC）是指厂商在短期内生产一定产量需要支付的成本总额，它等于短期内与每一产量水平对应的固定成本和可变成本之和，用 STC 表示，即有：

$$STC = TVC + TFC$$

或

$$STC(Q) = TVC(Q) + \overline{TFC}$$ 式（4-5）

用曲线表示上述关系，就是短期总成本曲线，如图 4-13 所示。

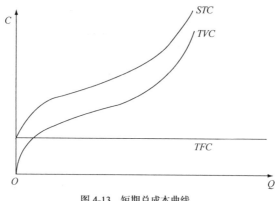

图 4-13 短期总成本曲线

总固定成本（Total Fixed Cost，TFC）是指不随产量变动而变动的成本，等于投入的固定要素的价值总和。由于固定成本与产量无关，是一个常量，因此，固定成本曲线也表示为一条水平线。总可变成本（Total Variable Cost，TVC）是指随产量变动而变动的成本，等于投入的可变要素的价值总和。总可变成本曲线 TVC 从原点出发，向右上方倾斜，若产量为零，可变成本必然为零。当产量增加时，可变成本先以递减的速度增加，然后以递增的速度增加。可变成本这种不同的变动速度是由短期生产函数中总产量的变动速度决定的。TC 曲线的形状与 TVC 完全相同，只是在每个产量水平上加上不变的 TFC。

2. 短期平均成本

短期平均成本（Short-run Average Cost，SAC）是指短期内生产每一单位产品平均所需要的成本，用 SAC 表示，即 $SAC = \dfrac{STC}{Q}$ 。短期平均成本等于平均固定成本（Average Fixed Cost，AFC）加上平均可变成本（Average Variable Cost，AVC），即 $SAC = AVC + AFC$ 。

其中，平均固定成本是指平均每单位产品所分摊的总固定成本，用 AFC 表示，即：

$$AFC = \frac{TFC}{Q}$$

随着产量的增加， AFC 始终递减。平均固定成本曲线在产量开始增加时，它下降的幅度很大，以后越来越平坦，随着产量的增加，下降的幅度越来越小，如图 4-14 所示。

平均可变成本是指平均每单位产量所分摊的总可变成本，用 AVC 表示，即：

$$AVC = \frac{TVC}{Q}$$

平均可变成本起初随着产量的增加而减少，但产量增加到一定程度后，平均可变成本持续增加。因此，平均可变成本曲线是一条先下降后上升的 U 形曲线。 SAC 曲线的最低点总是位于 AVC 曲线最低点右侧。

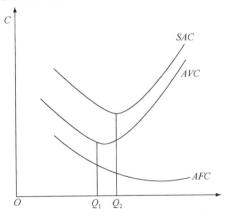

图 4-14　短期平均成本曲线

短期平均成本的变动规律是由平均固定成本与平均可变成本共同决定的。当产量增加时，平均可变成本下降，加之平均固定成本也迅速下降，因此短期平均成本迅速下降。随着平均固定成本值越来越小，它在平均成本中也变得越来越小，平均成本还是随产量的增加而下降。但是，当产量增加到一定程度后，平均成本开始随产量的增加而增加。因此，短期平均成本曲线也是一条 U 形曲线。

3. 短期边际成本

短期边际成本（Short-run Marginal Cost，SMC）是指在工厂规模既定的条件下，每增加一单位产量所增加的总成本，用 SMC 表示，即：

$$SMC = \frac{\Delta STC}{\Delta Q}$$

或 $$SMC = \frac{\mathrm{d}STC}{\mathrm{d}Q}$$ 式（4-6）

在总成本中，由于固定成本是固定不变的，而总成本等于固定成本加可变成本，所以，短期边际成本实际上等于增加该单位产品时所增加的可变成本，所以：

$$SMC = \frac{\Delta STC}{\Delta Q} = \frac{\Delta TVC}{\Delta Q}$$ 式（4-7）

或 $$SMC = \frac{\mathrm{d}TVC}{\mathrm{d}Q}$$

如图 4-15 所示，在短期中，MC 是 STC 曲线上所有点的切线的斜率，同时也是 TVC 曲线上各点切线的斜率。因为 STC 曲线本来就是由 TVC 曲线向上平行移动得到的，因而在每个产量水平上，TVC 曲线和 STC 曲线具有相同的斜率。从图 4-15 可知，STC 曲线各点切线的斜率是由大变小，再由小变大的。因此 MC 曲线开始随产量的增加而减少，当产量增加到一定程度时，就随产量的增加而增加了。所以，边际成本曲线也呈 U 形。因为 STC 曲线上拐点的斜率最小，所以当产量为 Q_1 时，MC 曲线的最低点对应于 STC 曲线上的拐点 A。

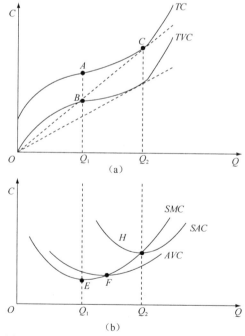

图 4-15　短期边际成本曲线及其与其他成本曲线的关系

SMC 曲线与 SAC 曲线一定相交于 SAC 曲线的最低点（即 H 点）。这是因为当 SMC 小于 SAC 时，SAC 呈下降趋势；当 SMC 大于 SAC 时，SAC 呈上升趋势；当 SMC 等于

SAC 时，SAC 处于最低点。从而可知，SAC 曲线与 MC 曲线相交于平均总成本曲线的最低点。同理，SMC 曲线与 AVC 曲线也一定相交于 AVC 曲线的最低点（即 F 点）。

三、长期成本函数*

长期成本研究的主要内容是在某个时期内，在一定的生产技术条件下，所有生产投入要素都发生变动时的成本变动情况。

1. 长期总成本

长期总成本（Long-run Total Cost，LTC）是指在工厂规模可以变动的条件下，厂商生产各种产量水平所花费的最低成本。因为长期总成本曲线是由每一产量所对应的最低短期成本所构成的，所以，长期总成本曲线就是所有短期成本曲线所构成的包络线。长期总成本曲线从原点出发，由于随着产量增加生产要素逐渐得到充分使用，因而呈现规模报酬递增的态势，成本增长速度逐渐降低。当产量增加到一定程度后，则在边际收益递减规律的作用下，成本增长速度又会逐步加快。

2. 长期平均成本

长期平均成本（Long-run Average Cost，LAC）是指在工厂规模可以变动的条件下，平均每单位产品所分摊的长期总成本，它等于长期总成本 LTC 与产量之商。和长期总成本曲线与短期总成本曲线的关系一样，长期平均成本曲线也是短期平均成本曲线的包络线。而且，长期平均成本曲线与短期平均成本曲线都是 U 形的。

3. 长期边际成本

长期边际成本（Long-run Marginal Cost，LMC）是指长期中每增加一单位产量所增加的长期总成本，$LMC=\Delta LTC \div \Delta Q$。当产量作微量变化时，长期边际成本 LMC 是长期总成本 LTC 对产量 Q 的导数，$LMC=\mathrm{d}LTC \div \mathrm{d}Q$。因此，长期边际成本曲线是长期总成本曲线上各点的斜率值之轨迹。

由于 LTC 曲线的斜率是相应的 LMC 值，STC 曲线的斜率是相应的 SMC 值，因此可以推知，在长期内的每一个产量上，LMC 值都与代表最优生产规模的 SMC 值相等。根据这种关系，便可以由 SMC 曲线推导出 LMC 曲线。长期边际成本曲线也是一条先降后升的 U 形曲线。

第六节 利润最大化原则

企业都追逐尽可能大的利润，但实现利润最大化的基本原则是什么呢？

一、厂商收益

厂商销售产量获得的货币收入就是收益。有以下三种收益概念需要加以区分。

（1）总收益（Total Revenue，TR）是指厂商出售一定数量的产量或劳务所获得的全部收入，它等于产品的单位销售价格（P）与销售数量（Q）的乘积。用公式表示为：

$$TR=PQ \qquad 式（4-8）$$

（2）平均收益（Average Revenue，AR）是指厂商销售单位产品所获得的平均收入。可以用公式表示为：

$$AR=\frac{TR}{Q} \qquad 式（4-9）$$

（3）边际收益（Marginal Revenue，MR），是指厂商每增加或者减少一单位产品的销售所引起的总收益的变动量。用公式表示为：

$$MR=\frac{\mathrm{d}TR}{\mathrm{d}Q}$$

或

$$MR=\frac{\Delta TC}{\Delta Q} \qquad 式（4-10）$$

总收益、平均收益和边际收益都与厂商的产量有关，因而其曲线与总产量、平均产量和边际产量曲线相对应，具有相同形状。与三个收益概念相对应，有总收益函数、平均收益函数和边际收益函数三个收益函数。

二、利润

影响利润的因素

利润就是总收益与总成本的差额。总收益超过总成本时，差额为利润额；当总成本超过总收益时，差额为亏损额。用公式可以表示为

$$\pi=TR-TC \qquad 式（4-11）$$

式中　π——利润。

需要强调的是，这里所指的利润是经济利润，或称为超额利润，而非会计利润。因为会计利润是销售总收益（TR）与显性成本（即会计成本）的差额。而将会计利润再减去隐性成本，才得到经济学上的利润，即经济利润。两者的区别就在于是否考虑厂商使用自有生产要素时的机会成本。如果考虑厂商使用自有生产要素带来的机会成本，那么就要保证这部分机会成本的总和至少应该与该资源投向其他行业所能带来的正常利润相等。否则，该厂商便会将自有资源用于其他用途获利。因此，这部分自有要素的机会成本之和，既是厂商生产活动中的隐性成本，也是厂商应该获得的正常利润。

三、厂商的利润最大化原则

利润最大化原则

获取最大化利润是厂商生产经营的基本目标，也是微观经济学从事经济理论研究的重要宗旨。在经济学中，成本和利润存在互补关系。

在收益量一定的情况下成本高则利润低，成本低则利润高。研究成本的目的是为了最大限度地降低成本，以提高利润，从而实现厂商最佳经济效益。

厂商利润最大化原则就是产量的边际收益等于边际成本的原则，即：

$$MR = MC$$

式（4-12）

边际收益是最后增加或减少一个单位销售量所增加或减少的总收益变化量，边际成本是最后增加或减少一个单位产量增加或减少的总成本变化量。如果厂商的边际收益大于边际成本，则意味着厂商每多生产一个单位产品用于销售所增加的收益大于多生产一个单位产品所增加的成本，厂商仍有利可图，因而会继续增加产量。相反，如果厂商的边际收益小于边际成本，则意味着厂商每多生产一个单位的产品用于销售所增加的收益小于多生产一个单位产品所增加的成本，厂商会亏损，因而会减少产量。也就是说，无论厂商的边际收益是大于还是小于边际成本，厂商都会通过调整产量的方式来扩大盈利或尽量缩小亏损。只有当边际收益等于边际成本时，厂商才不会调整产量，因为此时厂商的利润达到最大，或者亏损达到最小。所以，厂商的产量就确定在 $MR=MC$ 的产量点上，并不再有变化。$MR=MC$ 也就定义为厂商利润最大化的基本条件。在任何市场结构中确定厂商获得利润最大化时的均衡产量和均衡价格时，都是依据这一利润最大化的基本原则来确定的。

案例与拓展

拓展资料：信息的成本——来自《大英百科全书》价格演变的思考

资料来源：卡尔·夏皮罗，哈尔·瓦里安. 信息规划——网络经济的策略指导. 北京：中国人民大学出版社，2000.

两百多年以来，《大英百科全书》一直被视为一本经典参考书而广为流传。作为经典，它的定价也相当高。在 20 世纪八九十年代，一套 32 卷的《大英百科全书》标价 1 600 美元。

《大英百科全书》的高价策略在 1992 年后发生了改变。事情的经过是这样的：1992 年，微软决定进军百科全书市场，并购买了一套二流百科全书——《Funk & Wagnalls》的版权。随后，微软将这套百科全书的内容制作成一套带有多媒体声音的光盘，以 49.95 美元的价格向最终用户出售。《大英百科全书》眼见市场被侵蚀，很快意识到要采用电子出版战略。大英公司的第一步是以每年 2 000 美元的订阅费提供网上图书馆服务。这一做法为大英公司挽留了大图书馆的订单，但是小的学校图书馆、办公室和家庭则认为，光盘版的百科全书已经够用了，没有必要花费更多钱去购买《大英百科全书》的网上图书馆服务。这使得《大英百科全书》继续在它的电子版竞争对手面前失去市场。到 1996 年，它的销售额只有约 3.25 亿美元，大概是 1990 年销售额的一半。

1995 年时，《大英百科全书》曾决定进军家庭市场。它提供了一个每年订阅费为 120 美元的在线版本，但只吸引到很少的顾客。1996 年，大英公司推出一个标价为 200 美元的光盘版本，但因其价格仍高于微软产品价格近 4 倍，所以少人问津。在之后的时间中，大英公司为吸引消费者，不断降低光盘版百科全书的价格。在 20 世纪末期，其光盘版价格一度降低到 89.99 美元，而内容相同的 32 卷印刷版价格仍然为 1 600 美元。大英公司面临着前所未有的困境，其中最大的问题是它能否向一个足够大的市场成功地进行销售，以尽可能地收回成本。

资料解读：大英公司的例子揭示了一种特殊商品——信息的定价难题和成本分析的作用。信息产品的一个主要特征就是它的生产集中于它的原始拷贝成本。一旦第一本书被印刷出来，生产第二本书的成本就只有几美元，刻录一张新光盘的价格则更低。因此，即使是耗资不菲的好莱坞巨片，其成本也大部分都花在第一份拷贝问世以前。

随着现代信息网络技术的进步和网络经济的不断繁荣，越来越多的信息产品开始呈现这一新的变化，即信息产品的高技术性和高知识性，使得最初必须投入巨大的固定成本进行开发，一旦产品研制成功或成功出品，额外生产一单位产品的生产成本就会变得相当低，甚至可以认为接近于零。因此，信息产品具有一种特殊的属性，即生产的边际成本具有递减性。这一点区别于一般经典经济学理论中对边际成本的描述。

本章要点

1. 长期生产函数的形式是 $Q=f(L, K)$（假定土地和企业家才能一定），而短期资本是不变的，短期生产函数的形式则是 $Q=f(L)$。

2. 边际报酬递减规律是指在技术水平不变的条件下，将一种可变的生产要素投入到另一种或几种不变的生产要素中时，随着这种可变生产要素的连续增加，最初会使产量增加，到一定的时候，增加的产量会开始递减，最后会使产量绝对下降。因此，在技术水平一定及资本一定时，劳动的投入不能太少，当然也不是越多越好。理性的厂商对劳动的合理投入应该在第Ⅱ阶段，即劳动量的投入介于平均产量最大和总产量最大之间，这是可变生产要素投入的合理区域。

3. 边际技术替代率递减是指在总产量不变的前提下，随着某种生产要素投入量的连续增加，每增加一单位这种生产要素的投入量所能减少的另一种生产要素的投入数量越来越少。

4. 生产要素的最适组合是指在成本一定时，能够带来最大产量的要素组合。生产者均衡的条件可以写作 ，该公式表明，生产要素最适组合的原则是：在成本和生产要素价格既定的条件下，应该使厂商所购买的各种生产要素的边际产量与其价格的比例相等，或者说，每一单位货币无论购买何种生产要素所得到的边际产量相等。

5. 规模报酬是指所有生产要素的投入同比例地增加或减少时，即生产规模变动以后引起产量的变化情况。有以下三种情形：①规模报酬递增是指产量增加的比例大于各种要素投入所增加的比例；②规模报酬不变是指产量增加的比例等于各种要素投入所增加的比例；③规模报酬递减是指产量增加的比例小于各种要素投入所增加的比例。企业适当扩大生产规模，可以实现规模报酬的递增，获得规模效益。但规模太大，又会出现规模报酬递减。所以，企业应当选择适度规模。

6. 成本是指厂商为提供一定量的某种产品或服务所实际花费的生产要素的价值。厂商生产某种产品或提供某种劳务所花费的成本，等于生产要素的数量与单位要素的价格之乘积。

7. 成本可以分为短期成本与长期成本，但不是以时间长短为依据进行划分的，而是以生产结构状况加以区分的。

8. 短期成本是指厂商在短期内生产一定产量需要的成本总额，它是短期内每一产量水平的固定成本和可变成本之和，可以细分为短期平均成本、平均固定成本、平均可变成本和短期边际成本。

9. 长期总成本是指在工厂规模可以变动的条件下，厂商生产各种产量所花费的最低成本，可以细分为长期总成本、长期平均成本和长期边际成本。

10. 利润就是总收益与总成本的差额。经济分析中一般分析的是经济利润，即超额利润，而非会计利润。

11. 厂商利润最大化原则是 $MR=MC$，即某一产量水平下的边际收益等于边际成本。在任何市场结构中确定厂商获得利润最大化时的均衡产量和均衡价格时，都是依据这一利润最大化的基本原则来确定的。

关键概念

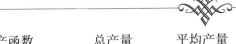

生产函数	总产量	平均产量	边际产量	等产量曲线
边际技术替代率	等成本线	生产扩展线	规模报酬	
成本	显性成本	隐性成本	总成本	固定成本
可变成本	边际成本	经济利润	正常利润	会计利润
利润最大化原则				

习 题 四

一、选择题

1. 在资本一定时，如果连续地增加劳动 L，总产量 TP_L 达到最大时，（　　）。

　　A. AP_L 是递增的　　　B. AP_L 为零　　　　C. MP_L 为负　　　　　D. MP_L 为零

2. 下列说法中错误的一种说法是（　　）。

　　A. 只要总产量减少，边际产量一定是负数

　　B. 只要边际产量为正数，总产量一定递增

　　C. 边际产量大于平均产量时，平均产量递减

　　D. 边际产量曲线一定在平均产量曲线的最高点与之相交

3. 如果以横轴表示劳动，纵轴表示资本，则等成本曲线的斜率是（　　）。

A. $\dfrac{P_L}{P_K}$　　　　　B. $-\dfrac{P_L}{P_K}$　　　　　C. $\dfrac{P_K}{P_L}$　　　　　D. $-\dfrac{P_K}{P_L}$

4. 等产量曲线是指（　　）。

　　A. 为生产同等产量投入要素的各种组合比例是不能变化的

　　B. 为生产同等产量投入要素的价格是不变的

　　C. 不管投入各种要素量如何，产量总是相等的

　　D. 投入要素的各种组合所能生产的产量都是相等的

5. 如果等成本曲线平行向内移动，可能（　　）。

　　A. 产量提高了　　　　　　　　　B. 成本增加了

　　C. 成本减少了　　　　　　　　　D. 生产要素的价格按不同比例下降了

6. 在生产者均衡点上，下面错误的说法是（　　）。

　　A. $MRTS_{LK} = -\dfrac{P_L}{P_K}$　　　　　　　B. $\dfrac{MP_L}{P_L} = \dfrac{MP_K}{P_K}$

　　C. 等产量曲线与等成本线相切　　D. 等产量曲线与等成本线相交

7. 边际报酬递减规律的前提是（　　）。

　　A. 不按比例连续增加各种生产要素

　　B. 按比例连续增加各种生产要素

　　C. 其他生产要素不变而连续地投入某种生产要素

　　D. 上述都正确

8. 如果规模报酬递增，当所有的生产要素都增加100%时，则产出将（　　）。

　　A. 增加100%　　　　　　　　　B. 减少100%

　　C. 增加大于100%　　　　　　　D. 增加小于100%

9. 如果某厂商生产出既定产量时实现了最小成本，那他（　　）。

　　A. 总收益为零　　　　　　　　　B. 利润一定获得最大

　　C. 一定未获得最大利润　　　　　D. 不能判断是否获得最大利润

10. 生产者为了生产一定数量产品所放弃的使用相同生产要素在其他生产用途中所得到的最高收入，是指（　　）。

　　A. 会计成本　　　B. 隐性成本　　　C. 机会成本　　　　D. 边际成本

11. 当短期平均成本（SAC）线与短期边际成本（SMC）线相交时，SAC（　　）。

　　A. 最小　　　　　　　　　　　　B. 等于 SMC

　　C. 等于 $SAVC$ 加上 $SAFC$　　　D. 以上都对

12. 在长期中，下列成本中哪一项是不存在的？（　　）

　　A. 固定成本　　　B. 机会成本　　　C. 平均成本　　　　D. 隐性成本

13. 某厂商生产10件衣服的总成本为1 500元，其中机器设备等折旧为500元，工人工资及原材料费用为1 000元，那么平均可变成本为（　　）。

A. 300   B. 100   C. 200   D. 500

14. 边际成本与平均成本的关系是（   ）。

     A. 边际成本大于平均成本，边际成本下降

     B. 边际成本小于平均成本，边际成本下降

     C. 边际成本大于平均成本，平均成本上升

     D. 边际成本小于平均成本，平均成本上升

二、计算题

1. 已知生产函数 $Q=f(L, K)=LK-0.5L^2-0.32K^2$，$Q$ 表示产量，K 表示资本，L 表示劳动。若 $K=10$，则

（1）写出劳动的平均产量和边际产量函数。

（2）分别计算当总产量和平均产量达到极大值时企业雇用的劳动量。

2. 已知生产函数 $Q=f(L, K)=L^{3/8}K^{5/8}$，资本的价格 $P_K=5$，劳动的价格 $P_L=3$，试求：

（1）$Q=10$ 时所需的最低成本，以及使用的 L 和 K 的数量。

（2）总成本为 160 时厂商均衡的产量 Q，以及 L 和 K 的值。

3. 已知 $Q=6\,750-50P$，总成本函数为 $TC=12\,000+0.025Q^2$。

试求：（1）利润最大化时的产量和价格。（2）最大利润是多少？

4. 假定成本函数为 $TC=4Q^3-20Q^2+30Q+66$，写出以下成本函数：TVC、AC、AVC、AFC、MC。

5. 已知短期总函数为 $STC=Q^3-5Q^2+20Q+1$，试求：$Q=1$ 时的短期边际成本值。

三、作图分析

1. 作图说明生产短期总产量、平均产量与边际产量的关系。

2. 运用图形说明生产要素最适组合的原则。

3. 作图分析边际成本线与其他成本曲线的关系。

四、讨论题

1. 假如某人大学毕业以后经营一家面包店，需要投入哪些生产要素？如果面包销路很好，分别在短期和长期可以采取哪些措施来增加产量？

2. 假设一家用资本和劳动作为投入来生产面包的企业，在什么情况下会出现边际收益递减或规模报酬递减？请对这两种情况进行比较分析。

第五章 厂商均衡理论

本章开始研究经济活动者的行为如何影响商品价格的问题，首先从完全竞争市场这一理想化的市场结构情况下，分析产品市场上厂商的行为及价格的决定问题。尽管现实中很少能见到这样的市场，但对于揭示市场竞争的内在本质具有特殊的重要意义。接下来是不完全竞争市场的均衡分析，包括垄断市场、垄断竞争市场和寡头市场。其中，垄断市场的垄断程度最高，寡头市场居中，垄断竞争市场最低。

第一节 完全竞争市场上的厂商均衡

当一个竞争企业的销售量翻一番时，它的产品价格和总收益会发生什么变动？

一、市场结构

我们在市场上购买产品时，往往会面临不同的厂商可供选择，它们都能供给同种产品。一般来说，越是消费者所必需的商品或越是易于生产的商品，其生产厂商也越多，消费者的选择范围也越大。例如，我们买衣服时，会面临全北京、全中国甚至全世界的衣服厂商的产品可供选择，但要是购买微软公司的核心技术或是可口可乐的配比秘方

市场结构的类型

则只能有唯一的厂商可供选择。如果某种或某类产品有众多的生产厂家，厂商之间的产量竞争或价格竞争非常激烈，我们就说生产该种或该类产品的产业是竞争的或垄断竞争的；反之，如果生产某种或某类产品有唯一的或数目很少的生产厂家，厂商之间竞争较弱，我们就说生产该种或该类产品的产业是垄断的或寡头垄断的。因此，我们可以用生产同种或同类产品的厂商之间的竞争程度或其反面——垄断程度，来划分产业的结构或市场的结构。

决定市场结构的最主要因素有以下五个。

（1）厂商的数目。市场上厂商数目越多，竞争性越强，反之亦然。

（2）厂商所生产产品的差别程度。产品的差别程度越弱，竞争性越强，反之亦然。

（3）单个厂商对市场价格的控制程度。

（4）厂商进入或退出一个行业的难易程度。

（5）信息的完全性。

根据厂商对市场的影响能力，可以把市场结构分为完全竞争市场、垄断竞争市场、寡头垄断市场和完全垄断市场四种类型。四种类型的市场结构在五种影响竞争因素下的特征可以用表 5-1 来概括。

表 5-1　　　　　　　　　　　　　　　　市场结构的特征

市场类型	厂商数目	产品差别程度	价格控制程度	进出行业难易	现实中较接近的市场
完全竞争	很多	无差别	没有	很容易	一些农产品
垄断竞争	很多	有差别	有一些	较容易	轻工产品
寡头垄断	几个	有差别或无差别	相当程度	较困难	钢铁、石油
完全垄断	唯一	唯一，且无相近的替代品	很大程度，经常受管制	很困难	公用事业，如水、电

表 5-1 只是一个简单的比较说明，以便读者能对不同类型的市场有一个初步的印象。在以后对不同市场进行分析时，我们还会对每一类市场的特征做出详细分析。

二、完全竞争市场的条件

完全竞争（Perfect Competition）是指一种竞争不受任何阻碍和干扰的市场结构。一种商品的市场具有完全竞争的性质，必须具备以下四个条件。

（1）市场上有大量买者和卖者，单个买者或者卖者都只是市场价格的接受者。因为市场上有大量的独立买者或卖者，其中任何一个买者与卖者的购买量或销售量仅占市场的一个很小比例。

（2）同一行业中的所有厂商提供的商品是同质的。商品同质是指每个厂商的产品对于消费者来说是完全一样的，是该行业中其他任何一个厂商产品的完全替代品，对于消费者来说，无法区分也不需要区分是哪一个厂商生产的。

（3）资源的流动不受任何限制。完全竞争的市场要求所有的资源能自由流动，每一种资源都能进入和退出市场；没有任何自然的、社会的或法律的障碍阻止新厂商进入该行业和原有的厂商退出该行业。

（4）信息是完全的。即买方和卖方对市场的情况是完全了解的，他们互相之间不存在欺骗。正是完全信息的条件，保证了完全竞争市场上同一种产品只能按照同一个价格水平进行出售。

完全竞争理论迄今仍是经济理论的重要组成部分，是经济分析的基础。

三、完全竞争厂商的需求和收益

在某一商品市场中，厂商是商品的提供方（即卖方），是以利润最大化为目标的独立经营单位。在任何一个商品市场中，市场需求是消费者针对市场上所有厂商组成的某一行业而言的，也称为该行业所面临的需求。通常情况下，随着商品价格的上升，市场的需求总量减少；随着商品价格的下降，市场的需求总量增加。相应的需求曲线就是市场的需求曲线，也称为行业所面临的需求曲线，在以纵轴表示自变量 P，以横轴表示因变量 Q 的平面坐标图中，它一般是一条从左上方向右下方倾斜的曲线。如图 5-1（a）

完全竞争需求

中，D 曲线就是一条完全竞争市场的需求曲线，市场需求 D 曲线与市场供给 S 曲线决定了市场的均衡价格 P_e 和均衡数量 Q_e。

任何单个厂商所能得到的需求，与整个市场均衡数量相比只能是一个很小的部分。如果单个厂商把价格定得高于市场价格，由于是完全竞争市场，产品具有同质性，且消费者有完全信息，那么将没有人购买该厂商的产品。也就是说，厂商一旦涨价，他所面临的需求会迅速下降为零。如果厂商定的价格等于市场价格，则由于厂商数目众多，单个厂商的供应是无关大局的，厂商无论供应多少，价格都会维持不变。因此，单个厂商的需求曲线就是由既定市场价格水平出发的一条水平的直线。需要注意的是，这里的既定市场价格是由整个行业的供求关系决定的价格。如图 5-1（b）中，从既定的市场均衡价格 P_e 出发的水平直线 d 曲线，就是完全竞争市场中单个厂商面临的需求曲线。

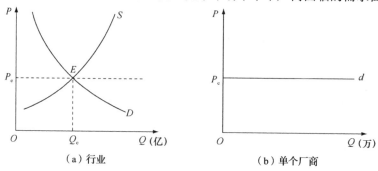

图 5-1 完全竞争的市场需求曲线和厂商所面对的需求曲线

1. 总收益

总收益（Total Revenue，TR）等于市场价格与销售量的乘积。由于在完全竞争市场条件下，厂商每销售一单位的商品都只能被动地接受由整个市场供求决定的某一均衡价格，这样随着厂商销售量的增加，总收益不断增加，并且总收益是销售量的一定倍数，即 $TR（Q）=PQ=P_eQ$。表现在以销售量为横轴和以收益为纵轴的平面坐标图上，总收益曲线是一条从原点出发、向右上方倾斜的、斜率等于市场均衡价格的直线，如图 5-2 所示。

2. 平均收益

完全竞争市场中，厂商的平均收益（Average Revenue，AR）等于市场均衡价格。我们知道，平均收益是厂商平均在每一单位产品销售上所获得的收入，在完全竞争市场中市场均衡价格 P_e 是一定的，那么 $AR（Q）=\dfrac{TR（Q）}{Q}=\dfrac{P \cdot Q}{Q}=P=P_e$。可见，和完全竞争厂商面临的需求曲线一样，平均收益曲线也是一条从既定的市场均衡价格 P_e 出发的水平直线，如图 5-3 所示。

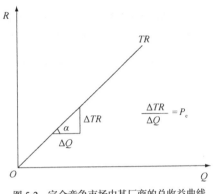

图 5-2 完全竞争市场中某厂商的总收益曲线

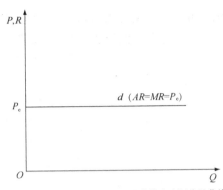

图 5-3 完全竞争厂商的平均收益曲线和边际收益曲线

3. 边际收益

完全竞争市场中，厂商的边际收益（Marginal Revenue，MR）等于市场均衡价格。根据定义，

$$MR(Q)=\frac{\Delta TR(Q)}{\Delta Q}=\frac{\Delta（P \cdot Q）}{\Delta Q}=\frac{\Delta P \cdot Q+P \cdot \Delta Q}{\Delta Q}$$，由于在完全竞争市场，对单个厂商来

说，市场均衡价格 P_e 是一定的，所以，由 $\Delta P=0$，可得

$$MR(Q)=\frac{P \cdot \Delta Q}{\Delta Q}=P=P_e$$

可见，在完全竞争市场中，厂商的平均收益与边际收益相等，且都等于既定的商品价格，即在任何销售水平都有 $AR(Q)=MR(Q)=P$，如图 5-3 所示，单个厂商的平均收益曲线、边际收益曲线与需求曲线都是重叠的，都是从既定价格出发的平行于横轴的一条水平直线。

四、完全竞争市场中厂商的短期均衡

1. 关于长期和短期

在各种市场类型中，短期是指在某个时期内一个行业内的厂商不能调整全部生产要素，只能在既定的生产规模下通过调整可变生产要素来调整其产销量，并且行业中的厂商数目固定不变。就整个行业而言，长期是指厂商可以对全部生产要素进行调整，甚至进入或退出自己所在的行业。

完全竞争中厂商的
短期均衡

2. 厂商均衡的条件

在图 5-5 中，代表完全竞争厂商的一条边际成本 MC 曲线和一条从既定价格 P_e 发出的水平需求曲线 d，这两条线相交于 E 点，那么，E 点就是厂商实际最大利润的均衡点，相应的产量 Q_e 就是厂商实现最大利润时的均衡产量。

当产量小于 Q_e，例如为 Q_1 时，厂商的边际收益大于边际成本即 MR>MC，说明厂商增加一单位产量所带来的总收益的增加量大于所付出的总成本的增加量，也就意味着厂商增加产量会使利润增加。所以，如图 5-4 中指向右方的箭头所示，只要 $MR>MC$，厂商就会增加产量。同时，随着产量的增加，厂商的边际收益 MR 保持不变而边际成本 MC 逐步提高，最后，$MR>MC$ 的状况会逐步变化为 $MR=MC$ 的状况。

相反，当产量大于 Q_e，例如为 Q_2 时，如图 5-4 中指向左方的箭头所示，只要 $MR<MC$，厂商就会减少产量。同时，随着产量的减少，厂商的边际收益 MR 保持不变而边际成本 MC 逐步降低，最后，$MR<MC$ 的状况会逐步变化为 $MR=MC$ 的状况。

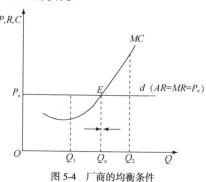

图 5-4　厂商的均衡条件

由此可见，不管是增加产量，还是减少产量，厂商都是在寻找带来最大利润的均衡产量，而这个均衡产量就是当 $MR=MC$ 时的产量。所以，$MR=MC$ 是厂商实现最大利润的均衡条件。这个条件也同样适用于其他市场结构类型中厂商的决策。

3. 完全竞争市场上厂商短期均衡的三种基本状态

由前述可知，完全竞争厂商的边际收益等于平均收益，并等于市场均衡价格，即 $MR=AR=P_e$，所以，完全竞争市场上厂商的短期均衡条件为

$$MR=SMC=AR=P_e$$

厂商在实现 $MR=SMC$ 的短期均衡时，有存在超额利润的短期均衡、恰好有正常利润的短期均衡和亏损时的短期均衡三种基本状态。

（1）存在超额利润的短期均衡。当市场价格 P_e 高于厂商的短期平均成本 SAC 曲线最低点时，厂商可得到超额利润。厂商存在超额利润的短期均衡情况如图 5-5（a）所示，厂商根据 $MR=SMC$ 来确定其最优产量。均衡点为 MR 曲线与 SMC 曲线的交点 E，此时 E 点对应的均衡产量为 OQ_e。在 OQ_e 的产量水平上，平均成本为 FQ_e，而平均收益就是商品的价格 P_e，等于 EQ_e。由于平均收益大于平均成本，厂商获得超额利润。在图 5-5（a）中，单位产品厂商可获得的利润为 EF，产量为 OQ_e，总利润量就是两者的乘积，即 $EF \cdot OQ_e$，相当于图中阴影部分的面积。

（2）恰好有正常利润的短期均衡。当市场价格 P_e 等于厂商的短期平均成本 SAC 曲线最低点时，厂商恰好获得正常利润。厂商恰好有正常利润的短期均衡情况如图 5-5（b）所示，厂商的需求曲线 d 相切于短期平均成本 SAC 曲线的最低点，这一点也是 SAC 曲线和 SMC 曲线的交点。仍然根据 $MR=SMC$ 来确定其最优产量，均衡点为 MR 曲线与 SMC 曲线的交点 E，此时 E 点对应的均衡产量为 OQ_e。在 OQ_e 的产量水平上，平均成本等于平均收益，都为 EQ_e，厂商的超额利润为零，但厂商的正常利润实现了。在这一均衡点 E 上，厂商既无超额利润，也无亏损，该均衡点也称为厂商的收支相抵点。

存在超额利润的
短期均衡

获得正常利润的
短期均衡

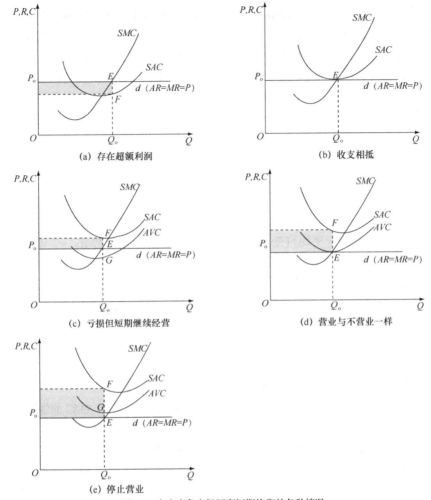

图 5-5　完全竞争市场厂商短期均衡的各种情况

（3）亏损时的短期均衡。当市场价格 P_0 低于厂商的短期平均成本 SAC 曲线最低点时，厂商亏损。在亏损情况下，根据市场价格 P_0 是否高于厂商的平均可变成本 AVC，厂商可以决定是继续经营，还是停止经营。

如果市场价格 P_0 高于厂商的平均可变成本 AVC，厂商亏损但短期继续经营。如图 5-5（c）所示，厂商根据 MR=SMC 来确定其最优产量。在均衡点 E 对应的均衡产量 OQ_0 上，厂商的平均收益小于平均成本，即 $EQ_0<FQ_0$，厂商是亏损的，其亏损量相当于图 5-5（c）中阴影部分的面积。但由于在此的产量上，平均收益大于平均可变成本，即 $EQ_0>GQ_0$，此时厂商仍可以继续生产经营。

如果市场价格 P_0 等于厂商的平均可变成本 AVC 曲线最低点，厂商有亏损并且营业和不营业的结果相同。如图 5-5（d）所示，厂商的需求曲线 d 相切于短期平均可变成本 AVC 曲线的最低点，这一点是 AVC 曲线和 SMC 曲线的交点，这一点恰好也是 MR=SMC 的利润最大化的均衡点。在均衡产量 OQ_0 上，厂商的平均收益小于平均成本，即 $EQ_0<FQ_0$，厂商是损的，其亏损量相当于图 5-5（d）中阴影部分的面积。此时，厂商的平均收益等于平均可变成本，厂商可以继续生产经营，也可以停止生产经营。这是因为，如果厂商继续经营，则全部收益只能弥补全部的可变成本，固定成本得不到任何弥补。如果厂商不经营，厂商虽然不必支付可变成本，但固定成本仍然存在。即无论经营还是不经营，亏损额总等于全部的固定成本，厂商在这一均衡点上处于关闭厂商的临界点。所以，该均衡点也称为停止营业临界点。

如果市场价格 P_0 低于厂商的平均可变成本 AVC 曲线最低点，厂商应停止经营。如图 5-5（e）所示，厂商还是根据 $MR=SMC$ 来确定其最优产量。在均衡点 E 对应的均衡产量 OQ_0 上，厂商的平均收益小于平均成本，即 $EQ_0<FQ_0$，厂商是亏损的，其亏损量相当于图 5-5（e）中阴影部分的面积，并且 OQ_0 的产量上，平均收益小于平均可变成本，即 $EQ_0<GQ_0$，厂商将停止经营。因为，在这种亏损情况下，如果厂商继续经营，则全部收益连可变成本都无法全部弥补，更谈不上对固定成本的弥补了。这种情况下只要厂商停止经营，可变成本就是零。显然，此时不经营比继续经营强。

亏损时的短期均衡

综上所述，完全竞争市场中，在短期均衡时，厂商可得到超额利润，也可能恰好有正常利润，或者亏损。

4. 完全竞争市场厂商的短期供给曲线

在完全竞争市场上，厂商的短期供给曲线可以用短期边际成本 SMC 曲线大于等于平均可变成本 AVC 曲线最低点的那一部分来表示。

在完全竞争市场上，厂商短期均衡的条件是 $MR=SMC$。而边际收益 MR 等于商品的价格 P，因此，完全竞争市场厂商的短期均衡条件为 $P=SMC$。其中，短期边际成本 SMC 是关于产量的函数，则均衡条件为 $P=SMC$（Q）。仔细分析图 5-6（a），当市场价格分别为 P_1、P_2、P_3 和 P_4 时，厂商根据 $MR=SMC$（即 $P=SMC$）的原则，选择的最优产量依次为 Q_1、Q_2、Q_3 和 Q_4。显然，SMC 曲线上的 E_1、E_2、E_3 和 E_4 点表示了这些不同的价格水平与相应的最优产量之间的对应关系。

完全竞争市场厂商的短期供给曲线

但是需要特别注意，厂商的短期边际成本曲线与厂商的短期供给曲线不完全相同。因为，当厂商面临的市场价格（也即平均收益）小于最低平均可变成本时，即图 5-6（a）中的 E_5 点所示的情况，厂商是不会生产的，因此，也就没有产品供给。只有当市场价格达到或超过厂商的最低平均可变成本时，即 $P \geq AVC_{min}$ 时，厂商才会继续生产经营，并根据不同的市场价格，由 $P=SMC$（Q）确定其最优产量来供给市场。所以，厂商的短期供给曲线 $S=S$（P）是短期边际成本 SMC 曲线大于等于平均可变成本 AVC 曲线最低点的那一部分，即 SMC 曲线大于等于停止营业点的那一部分。

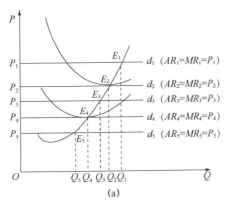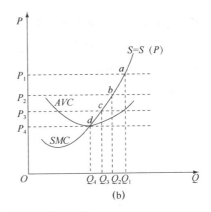

图 5-6　由厂商的短期边际成本曲线到短期供给曲线

从图 5-6（b）可见，完全竞争市场厂商的短期供给曲线是向右上方倾斜的，它表示了商品的价格和厂商的供给量之间同向变化的关系，也表示厂商在每一价格水平下的供给量是能够给厂商带来最大利润或最小亏损的最优产量。

在短期内，厂商无法调整生产规模，也无法进入和退出行业。因此，短期内厂商数量和总体生产规模是一定的，行业对要素市场的影响甚微。

5．完全竞争市场的短期均衡

把完全竞争市场中行业的短期供给曲线与市场需求曲线结合起来，便可确定完全竞争市场的短期均衡价格和产量。如图 5-7 所示，当完全竞争行业的短期供给曲线为 S，市场需求曲线为 D 时，均衡价格为 OP_e，行业的均衡产量则为 OQ_e。这就是说，只要完全竞争的厂商有充足的时间调整其可变投入的使用量，那么，市场价格就会趋向于 OP_e 这一均衡水平。如果价格高于这个均衡水平，行业的供给量将超过需求量，

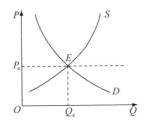

图 5-7　完全竞争市场的短期均衡
价格和产量的关系

由此会导致价格下降；如果价格低于这个均衡水平，市场需求量将超过行业的供给量，则会导致价格上升。只有价格处于均衡水平时，才不会有继续变动的趋势。在均衡价格水平上，对于所有继续选择生产而不是停止营业的厂商来说，价格都等于厂商的边际成本。

在其他条件不变时，需求水平的变动将引起均衡价格和均衡产量的变动；同样地，当其他条件不变时，行业的供给水平变动了，均衡价格和均衡产量也发生变动。

专栏 5-1

寒暑假不关门的大学社区餐馆[①]

大学社区内的小餐馆在寒暑假期间生意清淡，每天从很少的食客那里获得的收入显

---

① 王英，刘碧云，江可申. 微观经济学[M]. 南京：东南大学出版社，2011.

然不可能弥补餐馆的经营成本（房租、设备折旧、合同工工资、原材料费用等的总和），但它们却很少有在此期间关门歇业的，这是为什么呢？

在做出是否经营的决策时，餐馆老板肯定懂得区分餐馆经营中，哪些支出是固定不变的，哪些支出是可变的。有的开支，如房租，如果是按年租房，在寒暑假停止营业并不能减少租金，其他像厨房设备、桌椅等也都和房租一样是固定不变的，这类支出就属于固定成本。而另外一些开支，比如购买烹饪菜肴的原料等，倒是可以按照餐饮的销量来灵活增减，若停业则不会产生这项支出，其他如水、电、煤气开支等也是可变的，这类支出就属于可变成本。细分一下大学社区小餐馆的成本构成如下。

固定成本：房屋租金、厨房设备、座椅、餐具的折旧费、合同工的工资。

可变成本：水、电、煤气的开支、烹饪佳肴的原材料成本、打零工的侍者的工资。

寒暑假期间，打零工的侍者肯定被炒以降低可变成本。若此时顾客的消费能够补偿总可变成本，小餐馆就不会关门。只有在从顾客得到的收入少到不能弥补餐馆的可变成本时，老板才会在寒暑假里关门歇业等待开学。

五、完全竞争行业的长期均衡

1. 厂商对最优生产规模的选择

厂商在短期内，由于无法调整生产规模，只能按照 $MR=SMC$ 的原则实现短期均衡，此时可能获得利润或遭受亏损。但在长期内，厂商可以对全部生产要素进行调整，甚至进入或退出自己所在的行业，是按照 $MR=LMC$ 的原则来实现长期均衡的。厂商实现长期均衡时，只能获得正常利润（或者说，经济利润为零），并且不会遭受亏损。下面利用图5-8来具体分析。

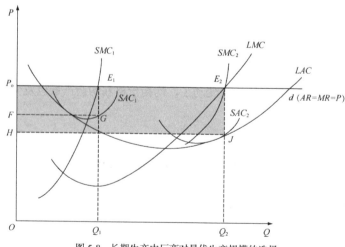

图 5-8　长期生产中厂商对最优生产规模的选择

在图 5-9 中，假定完全竞争市场产品的价格为 OP_0。在短期内，代表性厂商在以 SAC_1 曲线和 SMC_1 曲线所表示的既定生产规模下生产。根据短期利润最大化原则 $MR=SMC$，厂商提供最优产量 OQ_1，所获得利润以图 5-9 中较小的那一块阴影部分的面积 P_0E_1GF 表示。在长期内，厂商会调整生产规模。假设厂商按 SAC_2 曲线和 SMC_2 曲线所代表的最优生产规模进行生产，根据长期利润最大化原则 $MR=LMC$，相应的最优产量为 OQ_2，所获得利润为图 5-9 中较大的那一块阴影部分的面积 P_0E_2JH。同样，厂商如果在短期内处于亏损，在长期内通过对生产规模的调整，则可以扭转亏损局面甚至获得利润。

2. 厂商进入或退出一个行业

我们知道，在完全竞争市场，厂商可以自由进出某一行业，生产要素可以在不同部门之间自由流动。长期中，行业处于非均衡时有两种状况：①该行业中代表性厂商有超额利润；②该行业中代表性厂商亏损。

假定某行业有超额利润，就会吸引新厂商进入，于是该行业供给就增加，在市场需求不变的情况下，产品价格会下跌，一直跌到利润消失时厂商停止进入。反之，若某行业产品价格使厂商经营有亏损，则厂商会退出，该行业供给就减少，在市场需求不变的情况下，产品价格会上升，直到不亏损时厂商停止退出。因此，厂商进入退出的结果必然是厂商只能获得正常利润而经济利润为零，即产品价格等于平均成本。

3. 完全竞争市场长期均衡的条件与特点

完全竞争厂商在长期中进入或退出一个行业，实际上是生产要素在各个行业之间的调整，生产要素总是会流向获利更大的行业，也总是会从亏损的行业中退出。这也是使完全竞争厂商在长期均衡状态下经济利润为零的原因。

完全竞争长期均衡

以图 5-9 为例，在完全竞争市场供求相等的长期均衡点 E，厂商的生产经营处于长期平均成本 LAC 曲线的最低点，相应的长期边际成本 LMC 曲线经过该点；厂商的需求曲线 d 与 LAC 曲线相切于该点，代表最优生产规模的 SAC 曲线相切于该点，相应的 SMC 曲线经过该点。总之，完全竞争市场厂商在长期均衡时，生产的平均成本降到长期平均成本的最低点，商品的价格也等于最低的长期平均成本。

由此，我们得到完全竞争市场长期均衡条件：

$$MR=LMC=SMC=LAC=SAC$$

其中，$MR=AR=P$。此时，单个厂商的经济利润为零。

经济学家认为，完全竞争条件下的长期均衡具有重要的理论意义。因为在完全竞争假定前提下，市场机制能够使社会的经济资源得到最高效率的配置。具体来说，完全竞争市场长期均衡状态的特点如下。

（1）在完全竞争市场达到长期均衡时，每个厂商在位于其短期平均成本的最低点，而且也是长期平均成本的最低点提供产品。在最适度规模及最低成本条件下生产意味着最少的资源投入，留在行业中的厂商具有最高的经济效率。如果厂商的生产成本高于这一水平，厂商将出现亏损，在长期中只能退出这一行业。

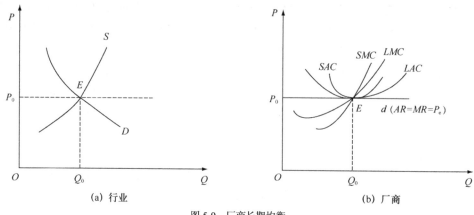

图 5-9　厂商长期均衡

由于 $P=LAC_{min}$，从消费者的角度来看，市场价格也就不可能再低，价格如果很低厂商会亏损，使得没有厂商愿意提供产品。因此在完全竞争的市场中，消费者为这种商品所花费的成本也是最低的。

（2）在完全竞争市场达到长期均衡时，即 $P=LAC=SAC$，$\pi=0$，留在该行业中的厂商都只能获得正常利润，市场力量使每个厂商的超额利润都为零。这是因为，只要该行业中还有厂商能取得超额利润，就会有新的厂商被吸引进来，由此会引起供给量的增加和价格的下降，直至使超额利润消失为止。

（3）在完全竞争市场长期均衡状态下，$P=LMC=SMC$。从整个社会的角度来看，如果每种商品的价格都等于其生产的边际成本，那么所有资源在各种用途上的配置就达到最高效率。

第二节 完全垄断市场

1．某个市场可能是垄断市场，试说明三种造成垄断的原因。

2．列举价格歧视的两个例子。

一、完全垄断市场的含义与条件

完全垄断市场

完全垄断市场（Complete Monopoly Market）是指整个行业中只存在唯一一家厂商的市场类型。完全垄断市场中不存在任何竞争因素，由独家垄断厂商控制整个行业的生产和销售，从而可以控制和操纵市场的供给和价格，其所面对的关键问题与完全竞争厂商不同，是发现最优价格。

完全垄断市场的条件主要有以下几个。

（1）市场上只有唯一一家厂商控制商品的生产和销售。

（2）这唯一一家厂商生产和销售的商品没有相近的替代品。

（3）市场进入障碍使其他厂商不可能进入该行业。

形成完全垄断市场的原因主要有以下几个。

（1）资源垄断。独家厂商控制着生产行业商品的全部资源或关键资源。

（2）专利垄断。独家厂商在特定条件下拥有生产、供给某种商品的专利权。

（3）特许垄断。政府在特定行业实行私人垄断政策，使独家厂商成为行业的垄断者。

（4）自然垄断。某些行业的生产在达到很大规模时才能充分体现规模经济效益，并且独家厂商的产量即可满足整个行业市场的需求，从而完全垄断整个行业。

二、垄断厂商的需求曲线和收益曲线

（一）垄断厂商的需求曲线

在完全竞争市场中，厂商所面对的是一条水平的需求曲线，此时每个厂商只销售整个市场产品中的很小一部分，所以不管它的产量是多少，都可以按不变的价格来出售他所有的产品，垄断者却不能。由于完全垄断市场上只有一个供给者，一个厂商就是整个行业，因此垄断厂商面对的是整个市场的需求曲线。这是一条负斜率的曲线，它表示产品价格将随销售量的变化而变化，因此垄断者只能通过改变销售量来控制市场价格，而且，厂商的销售量与市场价格反方向变动。也就是说，垄断厂商要想销售更多的产品，就必须降低价格。如图 5-10 所示。

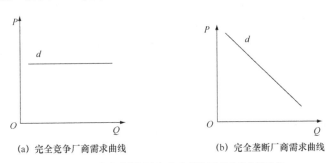

(a) 完全竞争厂商需求曲线　　　　　　(b) 完全垄断厂商需求曲线

图 5-10　完全垄断厂商与完全竞争厂商需求曲线对比

（二）垄断厂商的收益曲线

在完全竞争市场中，厂商的需求曲线、平均收益曲线和边际收益曲线三线重叠。在完全垄断市场中，垄断厂商的收益曲线则表现出很大的差异。

垄断厂商的收益曲线

1. 平均收益曲线

垄断厂商的平均收益 AR 等于总收益 TR 除以产量 Q，即：

$$AR = \frac{TR(Q)}{Q} = P(Q) \times \frac{Q}{Q} = P(Q)$$

因此，垄断厂商的平均收益曲线和需求曲线重叠，都是一条向右下倾斜的曲线。

2. 边际收益曲线

由于平均收益 AR 曲线向右下方倾斜，根据平均量和边际量之间的相互关系，可知边际收益 MR 一定小于平均收益 AR，即边际收益曲线一定位于平均收益曲线左下方，且边际收益曲线也是向右下方倾斜的曲线。这也就是说，垄断厂商的边际收益小于价格。这是为什么呢？根本原因在于，垄断厂商面对的是一条向下倾斜的需求曲线。

当厂商面对如此形状的需求曲线时，增加销售的唯一方法就是降低价格。如图 5-11 所示，假设厂商面对的需求曲线为 d，当销售量为 Q 时，产品价格为 P_1，如果此时厂商想增加一单位的销售量，即将销售量从 Q 增加到 Q+1，则唯一的办法是将价格从 P_1 降到 P_2。从最后一单位产品中所得到的价格是 P_2。这时，从销售最后一单位产品（Q+1）中所获得的收益是 $P_2 \times 1$，即矩形 A 的面积。然而，这并不是从最后一单位产品销售中所获得的总收益的

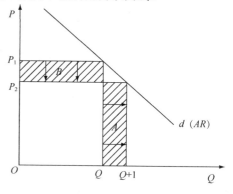

图 5-11　边际收益与价格

增量，这是因为为了多销售一单位产品，垄断者必须降低以前所有产品 Q 的价格，而不只是最后一单位产品（Q+1）的价格下降，即以前按 P_1 价格销售的所有产品的价格都会下降到 P_2，垄断者为此而损失的收益为 $Q \times (P_1 - P_2)$，即矩形 B 的面积，也就是说，多销售一单位产品所得到的收益中必须减去此部分损失，也就是从矩形 A 中减去矩形 B 的面积，所剩下者才是多销售一单位产品真正的收益增量。因此总收益的增量——边际收益总是小于价格。

3. 总收益曲线

从图 5-12 中可以看出，当价格达到最高 P_{max} 时，消费者不愿购买产品，因而没有销售量，厂商总收益为零；而当价格为零时，厂商总收益当然也为零。因此在这两个点之间，总收益是先上升然后下降。

由于每一销售量上的边际收益 MR 的值就是相应的总收益 TR 曲线的斜率，所以当 MR>0 时，TR 曲线的斜率为正，即总收益随销售量增加而增加；当 MR<0 时，TR 曲线的斜率为负，总收益随销售量增加而减少；当 MR=0 时，TR 曲线达到最大值。

垄断厂商的边际收益、总收益与需求弹性之间有十分密切的关系。首先，尽管垄断厂商可以决定价格，但并不是说它可以任意把产品价格抬高。当价格定得过高时，消费者不愿意购买，销售量可能会变得很小，从而使总收益很小。其次，虽然我们把垄断厂

商定义为没有近似替代品的唯一供给者，但还是可以找到一些不完全的替代品，也就是说，如果厂商定价过高，消费者就会去寻找这些替代品，这不利于垄断产品的销售。最后，厂商定价过高，也会迫使政府加强对垄断产品生产和定价的管理。

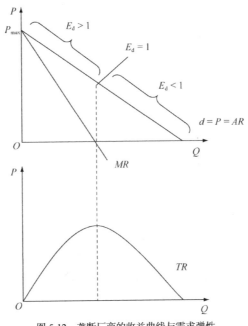

图 5-12　垄断厂商的收益曲线与需求弹性

三、垄断厂商的短期均衡

垄断厂商与其他任何厂商的目的相同，都是在追求利润的最大化。而追求利润最大的基本原则也相同，就是边际收益等于边际成本，即 $MR=MC$。

在短期内，垄断厂商无法改变不变生产要素的投入量，因此，厂商只能在既定的生产规模下，通过对产量和价格的调整来实现利润的最大化。

垄断厂商的短期均衡

图 5-13 中的 SMC 曲线和 SAC 曲线代表垄断厂商的既定的生产规模，d 曲线和 MR 曲线代表垄断厂商的需求和收益状况。当垄断厂商的产量水平为 Q_1 时，$MR>SMC$，表示增加一单位产量的边际收益会大于边际成本，此时厂商应该增加该产品的产量，其利润将随产量的增加而增加；当垄断厂商的产量水平为 Q_2 时，$MR<SMC$，表示一单位产量的边际收益小于边际成本，此时厂商应该减少该产品的产量，其利润将随产量的减少而增加；当垄断厂商在产量为 Q_E 时，$MR=SMC$，增加一单位产量的边际收益刚好等于边际成本，此时垄断厂商将获得最大利润。

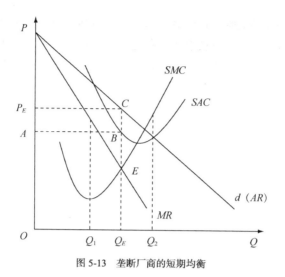

图 5-13　垄断厂商的短期均衡

与完全竞争企业不同，垄断厂商的价格水平并不是按 $MC=MR=P$ 来确定的。对于垄断厂商，将按需求曲线上对应于产量 Q_E 的价格水平 P_E 来确定其销售价格。这时价格不仅超过了生产 Q_E 的边际成本（E 点），而且还超过了平均成本（B 点），此时，平均成本为 A，价格为 P_E，图 5-13 中矩形 $ABCP_E$ 的面积就表示垄断者的垄断利润，或称为超额利润。因为企业经营的正常利润已包含在平均成本之中，超过平均成本的部分即为超额利润。

"垄断"这一概念通常让人联想起一个贪婪的厂商获取了巨额利润，然而，垄断本身并不能保证高额利润，垄断厂商也同样会亏损（尽管亏损额是最小的），甚至破产。特别是在短期内，由于垄断厂商不能调整生产规模，能否获得利润，要看产品市场价格的高低与垄断厂商平均成本的高低。假如垄断厂商在 $MR=SMC$ 的短期均衡点上，产品的生产成本过高，导致相应的成本曲线的位置过高，造成平均成本高于产品市场价格，或者是产品的市场需求过小，导致相应的需求曲线的位置过低，造成产品市场价格低于平均成本，此时垄断厂商就会出现亏损。

事实上，由于垄断厂商控制了市场和价格，因此，即使短期内会出现亏损，在长期内厂商总会设法把价格提高到平均成本之上。获得垄断利润是垄断市场中的普遍现象，也是厂商之所以要维持垄断地位的基本动力。

综上所述，可以得到垄断厂商短期均衡条件为：$MR=SMC$。

垄断厂商在短期内均衡点上可以获得最大利润，可以利润为零，也可以承受最小亏损。

四、垄断厂商的供给曲线

供给曲线告诉我们，在每一个价格下，厂商所愿意生产的数量。但是，垄断厂商不是价格接受者，他们可以自行制定售价。因此，我们不可能建立一条供给曲线来表示某一价格下垄断厂商愿意生产的数量。垄断厂商经常在价格上升时增加供给，但也可能在价格上升时减少供给。

在面对不同的价格时，完全竞争厂商会按边际成本大小来决定其最适产量，因此边际成本曲线成为完全竞争厂商的短期供给曲线，且价格与产量会有一对一的关系。但垄断厂商不会这样做，因为垄断厂商必须同时考虑产量与价格的关系。所以当他面对不同的需求曲线时，在同样的价格水平，却可能会有不同的产量。

例如，在图 5-14（a）中，MC 曲线是固定的。当垄断厂商的需求曲线为 d_1 和边际收益曲线为 MR_1 时，由均衡点 E_1 所决定的产量为 Q_1，价格为 P_1。当需求曲线移为 d_2 和边际收益曲线移为 MR_2 时，由均衡点 E_2 所决定的产量为 Q_2，价格则仍为 P_1。于是，同一个价格对应两个不同的产量 Q_1 和 Q_2。也就是说，即使价格相同，但在市场需求不同的情况下，垄断厂商会改变其产量水平与之相适应。在图 5-14（b）中，MC 曲线仍是固定的，d_1 曲线与 MR_1 曲线和 d_2 曲线与 MR_2 曲线分别为两组不同的需求曲线和边际收益曲线。比较 $MR_1=SMC$ 和 $MR_2=SMC$ 的两个均衡点 E_1 和 E_2（为同一均衡点），可以发现，同一个产量 Q_1 对应的却是两个不同的价格 P_1 和 P_2。也就是说，即使产量相同，在市场需求不同的情况下，垄断厂商会定出不同的价格与之相适应。因此，在垄断市场条件下垄断厂商的供给量与价格并没有如同供给曲线上价格与产量保持固定的一对一关系，而必须依市场情况而定。所以对垄断厂商而言，供给曲线不存在。

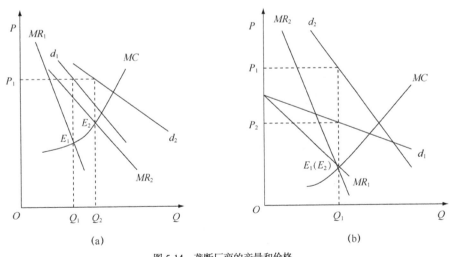

(a)   (b)

图 5-14　垄断厂商的产量和价格

五、垄断厂商的长期均衡

由于垄断市场上只有唯一的一家厂商供应不可替代的产品，不存在竞争，所以即使垄断厂商在短期内存在利润，这种利润在长期内也不会像完全竞争市场那样，由于新厂商的进入而消失。同时垄断厂商在长期内可以调整全部生产要素的投入量，也即垄断厂商可以通过改变生产规模从而实现最大的利润。

垄断厂商在长期内对生产进行调整一般会有两种情况：①垄断厂商在短期内发生了亏损，而在长期，厂商通过对最优生产规模的选择，摆脱了亏损的状况，甚至获得利润。如果厂商通过调整，仍然找不到一个能使他改变亏损状况的最优生产规模，那么垄断厂商就将退出该行业。②垄断厂商在短期内利用既定的生产规模获得了利润，在长期中，他将通过对生产规模的调整，使自己获得更大的利润。对这两种情况的分析是相似的，下面我们利用图 5-15 来分析②情况。图中的 d 曲线和 MR 曲线分别表示垄断厂商所面临的市场的需求曲线和边际收益曲线，LAC 曲线和 LMC 曲线分别为垄断厂商的长期平均成本曲线和长期边际成本曲线。

假定垄断厂商开始时是在由 SAC_1 曲线和 SMC_1 曲线所表示的生产规模上进行生产。在短期内厂商只能按照 $MR=SMC$ 的原则，在现有的生产规模上将均衡产量和均衡价格调整为 Q_1 和 P_1。在短期均衡点 E_1 上，垄断厂商所获得的利润只是相当于图 5-16 中较小的矩形 HP_1AB 的面积。

在长期内，垄断厂商可以调整生产规模进一步增大利润。按照 $MR=LMC$ 的长期均衡原则，垄断厂商的长期均衡为 E_2，均衡产量和均衡价格分别为 Q_2 和 P_2，垄断厂商所选择的相应的最优生产规模由 SAC_2 曲线和 SMC_2 曲线所代表，此时垄断厂商获得了比短期更大的利润，其利润量相当于图中较大的矩形 IP_2FG 的面积。

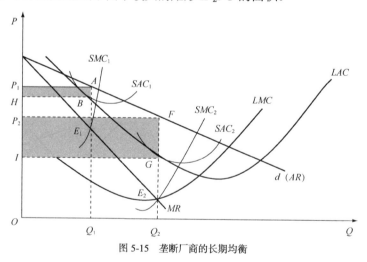

图 5-15　垄断厂商的长期均衡

很显然，垄断厂商利用 SAC_2 曲线所表示的生产规模进行生产时，比利用 SAC_1 曲线所表示的生产规模获得了更多的经济利润，所以垄断厂商进行长期调整是有利的。同时，由于不存在直接的竞争对手，垄断厂商的利润可以长期保持。在达到长期均衡时，长期边际成本 LMC 等于边际收益 MR，并且与短期边际成本 SMC_2 相等，长期平均成本 LAC 曲线与短期平均成本 SAC_2 曲线相切。因此，垄断厂商长期均衡条件可表示为

MR=LMC=SMC，而垄断厂商在长期均衡点上一般可获得利润。

第三节 | 垄断竞争市场

 为什么说需求的价格弹性较高导致了垄断竞争厂商进行价格竞争？

完全竞争市场和完全垄断市场是两种极端的市场结构，从某种意义上来说，两者都是理论的抽象。在现实生活中，普遍而大量存在的是介于完全竞争和完全垄断之间的两种市场结构：垄断竞争市场（Monopolistic Competition Market）和寡头垄断市场（Oligopoly Market），其中垄断竞争市场较接近完全竞争市场，寡头垄断市场较接近完全垄断市场。

一、垄断竞争市场的特点

顾名思义，垄断竞争是既包含垄断的因素，又有竞争成分的一种市场结构。与完全竞争的市场相似，垄断竞争的市场也含有大量的企业，它们进退市场比较自由，所受限制不多。与完全垄断的市场相似，垄断竞争性企业所生产的产品彼此相似，但更重要的是又有明显差异。因此，它们在这种市场结构中各自都具有一定的控制力或垄断力。总之，垄断竞争是指众多企业生产和销售有差异的商品的一种市场结构。

从上述定义可知，垄断竞争具有以下三个明显的特征。

（1）市场中存在着大量的企业（或称为销售者），正因为如此，彼此之间存在着激烈的竞争，同时，进退市场也接近于完全竞争。很难设想，一家垄断竞争企业的某种经济行为（比如降价以获得更大的市场份额）不会引起其他垄断竞争企业的反应。而这些反应又会因为自身的条件不一而有所不同。特别是一些非价格竞争策略，比如广告竞争，使得垄断竞争模型难以抽象。

（2）生产的商品彼此之间存在差异，但彼此之间都是非常接近的替代品，称为异质商品（相对于完全竞争市场中的同质商品）。例如，牛肉面和鸡丝面是有差别的同种面食产品，二者具有较密切的替代性。

（3）厂商的生产规模比较小，进入和退出市场比较容易。

与完全竞争相比，垄断竞争的主要特征是产品的差别，它有完全垄断的特点。而与完全垄断相比，垄断竞争的主要特征是产品的可替代性，它又有完全竞争的特点。因此，垄断竞争市场是一种兼有垄断和竞争的市场。

二、垄断竞争市场的需求曲线

垄断竞争企业的需求曲线依赖于同一产品集团中的其他企业是否有所反应。在图 5-16 中，假如某一垄断竞争企业令其价格从 P_1 降为 P_2，如果其他企业没有作出相应的反应，那么，对该企业的需求便沿着需求曲线 d 从 Q_1 变化到 Q_3，这条需求曲线 d 称为其他因素不变的需求曲线（Ceteris Paribus Demand Curve），也称为主观需求曲线（Perceived Demand Curve）。由于在同一产品集团中的产品具有较为密切的替代关系，因此，d 为一条富有较大弹性的、比较平坦的需求曲线。

垄断竞争市场的
需求曲线

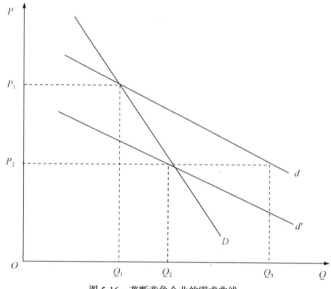

图 5-16　垄断竞争企业的需求曲线

但是"其他因素不变"之假设是不现实的。在现实生活中，当一定垄断竞争企业采取降价策略之后，一般都会引起这一产品集团中的其他（部分）企业也降价（不一定降为 P_2），因此，这一垄断竞争企业势必失去相当一部分顾客，其需求量不可能为 Q_3，而是沿着需求曲线 D 从 Q_1 变化到 Q_2，Q_2Q_3 这部分需求为其他企业所"抢走"。这条需求曲线 D 称为市场需求曲线，也可称为已作必要调整的需求曲线（Mutatis Mutandis Demand Curve）或"成比例的需求曲线"（Proportional Demand Curve）。前者意味着该企业在其他企业一步一降价情况下所面临的需求曲线，后者则强调该企业降价后的需求量变化只能在这一产品集团中呈某一比例变化。毫无疑问，D 应比 d 更为陡峭。然而，D 是朝顺时针方向，还是朝逆时针方向旋转，取决于该企业的垄断力。产品差异性越大，企业的垄断力越强，需求曲线 D 便朝逆时针方向旋转得越多。这也就是说，由于企业的垄断力强，别的企业瓜分市场的份额就要少些。

某一垄断竞争企业使其价格从 P_1 降为 P_2，如果其他企业不作反应，那么，该企业的需求量从 Q_1 到 Q_3（沿着需求曲线 d）。但是其他企业也会采取降价策略，因此，该企业的需求量从 Q_1 到 Q_2（沿着需求曲线 D）。如果它意识到这一点后，它所感觉到的需求曲线便从 d 移到 d'。由于该企业降价后的需求量从 Q_1 到 Q_2，因此它所感觉到的需求曲线便从 d 移到 d'。

综上所述，关于垄断竞争企业所面临的两条需求曲线 d 和 D，可以得到如下结论。

（1）当垄断竞争行业的所有企业都以相同方式改变价格时，整个市场价格的变化会使单个企业的主观需求曲线 d 沿市场需求曲线 D 上下平移，即当市场价格下降时，主观需求曲线 d 沿市场需求曲线 D 向下平移；当市场价格上升时，主观需求曲线 d 沿市场需求曲线 D 向上平移。

（2）由于主观需求曲线 d 表示单个垄断竞争企业单独改变价格时所预期的产量，而市场需求曲线 D 表示每个垄断竞争企业在每个市场价格水平上实际所面临的市场需求量，所以，主观需求曲线 d 和市场需求曲线 D 相交意味着垄断竞争市场的供求相等状态。

（3）主观需求曲线 d 比市场需求曲线 D 平坦，即在两条曲线的交点上，主观需求曲线 d 的价格弹性大于市场需求曲线 D 的价格弹性。

三、垄断竞争厂商的均衡

1. 垄断竞争厂商的短期均衡

在短期内，企业仅能决定是否生产和生产多少，而不能决定是否退出这一产业而进入另一个产业。

垄断竞争均衡

如图 5-18 所示，任意假定始于 A 点，此时 $MR_1 > MC$，该企业根据 $MR_1 = MC$ 的原则，决定将价格降为 P_1，均衡产量便为 Q_1。然而，其他企业也降价，使得它的需求量仅为 Q_2（沿着需求曲线 D）。此时，它所感觉到的需求曲线便由 d_1 下降到 d_2（经过 B 点）。在 B 点，由于 $MR_2 > MC$，该企业依然有积极性降低价格。根据 $MR_2 = MC$ 的原则，决定将价格降为 P_2，此时销售量为 Q_3（沿着需求曲线 d_2）。如果其他企业也降价，其需求量仅为 Q_4。因此，企业所感觉到的需求曲线便是一条经过 C 点的 d_3。

垄断竞争企业短期均衡的条件依然为 $MR = MC$，当 $MR > MC$ 时，企业应增加产量；当 $MR < MC$ 时，则应减少产量。

用图 5-17 和图 5-18 来表明垄断竞争企业短期均衡调整过程及最终状态。

如图 5-17 所示，让我们任意地始于 A 点，其价格和销售量分别为 P_0 和 Q_0。企业试图用"试错法"寻求其利润最大化价格。企业根据其"感觉到的需求曲线 d_1"，以及与此相关的边际收益曲线 MR_1，发现此时 $MR_1 > MC$，因此，它根据 $MR_1 = MC$ 的原则，决定将价格降为 P_1，此时，利润最大化产量为 Q_1。

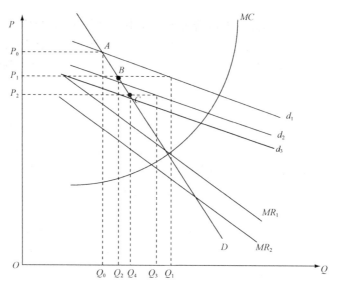

图 5-17　垄断竞争企业的短期均衡调整过程及最终状态

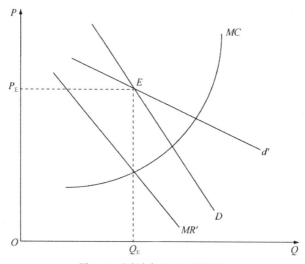

图 5-18　垄断竞争企业的短期均衡

　　然而，其他企业并非无动于衷，不甘心落后，也纷纷降价，使得在 P_1 水平上对该企业的需求量仅为 Q_2（沿着需求曲线 D）。因此，它所感觉到的需求曲线便由 d_1 下降到图 5-17 中的 d_2（经过 B 点）。在这一点上是否实现利润最大化呢？没有，因为此时 $MR_2 > MC$。该企业重新根据利润最大化原则将价格下降为 P_2。依照需求曲线 d_2，其需求量为 Q_3。然而，其他企业还会跟着降价。因此，P_2 依然不是一个均衡价格。

　　该企业依然依照上述办法继续调整下去，直到如图 5-18 所示的均衡状态为止。当价格等于 P_E 时，依 d' 曲线其需求量等于 Q_E，在这一产出水平上，满足两个条件：①$MR' = MC$，该企业没有改变价格及产量的动因；②d' 曲线正好与 D 曲线相交于 P_E，即它所"感觉到的需求量"正好等于其他企业调整价格以后的需求量。此时，该垄断竞争企业的短期均衡价格及产量分别为 P_E 和 Q_E。

2. 垄断竞争企业的长期均衡

在长期内，企业不仅能扩大或缩小生产规模，而且可以决定是否退出这一产业而进入另一个产业。

如果出现了正的经济利润，就会吸引其他产品集团的进入。这种进入对垄断竞争企业的感觉到的需求曲线 d 没有影响，但会导致成比例的需求曲线 D 朝着顺时针方向旋转。这就隐晦地表明，该垄断竞争企业的垄断地位相对下降，从而迫使原均衡价格下降。这种进入直到经济利润为零为止才实现垄断竞争企业的长期均衡。

如果经济利润为负，这便使得这一产品集团的部分企业退出，这样就会导致成比例需求曲线 D 以逆时针方向旋转，表明垄断竞争企业的垄断地位在加强，从而诱发价格上升。这种退出直至经济利润为零为止才实现垄断竞争企业的长期均衡。

图 5-19 中的 E 点便为垄断竞争企业的长期均衡点。在该点上，下降段的长期平均成本曲线与需求曲线 d 相切（同时经过需求曲线 D），其经济含义有：①垄断竞争企业的长期经济利润为零；②它没有在 LAC 最低点生产或经营，从而出现"生产能力过剩问题"。

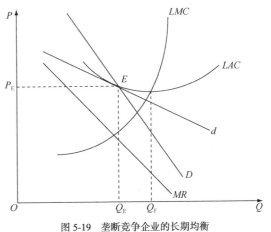

E 点为垄断竞争企业的长期均衡点。它首先满足短期均衡的两个条件：① $MR=MC$；② $D=d$。同时，LAC 曲线相切需求曲线 d 于 E 点，表明长期利润为零，进入和退出都将终止。再者，没有在 LAC 最低点 Q_F 上生产，从而造成生产能力过剩。

图 5-19 垄断竞争企业的长期均衡

第四节

寡头垄断市场

 为什么寡头垄断的合谋行为无法持续下去？

寡头垄断市场是另一类介于完全竞争市场与完全垄断市场之间的市场结构，但它更接近于完全垄断。与垄断竞争市场一样，寡头垄断也是一个现实中普遍而大量存在的市场结构，在国民经济中占有十分重要的地位。

一、寡头垄断市场的特征与成因

寡头是对寡头垄断市场上企业的别称，寡头垄断市场是指少数企业控制某一产品极大部分生产和销售的市场结构。具体地说，寡头垄断市场具有以下四个特征。

（1）有许多买者，但只有少数卖者。卖者的数目至少等于2，否则就变成了完全垄断。当一个行业中仅有两家企业时，称为双寡头。一般卖者的数目可以多至几家、十几家乃至几十家。每一家企业在市场上都有举足轻重的地位，对其产品的价格都有相当的影响力，因此，它们在市场上相互依存，其决策要比其他市场企业的决策复杂得多。一般可以根据它们之间的依存关系，将它们的行动方式分为独立行动和相互勾结两种类型。

（2）各家企业所生产或销售的产品可以是同质的，也可以是异质的。对于生产或销售同质产品的企业，称其为纯粹寡头，而对于生产或销售异质产品的企业，则称其为差别寡头。一般来说，钢铁、炼铝、石油、水泥等行业属于纯粹寡头，各企业的产品几乎没有差别，彼此间的替代程度很高；而机械、石油产品、汽车、家电等行业属于差别寡头，各企业的产品有差别，彼此间的替代程度相对较低。

（3）企业进出行业受到限制。对于在位企业来说，由于规模较大，并且拥有既得利益，一般不会轻易退出所在行业；而对于新企业来说，由于规模经济等自然障碍和在位企业的人为设障，通常很难进入寡头垄断行业。

寡头垄断市场

（4）信息不完全。寡头垄断市场上，由于寡头之间依存关系，交易的信息是不完全的，而且情况非常复杂。

可见，寡头垄断市场要比其他市场复杂得多，故至今尚无一个统一的寡头垄断市场模型来说明寡头垄断市场中企业的产量和价格的决定。

二、寡头垄断的非合作行为

1. 古诺模型

它是由法国经济学家古诺（Cournot）于1838年提出的，是纳什均衡应用的最早版本，古诺模型通常作为寡头理论分析的出发点。古诺模型（Cournot Model）是一个只有两个寡头厂商的简单模型，该模型也称为双头模型。古诺模型的结论可以很容易地推广到3个或3个以上的寡头厂商的情况中。

古诺模型假定一种产品市场只有两个卖者，并且相互间没有任何勾结行为，但相互间都知道对方将怎样行动，从而各自可以确定最优的产量来实现利润最大化，因此，古诺模型又称为双头垄断理论。

古诺模型分析的是两个出售矿泉水的生产成本为零的寡头垄断厂商的情况。古诺模型的假定：市场上有 A、B 两个厂商生产和销售相同的产品，它们的生产成本为零；它们共同面临的市场的需求曲线是线性的，A、B 两个厂商都准确地了解市场的需求曲线；A、B 两个厂商都是在已知对方产量的情况下，各自确定能够给自己带来最大利润的产量，即每一个厂商都是消极地以自己的产量去适应对方已确定的产量。

在古诺模型的假设条件下，设市场的线性反需求函数为：

$$P = 1\,800 - Q = 1\,800 - (Q_A + Q_B)$$

式中　　P——商品的价格；

　　　　Q——市场总需求量；

Q_A 和 Q_B——分别为市场对 A、B 两个寡头垄断厂商的产品的需求量，即 $Q=Q_A+Q_B$。

对 A 寡头垄断厂商而言，其利润等式为

$\pi_A = TR_A - TC_A = PQ_A - O$（图为已假定 $TC_A=0$）

　$= [1\,800 - (Q_A + Q_B)]Q_A = 1\,800Q_A - Q_A{}^2 - Q_AQ_B$

A 寡头垄断厂商利润最大化的一阶条件为：

$$\frac{\partial \pi_A}{\partial Q_A} = 1\,800 - 2Q_A - Q_B$$

$$Q_A = 900 - \frac{Q_B}{2} \qquad\qquad 式（5-1）$$

式（5-1）就是 A 寡头垄断厂商的反应函数，它表示 A 厂商的最优产量是 B 厂商的产量的函数。也就是说，对于 B 厂商的每一个产量 Q_B，A 厂商都会作出反应，确定能给自己带来最大利润的产量 Q_A。

类似地，对于 B 寡头垄断厂商来说，有：

$$\pi_B = 1\,800Q_B - Q_B^2 - Q_AQ_B$$

$$\frac{\partial \pi}{\partial Q_B} = 1\,800 - 2Q_B - Q_A = 0$$

$$Q_B = 900 - \frac{Q_A}{2} \qquad\qquad 式（5-2）$$

式（5-2）是 B 寡头垄断厂商的反应函数，它表示 B 厂商的最优产量是 A 厂商的产量的函数。

联立 A、B 两寡头垄断厂商的反应函数，便得到如下方程组：

$$\begin{cases} Q_A = 900 - \dfrac{Q_B}{2} \\[2mm] Q_B = 900 - \dfrac{Q_A}{2} \end{cases}$$

解方程组，得 $Q_A=600$，$Q_B=600$。

此即 A、B 两厂商的均衡产量。可见，每个寡头垄断厂商的均衡产量是市场总容量的 $\dfrac{1}{3}$，即 $Q_A = Q_B = \dfrac{1\,800}{3} = 600$。行业的均衡总产量是市场总容量的 $\dfrac{2}{3}$，即

$Q_A + Q_B = 2 \times \dfrac{1800}{3} = 1\,200$ 。

将 $Q_A = Q_B = 600$ 代入市场及需求函数式，可求得市场均衡价格 $P = 600$。

2. 斯威齐模型

斯威齐模型（Sweezy Model）也称为弯折的需求曲线模型。该模型由美国经济学家斯威齐于 1939 年提出。这一模型用来解释一些寡头市场上的价格刚性现象。

该模型的基本假设条件：如果一个寡头厂商提高价格，行业中的其他寡头厂商不会跟着改变自己的价格，因而提价的寡头厂商的销售量的减少是很多的；如果一个寡头厂商降低价格，行业中的其他寡头厂商会将价格下降到相同的水平，以避免销售份额的减少，因而该寡头厂商的销售量的增加是很有限的。

从以上的假设条件下可推导出寡头厂商的弯折的需求曲线。现用图 5-21 加以说明。图 5-20 中有厂商的一条 dd 需求曲线和一条 DD 需求曲线，它们与上一节分析的垄断竞争厂商所面临的两条需求曲线的含义是相同的。dd 需求曲线表示该寡头厂商变动价格而其他寡头厂商保持价格不变时的该寡头厂商的需求状况，DD 需求曲线表示行业内所有寡头厂商都以相同方式改变价格时该厂商的需求状况。假定开始时的市场价格为 dd 需求曲线和 DD 需求曲线的交点 B 所决定的 $\overline{P}$，那么，根据该模型的基本假设条件，该垄断厂商由 B 点出发，提价所面临的需求曲线是 dd 需求曲线上左上方的 dB 段，降价所面临的需求曲线是 DD 需求曲线上右下方的 BD 段，于是，这两段共同构成的该寡头厂商的需求曲线为 dBD。显然，这是一条弯折的需求曲线，折点是 B 点。这条弯折的需求曲线表示该寡头厂商从 B 点出发，在各个价格水平所面临的市场需求量。

由弯折的需求曲线可以得到间断的边际收益曲线。图 5-20 中与需求曲线 dB 段所对应的边际收益曲线为 MR_d，与需求曲线 BD 段所对应的边际收益曲线为 MR_D，两者合在一起，便构成了寡头厂商的间断的边际收益曲线，其间断部分为垂直虚线 FG。

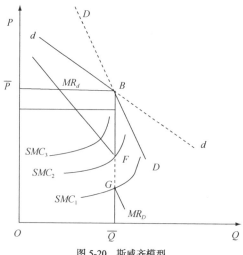

图 5-20　斯威齐模型

利用间断的边际收益曲线，便可以解释寡头市场上的价格刚性现象。只要边际成本 SMC 曲线的位置变动不超出边际收益曲线的垂直间断范围，寡头厂商的均衡价格和均衡数量都不会发生变化。例如，在图中的边际收益曲线的间断部分 FG，当 SMC_1 曲线上升为 SMC_2 曲线的位置时，寡头厂商仍将均衡价格和均衡产量保持在 $\overline{P}$ 和 $\overline{Q}$ 的水平。除非成本发生很大变化，如成本上升使得边际成本曲线上升为 SMC_3 曲线的位置时，才会影响均衡价格和均衡产量水平。

有的西方经济学家认为，虽然弯折的需求曲线模型为寡头市场较为普遍的价格刚性现象提供了一种解释，但是该模型并没有说明具有刚性的价格本身，如图 5-21 中的价格水平 $\overline{P}$ 是如何形成的。这是该模型的一个缺陷。

三、寡头垄断企业的勾结——卡特尔

在寡头垄断市场上，由于企业之间具有很强的依存性，即任何一个企业的竞争行为都会严重地影响其他企业，因此，一旦发生竞争，就会愈演愈烈，最后导致两败俱伤，同归于尽。为了避免这种情况的发生，寡头垄断企业往往会放弃竞争，而采取不同的形式勾结起来以保护共同的利益和各自的利益。寡头垄断企业的勾结形式多样，方法各异，有的公开勾结，有的秘密勾结；有的采用正式协议，有的则通过默契进行勾结。

卡特尔（Cartel）是指同一行业的几家寡头企业组成的一种集团或组织，它可以是正式的，也可以是非正式的，集团内的成员为了增进共同的和各自的利润而采取共同行动。它们通常采取正式的或非正式的协议形式，共同确定价格、产量和市场等。石油输出国组织（OPEC）就是一个典型的国际卡特尔。卡特尔是寡头为防止竞争可能造成的严重恶果所采取的相互勾结以协调行动的一种重要且有效的方式。

卡特尔

卡特尔通常根据全体成员所面临的市场需求曲线，按照利润最大化原则 $MR=MC$ 来确定总的均衡产量，同时制定与均衡产量相应的均衡价格作为全体成员必须严格遵守的统一市场销售价格，然后，在此产量和价格的前提下来分配各成员的市场销售份额。

案例与拓展[1]

案例资料：洋葱价格引起的思考

案例来源①：民勤洋葱价格暴跌，专家建议出台保护政策[EB/OL].

根据甘肃省民勤县统计局调查，由于前两年民勤周边地区洋葱种植面积较小，民勤洋葱行情看好，价格上涨，葱农获得了丰厚的收益，亩收入最高的达万元以上。高额的回报提高了人们的预期，民勤农民开始大面积种植洋葱，致使洋葱面积由 2010 年的 5.8 万亩增加到 2018 年 7.3 万亩，增长 25.9%。加上各地农林场承包种植达到 15 万亩左右，

---

① 张千友. 西方经济学案例与实训教程[M]. 北京：北京理工大学出版社，2013.

比上年增长 50%。而与此同时，在种子涨价、劳务涨价、农资涨价的情况下，黄色洋葱成本每亩 1 770 元，红色洋葱成本每亩 3 020 元，分别比上年增长 24% 和 22%，各地农林场承包种植成本已近 4 000 元。而今年的洋葱长势也非常喜人，黄色洋葱及红色洋葱的平均产量分别达到 6 000 千克和 5 000 千克以上。

没有想到的是，和民勤县一样，今年全国洋葱主产区都不同程度增加了洋葱种植面积，产量提高不少，致使洋葱市场出现供大于求的局面，购销交易低调运行，销售价格大幅下跌，葱农的希望变为失望。

据调查，今年民勤洋葱价格在去年基础上暴跌，上市以来，黄色洋葱价格在每千克 0.28 元徘徊，红色洋葱价格在每千克 0.6 元徘徊，同比分别下降 65% 和 50%，且有逐步下降态势。据此计算，黄色洋葱每亩平均总收入 1 680 元、纯收入减少 90 元，红色洋葱每亩平均总收入 3 000 元、纯收入减少 20 元。

【案例讨论问题】

- 收集近五年洋葱价格数据，尝试利用竞争理论分析洋葱价格未来的走势。
- 找一找其他类似农产品价格大幅波动的例子，为了避免这些农产品价格波动，农民、政府等主体各自应该采取哪些措施？

案例与拓展 [2]

从微软的发展看技术垄断

微软公司是美国新经济中崛起的成功企业，比尔·盖茨因此成为世界首富。微软垄断案最初的起因是微软公司与其对手网景公司关于浏览器的竞争。微软公司是一个典型的知识企业。计算机软件属于典型的知识产品。知识产品的生产过程是高风险的知识创新过程，微软之所以能取得成功，首先得益于其强大的创新能力，无论是微软开发的视窗操作系统，还是办公软件系列（Office），包括后来的探索者（Explorer）互联网浏览器，都是新产品，而且在不断地更新版本，因为总是能做到"人无我有，人有我新"，所以长期占据着这些产品领域的领头羊的位置。

其次，微软的主要产品是应用软件领域的上游产品，许多软件要基于这样的环境来开发和使用。这就对用户产生了一种锁定效应。同时，软件产品具有强大的增值功能，而软件开发过程是一个高风险和高成本的过程，一旦开发成功，把软件制成光盘的成本很低，而且可以无限地复制。

微软在相关软件开发领域的垄断地位是很明显的，这种垄断地位对企业来说是有利的，但限制了软件行业的充分竞争，影响到整个行业的技术创新，因而技术垄断也是诸多市场经济国家所禁止的行为。

技术垄断是一把双刃剑，微软为美国的新经济做出了突出的贡献，甚至成为全球知识企业的典范，比尔·盖茨成为这个时代的知识英雄，但是仍然摆脱不了垄断法的制裁，原因就在于微软的行为妨碍了技术创新。

本章要点

在本章中，我们首先对不同的市场进行划分。然后通过对完全竞争厂商和行业的短期和长期均衡的分析，推导出完全竞争厂商和行业的短期供给曲线以及行业的长期供给曲线，说明了完全竞争市场的价格和产量的决定。在此基础上，强调了完全竞争市场能以最低的成本进行生产来使消费者得到满足。具体有以下内容。

（1）在市场理论中，划分市场结构的标准主要有如下几个：市场上厂商的数量；行业中厂商各自生产的产品的差别程度；单个厂商对市场价格的影响力；厂商进入或退出一个行业的难易程度。根据这些标准，市场结构可以分为四类，分别是完全竞争市场、垄断竞争市场、寡头市场和垄断市场。

（2）在完全竞争市场上，厂商所面临的对其产品的需求曲线，即厂商的需求曲线，是从既定的市场价格出发的一条水平线。由此，厂商的平均收益曲线、边际收益曲线和厂商的需求曲线是三线重合的。完全竞争厂商实现利润最大化或亏损最小化的原则：边际收益等于边际成本。此原则对于所有不同市场结构条件下的厂商的短期生产和长期生产都是适用的。

（3）短期里完全竞争厂商在既定生产规模下，通过对产量的调整来实现 $MR=SMC$ 的利润最大化的原则。在厂商 $MR=SMC$ 的短期均衡点上，其利润可以大于零，或者小于零，或者等于零。当厂商的利润小于零（即亏损）时，厂商需要根据平均收益 AR 与平均可变成本 AVC 的比较来决定是否继续生产。当 $AR>AVC$ 时，厂商虽然亏损，但仍继续生产；当 $AR<AVC$ 时，厂商必须停止生产；当 $AR=AVC$ 时，厂商处于生产与不生产的临界点。在长期，完全竞争厂商是通过对全部生产要素的调整来实现 $MR=LMC$ 的利润最大化原则。

（4）在短期，垄断厂商在既定的生产规模下，通过对产量和价格的调整来实现 $MR=SMC$ 的利润最大化原则。在厂商 $MR=SMC$ 的短期均衡点上，其利润可以大于零，或者小于零，或者等于零。当厂商的利润小于零（即亏损）时，厂商需要根据平均收益 AR 与平均可变成本 AVC 的大小比较来决定是否继续生产，其决定原则与完全竞争厂商的相同。在长期，由于垄断厂商是通过选择最优的生产规模来实现 $MR=LMC$ 的利润最大化原则的，因此垄断厂商长期均衡的利润总是大于短期均衡的利润。

（5）在短期，当垄断竞争厂商实现 $MR=SMC$ 的短期均衡时，其利润可以大于零，或者小于零，或者等于零。当厂商的利润小于零（即亏损）时，厂商同样需要根据平均收益 AR 与平均可变成本 AVC 的比较来决定是否继续生产。垄断竞争厂商实现长期均衡后，企业只能得到正常利润，为了得到超额利润，垄断竞争厂商会采取各种形式的非价格竞争手段，努力造成产品的差别，产品有了差别，就可以在一段时间内取得垄断的好处。

（6）在寡头垄断市场上，少数几个厂商占有整个市场。进入壁垒使厂商即使在长期里也能享有相当多的经济利润。厂商的决策包含策略性考虑，即各厂商必须考虑到它的行为对它的对手有何影响，以及对手可能的反应。

关键概念

完全竞争市场　总收益　平均收益　边际收益　利润最大化的均衡条件
收支相抵点　停止营业点　生产者剩余　不完全竞争市场　完全垄断市场
自然垄断　垄断竞争市场　寡头垄断市场

习题五

一、选择题

1. 在完全竞争的条件下，如果某行业的厂商的商品价格等于平均成本，那么（　　）。

　　A. 新的厂商要进入这个行业

　　B. 原有厂商要退出这个行业

　　C. 既没厂商进入也没厂商退出这个行业

　　D. 既有厂商进入又有厂商退出这个行业

2. 厂商获取最大利润的条件是（　　）。

　　A. 边际收益大于边际成本的差额达到最大值

　　B. 边际收益等于边际成本

　　C. 价格高于平均成本的差额达到最大值

　　D. 以上都不对

3. 假定在某一产量水平上，某一厂商的平均成本达到了最小值，这意味着（　　）。

　　A. 边际成本等于平均成本　　　　　　　B. 厂商获得了最大利润

　　C. 厂商获得了最小利润　　　　　　　　D. 厂商的经济利润为零

4. 在完全竞争市场上，厂商短期均衡条件是（　　）。

　　A. $P=AR$　　　　　B. $P=MC$　　　　　C. $P=MR$　　　　　D. $P=AC$

5. 垄断厂商面临的需求曲线是（　　）。

　　A. 向下倾斜的　　　　B. 向上倾斜的　　　　C. 垂直的　　　　D. 水平的

6. 一垄断者如果有一线性需求函数，总收益增加时（　　）。

　　A. 边际收益为正值且递增　　　　　　　B. 边际收益为正值且递减

　　C. 边际收益为负值　　　　　　　　　　D. 边际收益为零

7. 在短期内，垄断厂商（　　）。

　　A. 取得最大收益　　　　　　　　　　　B. 收支相抵

　　C. 发生亏损　　　　　　　　　　　　　D. 以上情况都有可能发生

8. 垄断厂商利润最大化时（　　）。

A. $P=MR=MC$ B. $P>MR=AC$

C. $P>MR=MC$ D. $P>MC=AC$

9. 在垄断竞争市场长期均衡时，超额利润会趋于零，这是由于（   ）。

    A. 新厂商进入该行业容易   B. 产品存在差异

    C. 成本最小化   D. 收益最大化

10. 当垄断竞争行业处于均衡状态时，（   ）。

    A. 边际收益高于边际成本   B. 边际收益等于价格

    C. 价格高于最低平均成本   D. 边际成本高于边际收益

二、计算题

1. 一个完全竞争厂商每天利润最大化的收益为 5 000 元。此时厂商的平均成本为 8 元，边际成本是 10 元，平均变动成本是 5 元。试求：该厂商每天的产量和固定成本各是多少？

2. 已知某完全竞争行业中单个厂商的短期成本函数为 $STC=0.04Q^3-0.08Q^2+10Q+5$，试求：

（1）当市场上产品的价格为 $P=10$ 时，厂商的短期均衡产量和利润。

（2）当市场价格下降为多少时，厂商必须停产？

（3）厂商的短期供给函数。

3. 某垄断厂商的市场需求函数和成本函数分别为 $P=208-2Q$，$TC=500+8Q+8Q^2$。试求：此厂商利润最大时的产品价格、产量以及利润各为多少？

第六章 生产要素价格与收入分配

在市场经济中，有一类区别于一般产品的特殊商品，就是生产要素。本章就是主要讨论生产要素价格的理论。要注意一点，与一般产品的价格决定过程相同的是，生产要素的价格也是由市场供求关系来决定的。与一般产品市场不同的是，生产要素市场的需求者不是消费者，而是厂商；供给者不是厂商，而是个人。也就是说，个人既是产品市场上的消费者，也是生产要素市场上的供给者；厂商既是产品市场上的供给者，也是要素市场上的消费者。

产品市场与要素市场之间的关系非常密切。"先挣钱，才有钱花"就是对两者关系的最简单说明。每个个人或家庭获得收入的依据是他们拥有并提供的生产要素。人们所拥有的生产要素的种类、数量，会直接影响到其个人的收入水平。所以，生产要素价格如何被决定的问题，实际上就是要素所有者收入是如何确定的问题。因此，生产要素价格的决定问题，也称为收入分配理论。

第一节 生产要素的供求与要素市场的均衡

在要素市场上，厂商对生产要素的需求，与产品市场上消费者对产品的需求有区别吗？

一、厂商对生产要素的需求及其特点

一般的经济分析常常把生产中使用的各种生产要素分为三类，即土地、劳动和资本。这三种要素的所有者分别获得地租、工资和利息。但从 19 世纪末期起，有些经济学家将管理也视作为一种生产要素。为了与资本所有者的收入，即利息相区别，所以将履行管理职能的企业家收入称为利润。

产品市场上的需求和要素市场上的需求有不同的性质。生产要素的需求有两个基本特点。

生产要素的需求分析

（1）生产要素的需求是种"派生需求"。派生需求是指由于人们在产品市场上需要某种产品，因而间接地产生出厂商在要素市场上对某些生产要素的需求。厂商通过购买生产要素从事生产并向市场供给产品的行为，部分地取决于消费者对厂商

最终产品的需求。

（2）生产要素的需求具有"共同性"，即对生产要素的需求是种共同的、相互依赖的需求。这个特点的存在主要是由于技术上的原因，即生产要素往往不是单独发生作用的。例如，工人劳动离不开劳动工具，而机器等劳动工具也离不开人，只有人与包括机器、原材料等在内的各种生产要素相互结合起来才能达到生产目的。

二、厂商确定要素使用量的原则

厂商为了得到最大利润，在确定生产要素使用量时，必须遵循边际收益产品等于边际要素成本的原则。

边际收益产品（Marginal Revenue Product，MRP）是指厂商最后投入的 1 个单位要素所带来的总收益的增加量，它等于要素的边际物质产品与边际收益的乘积。其中，边际物质产品（Marginal Physical Product，MPP）是指在其他条件下变的前提下，每增加 1个单位某种要素的投入所增加的产量，有时也简写为 MP。边际收益（MR）则是每增加1 个单位产品的销售，所得到的总收益的增量。用公式可表示为：

$$MRP = MPP \times MR \qquad 式（6-1）$$

所以，要素的边际收益产品 MRP 的大小既取决于厂商增加 1 单位要素投入带来的边际物质产品 MPP 的变化，也受增加 1 个单位产品所能实现的收益增加额（MR）的影响。在完全竞争市场上，因为产品的边际收益就等于它的价格，即 $MR=P$，所以，完全竞争厂商的边际收益产品又称为边际产品价值（Value of the Marginal Product，VMP），用公式可表示为

边际收益产品

$$VMP=MPP \times P \qquad 式（6-2）$$

我们已经知道，生产要素的使用能给厂商带来收益，但必须由厂商付出成本。因此，要确定厂商最佳的要素使用量，还必须从成本角度加以分析。这里，要引入一个名词——边际要素成本（Marginal Factor Cost，MFC），是指增加 1 个单位投入要素所增加的成本支出。如果假设要素市场是完全竞争的，单个要素供给者和需求者都无法影响要素的价格，那么厂商无论购买多少要素，要素价格都不会变。因此，厂商购买每 1 个单位要素所花的成本（即平均要素成本）和增加 1 个单位要素所引起的要素总成本的增加量（即 MFC）是相等的，都等于不变的要素价格（PF），即 $MFC=PF$。但如果要素市场不是完全竞争的，那么要素市场供求变化就会导致要素价格发生变化，MFC 也就随之变动。

注意：MFC 这个概念与前面分析边际成本（MC）概念相区别。MFC 的自变量是某种投入要素，即每增加 1 个单位某种要素投入所引起的总成本增加量；而 MC 的自变量是产品，即产品增加 1 个单位引起的总成本的增加量。

厂商在确定最佳的要素投入量时，必须保证 $MRP=MFC$。也就是说，在其他条件不变，厂商出于利润最大化的考虑，会将对某种生产要素的需求量确定在以下水平，即最

后增加使用的那单位生产要素所带来的收益恰好等于为之所付出的要素成本。

三、完全竞争产品市场上厂商对单个可变要素的需求

完全竞争的要素市场，具有与完全竞争的产品市场相同的属性，即要素买卖双方的人数众多，没有一个卖者或买者能完全控制要素价格。因此，要素价格不随要素需求数量的变化而变化，可理解为是一个常数。而完全竞争厂商在确定要素需求数量时，主要考虑的因素就是前面已经介绍过的边际收益产品（MRP），对完全竞争厂商而言，又称为边际产品价值（VMP），它等于产品价格与要素投入的边际产量的乘积。

表 6-1 举例描述一个完全竞争厂商在一种生产要素（如劳动 L）可以变动，其他要素固定不变时的成本、收益和利润决定情况。第（1）和第（2）列描述生产函数 $Q=F（L）$，即投入量 L 与相应产量 Q 之间的函数关系。第（3）列为产品销售价格。因假定产品市场是完全竞争的，所以产品的销售价格固定不变。第（5）—第（8）列描述了成本状况。由于假定生产要素市场也是完全竞争的，即每个厂商可以按照劳动市场决定的工资买进他愿意购买的任何数量的劳动，所以，厂商雇佣每单位劳动支付的工资率 W 固定不变。第（6）列表示随可变要素 L 的变化而变化的可变成本，等于劳动量 L 与工资率 W 之乘积。第（7）列给出固定成本的数字。第（8）列的总成本等于固定成本与可变成本之和，第（9）列的利润总量=总收益-总成本。

表 6-1 第（1）列—第（8）列各个概念之间的关系，同本书前面分析产品时有关章节的论述是完全一样的。但要强调的是，当考察产品的均衡价格和均衡产销量是如何决定时，把产量作为自变量，考察产量的变化怎样引起总收益、总成本和利润总量的相应变化。现在，为了考察厂商对生产要素的需求，则是把可以变动的生产要素（这里以劳动为例）L 作为自变量，考察当投入的劳动 L 发生变化时，怎样引起总收益、总成本和利润总量的变化，因而利润被表达为投入劳动 L 的函数，而在这以前，利润常常作为产量的函数。

表 6-1　　　　　　完全竞争厂商在单个要素（L）可变时的收益、成本和利润情况

（1） 劳动量 L	（2） 产品 产量 Q	（3） 产品 价格 P	（4） 总收益 $TR=P×Q$	（5） 工资率 W	（6） 可变成本 $VC=W×L$	（7） 固定 成本 FC	（8） 总成本 $TC=FC+WL$	（9） 总利润 $\pi=TR-TC$	（10） 边际物 质产品 MPP	（11） 边际产品价值 $VMP=P·MPP$
1	8	10	80	20	20	15	35	45	8	80
2	15	10	150	20	40	15	55	95	7	70
3	21	10	210	20	60	15	75	135	6	60
4	26	10	260	20	80	15	95	165	5	50
5	30	10	300	20	100	15	115	185	4	40
6	32	10	320	20	120	15	135	185	2	20

即有：生产函数 $Q=F（L）$

总收益 $TR=P×Q=P×F（L）$

总成本 $F=FC+WL$

利润总量 $\pi=TR-TC=P \times F（L）-FC-WL$

表 6-1 第（10）列是可变要素 L 的边际物质产品，即投入的劳动量每增加 1 个单位时产量 Q 的变化，$MPPL=\dfrac{\mathrm{d}Q}{\mathrm{d}L}$。例如，投入劳动从 1 个单位增加为 2 个单位时，产量从 8 增加为 15，因而 $MPPL=15-8=7$，投入劳动从 2 个单位增加为 3 个单位时，产量从 15 增加为 21，故 $MPPL=21-15=6$。第（11）列就是边际产品价值。我们已经知道，厂商增加投入 1 个单位的可变要素（L）所增加的成本，即是厂商增加雇佣 1 个单位的劳动所支付的工资 W。因为假定生产要素市场（同产品市场一样）也是完全竞争的，所以，单个厂商可以按既定工资率 W 雇得他愿意雇用的任何劳动量，其边际要素成本等于平均要素成本（每单位劳动支付的工资），即等于既定不变的工资率 W。

在要素市场上，厂商可以通过调节可变要素（如劳动）的投入量实现利润最大化。满足这一目的的条件是：厂商雇用最后 1 个单位劳动量所带来的收益，即边际产品价值 VMP 恰好等于厂商增加雇用的最后一个单位劳动所付出的工资，即 $VMP=MFC=W$。在本例中，如果劳动的价格为 20，厂商劳动力的需求应该为 6 才符合 $VMP=W$ 的条件。

四、非完全竞争产品市场上厂商对单一可变要素的需求

我们已经知道，对于完全竞争产品市场上的厂商而言，产品的销售价格是给定不变的。因此，该厂商对可变要素（如劳动）的需求原则是满足 $VMP=MFC=W$ 的条件。而在非完全竞争市场上，产品的销售价格并不是固定不变的，而是随销售量的增加不断下降。因此，当产品市场是非完全竞争时，厂商对一种可变要素的需求曲线就不是由投入要素的 VMP 曲线来表示的，而是由投入要素的边际收益产品（Marginal Revenue Product Input）曲线来表示。

厂商投入的一种可变要素（如劳动）的边际收益产品 MRP 可定义为总收益的变化与可变要素的变化这两者的比率。或者说，可变要素每增加（或减少）1 个单位引起的总收益的变化量，即 $MRP=\dfrac{\Delta TR}{\Delta L}$。例如，从表 6-2 所示的第（1）和（2）列可见，当投入劳动从 1 个单位增加为 2 个单位时，总收益从 28 增加为 60，因而 MRP 为 32；当投入劳动从 2 个单位增加为 3 个单位时，总收益从 60 增加为 75，即 MRP 为 15；而当投入劳动从 3 个单位增加为 4 个单位时，总收益从 75 减少为 72，故 MRP 为-3。

表 6-2   非完全竞争产品市场可变要素的边际收益产品表

（1）劳动量 L	（2）产品产量 Q	（3）产品价格 P	（4）总收益 $TR=P \times Q$	（5）边际收益 $MR=\dfrac{\Delta TR}{\Delta Q}$	（6）边际物质产品 $MPP=\dfrac{\Delta Q}{\Delta L}$	（7）边际收益产品 $MRP=MPP \times MR$
1	4	7	28	7	4	28
2	10	6	60	32/6	6	32
3	15	5	75	3	5	15
4	18	4	72	-1	3	-3
5	20	3	60	-6	2	-12
6	21	2	42	-18	1	-185

表 6-2 中的 *MRP* 即为投入要素的边际收益产品，等于 *MPP* 和产品边际收益 *MR* 这两个数值的乘积。这里所提出的 *MRP* 概念与之前学习的 *MR* 概念并不相同。*MR* 是指增加 1 个单位产量所增加的总收益，其自变量是产量 *Q*；而 *MRP* 是指每增加 1 个单位的劳动带来的总收益的增加量，其中不仅考虑每增加 1 个单位劳动带来的产量增加量，还要考虑每增加 1 个产量后对总收益的影响。在非完全竞争条件下，工资率 *W* 是指雇用 1 个单位劳动所付出的成本。所以当非完全竞争产品市场上的厂商在考虑其雇用的劳动量时，应该满足该雇用量的 *MRP* 恰好等于最后雇用的那个工人所付出的工资，即 *MRP=MPP×MR=MFC=W*，才能使他赚得最大利润。

第二节 劳动的供求与工资的决定

 如果你就业后，你的工资收入与劳动时间成正比，你会牺牲休息时间，尽可能多劳动吗？影响工资水平的因素是哪些？

一、劳动的供给

人们的收入并不是既定的，而是在相当程度上取决于他在工作和闲暇之间进行的时间分配。消费者可以将部分时间用于闲暇，直接增加个人的效用；另外部分时间用于劳动，并通过获得劳动收入，以满足消费，间接增加个人效用。但消费者不可能将所有时间都用于闲暇或劳动上。而消费者如何安排闲暇与劳动时间，将影响到其劳动的供给数量。因此，劳动的供给曲线并不是自左向右上方倾斜的，即工资越高，工人愿意提供的劳动也越多。而是在工资达到一定高度后，高工资对劳动者的吸引力在下降，劳动者愿意提供的劳动不是越多而是越少，即劳动的供给曲线表现为向后弯曲的曲线。

如图 6-1 所示，当工资为较低水平的 W_0 时，随着工资的上升，消费者为较高的工资吸引而减少闲暇，以增加劳动供给量。在工资水平 W_0-W_1 这个阶段，劳动供给曲线向右上方倾斜，满足一般商品的供给原则。但是，工资持续对劳动供给的吸引力却是有限的。当工资涨到 W_2 时，消费者的劳动供给量达到最大。此时继续增加工资，劳动供给量非但不会增加，反而会减少。于是劳动供给曲线从工资 W_2 处起开始向后弯曲。

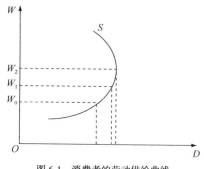

图 6-1 消费者的劳动供给曲线

劳动供给曲线为什么会向后弯曲？为了解释这个问题，我们要利用商品的替代效应和收入效应这两个概念来进行分析。就一般的正常商品而言，替代效应和收入效应共同作用使其需求曲线向右下方倾斜。现在将闲暇也视为一种特殊商品，闲暇商品的需求亦受到替代效应和收入效应两方面的影响。先看替代效应，假定工资上涨，消费者放弃劳动选择闲暇的机会成本加大，也就是闲暇这个商品现在变得更加"昂贵"了。所以，替代效应下闲暇需求量与闲暇价格是反方向变化的。再来看闲暇商品的收入效应，就比较特殊了。这是因为随着收入的增加，消费者将增加对商品的消费，从而也增加对闲暇商品的消费。其结果是：由于收入效应，闲暇需求量与闲暇价格（即工资）的变化相同。因此，对闲暇商品的需求，或对劳动商品的供给进行分析，还需要进一步考察以上两种效应的大小。

劳动力供给曲线

消费者收入较低时，消费者大部分的收入都可能是来自劳动供给。因此，假定其他因素不变，闲暇价格即工资上升时会大大提高消费者的收入水平，工资变化的替代效应较大。这一阶段，劳动供给随工资水平的上升而上升。但如果工资已经处于较高水平（此时劳动供给量也相对较大），则增加收入带来的效用还赶不上闲暇提供的效用，所以收入效应较大。这一阶段人们会减少愿意劳动的时间，而增加闲暇，于是劳动供给曲线在较高的工资水平上开始向后弯曲。

二、劳动市场均衡和工资的决定

将所有单个消费者的劳动供给曲线水平相加，即得到整个市场的劳动供给曲线。尽管对于单个消费者而言，劳动供给曲线可能会向后弯曲，但整个劳动市场的供给曲线却不一定也是如此。这是因为在较高的工资水平上，现有的工人也许提供较少的劳动。但高工资也将吸引新的劳动力加入。因而整个劳动市场的供给还是随着工资水平的上升而增加，其劳动供给曲线也仍然是向上方倾斜的。

由于要素的边际生产力递减和产品的边际收益递减，要素的市场需求曲线通常总是向右下方倾斜，劳动的市场需求曲线也不例外。将向右下方倾斜的劳动需求曲线和向右上方倾斜的劳动供给曲线综合起来，即可决定均衡工资水平。如图 6-2 所示，图中劳动需求曲线 D 和劳动供给曲线 S 的交点就是劳动市场的均衡点。该均衡点决定了均衡工资为 W_0，均衡劳动数量为 L_0。因此，均衡工资水平由劳动市场的供求曲线共同决定，且随着这两条曲线的变化而变化。

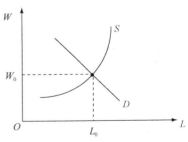

图 6-2　均衡工资的决定

上述市场均衡工资是一种理论上存在的工资率。可以将它理解为是一个国家或地区在某一时期的社会平均工资。但是，在现实中，全社会统一的平均工资水平并不存在。

并且除了劳动的需求和供给决定工资以外，工资还受到其他一些因素的影响。例如，劳动力自身素质和工作能力的高低、存在不完全竞争的劳动力市场、劳动力市场上性别歧视等都会导致工资水平存在差异。此外，不同职业之间存在着明显的工资差异，还可能是因为各种补偿因素所导致的，例如，对不愉快或冒险的工作条件进行补偿、对高度紧张的脑力劳动和重体力劳动进行补偿、对职业风险进行补偿等。

第三节 土地的供求与地租的决定

 现实经济生活中，租用一般资源都需要支付租金，那么地租是否是一种特殊的租金？

一、土地与地租

经济学所说的土地是一个广义的概念，泛指一切自然资源，不仅指地面，还包括地下、空中、水中的一切自然资源。这种生产要素是自然赋予的，并非人为作用的结果。

谈到土地的价格，我们首先要区别要素本身和要素服务的概念，然后再来区别要素价格和要素服务的价格。土地是土地服务的源泉，土地的单位一般是"亩"，而土地服务的单位则是"每亩使用一年"。因此，土地本身与土地服务的供给不一样，从而价格也不一样。土地本身的出售是所有权的转移，而土地服务的出让仅仅是使用权的暂时让渡。土地出售是一次性的买断，而土地服务却对应着期限性的租让。因而两者的价格不一样，除了数量不同外，为了区分，我们还给土地服务的价格一个专门的术语，即地租。

二、均衡地租的决定

根据均衡价格理论，地租是由土地要素的需求和供给决定的。土地要素的需求曲线就是其边际收益产品曲线，即土地的边际生产力曲线。土地的边际生产力是递减的，因此，土地的需求曲线是一条向右下方倾斜的曲线。土地是一种数量固定的稀缺资源，其供给为完全无弹性，因此，它的供给曲线被认为是一条固定的垂直线。地租就是土地的市场供给曲线和需求曲线的交点所决定的，如图 6-3 所示。

土地的供给

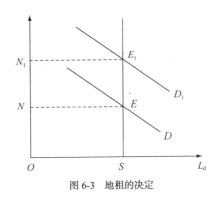

图 6-3　地租的决定

如图 6-3 所示，供给曲线 S 与需求曲线 D 相交于 E 点，ON 为此时的均衡地租水平，OS 为土地均衡数量。D_1 表示随经济发展，对土地的需求不断增加的需求曲线，其均衡点为 E_1，地租水平为 ON_1，表示地租上升。所以，从图 6-3 中可以看出，由于土地的供给曲线垂直不变，所以土地的价格完全由土地的需求曲线决定，而与土地的供给曲线无关。当需求曲线上移时，地租上升；当需求曲线下移时，地租就下降。

三、租金、准租金和经济租

以上介绍已说明地租是由于土地总量固定的，因而由需求因素所决定的产品价格超过成本的余额，这是地租的一种基本特性。把地租的这种特性推广到其他各种具有数量固定特点的要素上，就得到了其他租金概念。

租金

（1）租金。除了土地具有固定供给这一特性之外，还有许多其他资源在某些情况下也可以被看成是固定不变的。供给固定不变的一般资源的服务价格就称为租金。可以说，租金是更一般化的地租。例如，某些人的天赋才能，如体育明星，就像土地一样，他们的供给也是固定不变的。

（2）准租金。与土地数量不变相似，厂商使用的某些生产要素，从短期来看也具有数量不变的特点。这类要素的服务价格在某种程度上也类似于租金，通常称为准租金。准租金就是对供给量暂时固定的生产要素的支付，即固定生产要素的收益。

（3）经济租。经济租是生产要素所有者得到的要素收入与其提供要素所要求的最低收入之间的差额。而要素所有者为提供生产要素所要求的最低收入即为转移收益，它由要素供给者提供要素的机会成本来确定。所以，经济租和转移收益共同组成了生产要素的总收入。例如，一个演员的年薪为 10 万元，他若不做演员可做时装模特，年薪为 6 万元，那么这位演员的转移收入便为 6 万元，经济租则为 4 万元。

第四节 | 资本的供求与利息的决定

利息是如何决定的？为什么利息会发生变动？

一、资本和利息

与劳动和土地这两种原始生产要素不同，资本是一种中间性生产要素。它可以看作是一般生产能力的储备，即过去的收入体现为某种特定的形式，这能在未来获得货币收入。资本作为生产要素，可以表现为实物的形式，即资本货物或资本品，如厂房、设备、原材料、成品和半成品等。资本也可以表现为价值形式，即货币资本。从一般意义上来说，资本包括货币，而货币并不一定是资本。因为从宏观角度分析，一国所拥有的货币数量并不代表等量的资本品。

利息是厂商在一定时期内为利用资本的生产力所支付的代价，也可以理解为是资本所有者在一定时期内因为让渡资本使用权而得到的报酬。因此，对厂商而言，使用资本而支付的利息构成成本的一部分，但对资本的所有者而言则是收入来源。

二、资本市场的均衡与利息率的决定

当资本市场上资本的需求数量和供给数量相等时，资本市场就达到了均衡。此时对应的资本利息率称为利息率。资本的市场均衡可以区分为长期均衡和短期均衡两种状态。

图 6-4（a）说明了资本市场的短期均衡。资本的需求曲线 D 和供给曲线 S 的交点 E 为短期均衡点，i_e 为短期均衡利率。但从长期的观点来考察，资本在任一短期内的供给量可以近似地看作是固定不变的，所以短期资本供给曲线就可以用垂直于横轴的直线来表示，如图 6-4（b）所示。当短期均衡利息率较高时，一方面吸引资本供给数量增加，短期资本供给曲线向右移动到 S_1。另一方面，随着厂商对资本投入量的增加，资本的边际效率下降，厂商对资本的需求曲线向左下方移动。两股力量导致利息率的不断下降，直到人们增加资本供给的欲望消失，资本供给量移到 S_1 后不再移动；E_1 点成为资本供求的长期均衡点，i_{e1} 即为长期均衡市场利息率，D_1 为长期资本需求曲线。

上述分析是在假定资本市场是完全竞争的条件下进行的，实际上，利率往往是一种管制价格。由于它关系到国计民生，各国政府都通过货币政策和财政政策影响资本的总供给和总需求，从而影响利率。

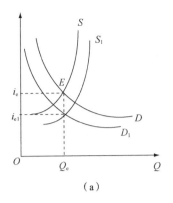

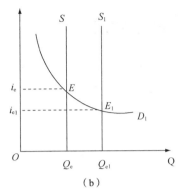

（a）　　　　　　　　　　　　　（b）

图 6-4　资本市场的均衡

第五节 利润的决定

一、正常利润与经济利润

上面考察了几种生产要素所有者的收入，即劳动者的工资收入、土地（自然资源）所有者的地租收入和资本财货所有者的利息收入。现在考察现实生活中企业主的利润收入这个经济范畴。

一家厂商销售总收入扣除支出的各项费用或成本以后，即为企业利润，费用或成本则包括企业所支付的工资、利息、租金以及原材料、燃料费用和固定资本设备的折旧费。如果再扣除应缴纳税款，即为纳税后企业利润。

正常利润和经济利润

上述意义的企业利润实际上可能有一部分是属于应作为成本计算的利息、地租和工资。这部分就是在成本分析中提到过的隐性成本。例如，独资经营或合伙企业的所有者直接提供的货币资本以及公司组织的股金应计算的资本利息；又如小企业的经营利润中实际上有一部分是企业主的隐性工资，这一金额（从机会成本的角度看）相当于他为其他厂商服务时所能得到的报酬；再如企业利润中的一部分也可能是隐性地租，也就是假如企业主把企业使用的土地租给别人使用时所能收取的地租。

商业社会所说的企业利润中实际上代表上述隐性的工资和隐性的地租等部分，在经济分析中把它们称为正常利润（Normal Profit），并且把正常利润与企业的固定成本、可变成本都作为决定产品供给的成本项目加以计算。企业利润扣除各项隐性成本后的剩余部分称为纯利润或称经济利润（Economic Profit），意指经济分析中的一个特定范畴利润，以区别于商业社会通常所说的企业利润。读者可以回忆到，在完全竞争的长期均衡中，产品卖价将调整到等于包括正常利润在内的边际成本和平均成本，因而"经济利润"为零。

二、超额利润的形成

可以从以下几个方面分析超额利润的形成。

1. 企业家的创新结果

美籍奥地利经济学家熊彼特认为，超额利润是企业家创新的结果。创新就是建立一种新的生产函数或改变原有的生产函数特性，或通过企业家的活动将一种生产要素的新组合引入生产体系。包括以下几种情况：开发新产品、引用新的生产方法、开辟新的市场、控制原材料的新供给来源、实现企业的新组织。科技发明可以为创新提供新的可能性，但如果没有企业家从经济上进行组合，这些组合也不可能用于生产并起到推动经济发展的作用。创新能带来超额利润，但当创新逐渐被别人所效仿，超额利润就会逐渐消失直到不复存在。

2. 承担风险的报酬

经济学家克耐特认为，利润是对企业家承担风险的报偿。企业家从事经济活动需要承担一定的风险，如开发新产品、开辟新市场等。这些活动一旦失败，就会招致很大的经济损失。如果对这种可能遭受的损失没有补偿，就没有人愿意冒险从事这些活动。因此，从事风险投资的收益，除了应该有正常的利润外，还应有相应的超额利润。超额利润的存在是所有发展背后的驱动力，这些对风险的报偿服务于生产性的目的和社会利益。

3. 不完全竞争

无论是买方垄断的存在还是卖方垄断的存在，都可以使垄断者获得超过正常利润的超额利润，这种超额利润也可称为垄断利润。由于垄断行业可以阻止新厂商加入，因此，即使在长期，超额利润仍可以存在。垄断所赚取的利润不仅不能服务于社会目标，而且会带来社会成本。垄断利润的存在会产生社会的非生产性活动，这些活动称为寻租活动。

4. 意外的收益

由于厂商所面临的未来经济环境具有不确定性，因而厂商既可能蒙受意外的损失，也可能获得意外的利润。如由于战争的突然爆发或由于其他供应来源的突然减少，使得某厂商的产品需求量剧增，价格暴涨，从而获得大量利润。

第六节 洛伦兹曲线和基尼系数

现实经济生活中用什么指标来反映收入的差距状况？

洛伦兹曲线

生产要素价格的决定理论，事实上解释了各种生产要素所有者的收入决定问题。针对现实中存在收入差距的现象，经济学家们进一步研究了国民收入在国民之间的分配状况。其中，美国统计学家 M.O. 洛伦兹就提出了著名的洛伦兹曲线。洛伦兹曲线反映了人口累计百分比和收入累计百分比之间的对应关系。如图 6-5 所示，横轴 *OH* 表示人口（按收入由低到高分组）的累计百分比，纵轴 *OM* 表示收入的累计百分比，*ODL* 为该图的洛伦兹曲线。

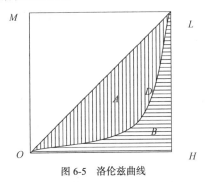

图 6-5　洛伦兹曲线

洛伦兹曲线反映了收入分配的不平等程度。弯曲程度越大，收入分配的不平等程度越高；反之亦然。极端的情况是，如果所有收入都集中在某一个人手中，收入分配完全不平等时，洛伦兹曲线成为折线 OHL。如果任一人口百分比均等于其收入百分比时，即人口累计百分比等于收入累计百分比时，收入分配是完全平等的，洛伦兹曲线则变为 45°线 *OL*。现实当中，洛伦兹曲线的形状一般是像 ODL 线一样向横轴凸出。因此，洛伦兹曲线与 45°线之间的 *A* 部分叫不平等面积。当收入分配达到完全不平等时，洛伦兹曲线 *OHL* 与 45°线之间的面积是 *A+B* 部分，称为完全不平等面积。不平等面积与完全不平等面积之间的比值称为基尼系数（Gini Coefficient，G）。基尼系数可以作为衡量一个国家贫富差距的标准，其表达式为：

$$G = \frac{A}{A+B}$$
式（6-3）

所以，基尼系数一定不会大于 1，也一定不会小于 0。

案例与拓展

拓展资料名称： 中国的基尼系数

拓展资料来源： 中国首度公布官方版基尼系数，10 年来都高于国际警戒线．扬子晚报．2013 年 1 月 19 日第 2 版。

基尼系数是国际上用来综合考察居民内部收入分配差异状况的重要指标。中国官方自 2000 年公布中国基尼系数为 0.412 之后，直到 2013 年年初，才一次性公布了 2003 年至 2012 年的基尼系数。2003～2008 年，中国基尼系数分别为 0.479、0.473、0.485、0.487、

0.484 和 0.491。随后，自 2009 年开始逐年回落，分别为 2009 年 0.490，2010 年 0.481，2011 年 0.477，2012 年 0.474，2013 年 0.473，2014 年 0.469。官方数据描绘出过去 10 年中，基尼系数先是逐步扩大，而后又略有缩小的走势。

年份	2003	2004	2005	2006	2007	2008	2009	2010	2011	2012	2013	2014
基尼系数	0.479	0.473	0.485	0.487	0.484	0.491	0.490	0.481	0.477	0.474	0.473	0.469

官方基尼系数数据说明了什么？时任国家统计局局长马建堂表达了两点看法：①0.47～0.49 的基尼系数反映收入差距还是比较大的，说明了加快收入分配改革、缩小收入差距的紧迫性；②从 2008 年应对国际金融危机以后，随着各级政府采取惠民生的若干强有力措施，中国基尼系数逐步有所回落。

基尼系数用来反映收入分配的差异程度。根据联合国有关组织分析，基尼系数在 0.3～0.4 表示收入差距相对合理。2014 年，中国居民收入增速同比实际增长 8.0%，跑赢了国内生产总值（Gross Domestic Product，GDP）7.4%的增速，也跑赢了物价 2.0%的涨幅。不过，在收入水平不断增长的同时，人们要求收入分配更加合理。虽然中国基尼系数持续下降，但仍超国际社会公认的社会贫富差距"警戒线"——基尼系数 0.4。

中国的收入差距与世界类似发展水平国家相比，究竟处于什么水平？国家统计局给出了几国数据。2009 年阿根廷基尼系数为 0.46、巴西 0.55、俄罗斯 0.40，2008 年墨西哥基尼系数是 0.48，2005 年印度基尼系数是 0.33。总的来看，中国的基尼系数明显高于印度、俄罗斯，与阿根廷、墨西哥大致相当，明显低于巴西。

随着经济的发展和社会的进步，当今时代，人们对"公平"有了更高更迫切的要求。缩小收入分配差距，已经成为社会各界强烈的共同呼声。中国政府高度重视收入分配改革，并且在近年来采取了连续提高最低工资和企业养老金标准、调整个人所得税税率和起征点、增加对低收入群体的转移支付、加大对"三农"的扶持力度等措施调整收入分配结构，取得了一定的效果。例如，城乡居民人均收入之比最近三年来有所缩小。然而，收入分配格局调整进度与人民群众的期待相比仍有较大差距，中国仍需要加速收入分配制度改革，真正让全体居民共同分享经济发展成果。

本章要点

1. 边际生产力理论认为，生产要素的价格由其边际生产力决定。边际生产力是最后增加 1 个单位生产要素所创造的产量或价值。

2. 均衡价格理论认为，生产要素价格由供给和需求双方共同决定，要素的需求由其边际生产力决定。生产要素的供给由提供这一要素所费成本决定。

3．劳动力要素的供给曲线是一条向后弯曲的曲线。这是因为劳动力供给达到一定数量时，在工作和闲暇之间存在替代性。

4．土地的供给曲线表现为一条垂直线。土地需求曲线和土地供给曲线相交之处即为均衡地租。

5．广义的经济租金是指任何生产要素由其市场决定的均衡价格与其愿意供给的价格或机会成本之间的差额。

6．利息是厂商在一定时期内为利用资本的生产力所支付的代价，一般由使用资本的供求关系决定。

7．利润被认为是企业家才能的收入。

关键概念

边际收益产量	边际要素成本	边际产量价值	地租
经济租金	准租金	基尼系数	

习 题 六

一、选择题

1．边际收益产量是指（　　　）。

　　A．多生产 1 个单位产量所导致的总收益的增加量

　　B．多生产 1 个单位产量所导致的总成本的增加量

　　C．增加 1 个单位要素投入所引起的总产量的增加量

　　D．增加 1 个单位要素投入所引起的总收益的增加量

2．增加 1 个单位劳动的使用所引起的总收益的变动是（　　　）。

　　A．劳动的边际收益产量　　　　　　　B．劳动的边际收益

　　C．劳动的边际产量　　　　　　　　　D．劳动的边际收益成本

3．在完全竞争的要素市场上，如果劳动的边际收益产量小于工资，则企业将（　　　）。

　　A．增加劳动的使用量　　　　　　　　B．减少劳动的使用量

　　C．提高工资　　　　　　　　　　　　D．降低工资

4．要素需求曲线之所以向右下方倾斜是因为（　　　）。

　　A．要素生产中的规模报酬递减　　　　B．要素生产产品的边际效用递减

　　C．要素的边际收益产量递减　　　　　D．要素供给增加

5．如果由于技术进步使劳动的边际产量增加，这将导致（　　　）。

　　A．劳动的供给曲线左移　　　　　　　B．劳动的供给曲线右移

    C．劳动的需求曲线左移　　　　　　　　D．劳动的需求曲线右移

6．多 1 小时闲暇的价格为（　　　）。

    A．工资率　　　　　　B．零　　　　　　C．闲暇的边际收益　　　D．最低工资

7．假设某足球运动员的年薪为 20 万元，如果他从事其他职业，最多只能得到 5 万元，则该足球运动员所获得的经济租金为（　　　）万元。

    A．5　　　　　　　　B．15　　　　　　C．20　　　　　　　D．25

二、分析讨论题

1．作图说明为什么会出现劳动力向后弯曲线。

2．作图说明地租是如何决定的。

3．企业家才能作为一种特殊的生产要素，其报酬与其他生产要素有何根本区别？

国民收入核算 | 第七章

一个国家的宏观经济运行状况如何？这个问题受到经济学家、企业家、政策制定者的高度关注。当然，即使是普通民众，也希望有一个简单、明了的指标能够清晰描述一国的整体经济状况。因此，本章主要介绍用以概括经济整体状况的主要统计指标及计算方法，重点介绍国内生产总值的概念和核算方法。

第一节 | 国内生产总值的概念及其核算方法

 GDP：一国产出水平的测度

一、国内生产总值的概念

国内生产总值（GDP）是指一个经济社会（国家或地区）在某一给定时期内运用生产要素所生产的全部最终产品和服务的市场价值。作为一种应用最为广泛的衡量经济运行的标准，国内生产总值有以下五个特征。

GDP 定义中的关键词

（1）它只计算一国地理边界之内生产出来的商品和劳务，它是地域概念，而非国民概念。例如，一位来自英国的教授在中国讲课而获得的报酬就计入中国 GDP，而非英国 GDP。

（2）它是指最终产品和服务的价值而非中间产品（Intermediate Goods）。我们知道，一个商品在到达它的最终消费者之前经过了若干生产环节。把生产中间环节的销售不计入 GDP 是因为中间产品的价值包含在最终消费者的商品当中。因此，为避免重复计算，必须仔细区分中间产品和最终市场产品与服务，而后者就是指由最终用户购买，而不是用于销售或进一步加工的商品。

（3）它是指一定时期内新生产的最终产品和服务的市场价值，而不是销售出去的最终商品的价值。也就是说，企业生产出来但未销售出去的商品（或库存）也计入 GDP。

（4）它包含时间因素，即是指某一给定时期内，通常来说，这是指"现阶段"的产出，而涉及以前生产的产品或资产的交易不包括在内。例如，购买二手车或三年前建的房子，不计入当年 GDP。

（5）它是指市场价值，即是为市场交换而生产的，可用货币价值来衡量。非市场化活动不包括在内，如家庭妇女的劳务活动、慈善机构的活动等。

成千上万种不同商品和服务之所以能够相加，是因为它们都是用货币价值来衡量的。国内生产总值就是用每种商品的价格乘以产量加总而得。假设我们知道 GDP 增长了 10%，那么是否一定意味着商品和服务的产量就增长了 10% 呢？答案是否定的，因为还有可能是受当年物价上涨的推动。我们想要知道商品和服务产量到底增加了多少，就有必要把价格变动因素剔除出来。这就需要区别名义国内生产总值和实际国内生产总值这样两个概念。

二、名义国内生产总值和实际国内生产总值

名义国内生产总值（Nominal GDP）是用生产商品和服务的那个时期的价格计算出来的价值。如中国 2015 年的名义 GDP 就是用 2015 年生产的商品和服务的市场价值来计算。实际国内生产总值（Real GDP）是通过用某一特定年份作为基准年的价格计算出来的价值。例如，如果以 2010 年为基准年，那么中国 2015 年的实际 GDP 的计算就需要使用 2010 年商品和服务的价格。固定价格不变，我们就知道 GDP 增长所代表的就是商品和服务数量的扩大，而非这些商品或服务的价格上升所致。

 专栏 7-1

中国的 GDP 核算

国内生产总值是一个价值量指标，其价值的变化受价格变化和物量变化两大因素影响。不变价国内生产总值是把按当期价格计算的国内生产总值换算成按某个固定期（基期）价格计算的价值，从而使两个不同时期的价值进行比较时，能够剔除价格变化的影响，以反映物量变化，反映生产活动成果的实际变动。国内生产总值指数就是根据两个时期不变价国内生产总值计算得到的。随着经济的不断发展，各行业的价格结构也会不断发生变化，为了更好地反映这种变化对于经济的影响，计算不变价国内生产总值需要每隔若干年调整一次基期。我国自开始核算国内生产总值以来，共有1952年、1957年、1970年、1980年、1990年、2000年、2005年、2010年8个不变价基期，目前的基期是2010年。也就是说，2011年的不变价国内生产总值是按照2010年价格计算的。由于计算不变价国内生产总值采用按不同基期分段计算，因此《中国统计年鉴》中的不变价国内生产总值数据也按分段方式公布。

下面举个简单的例子，让我们能更清楚地区分名义 GDP 和实际 GDP。

假设一个非常简单的经济体只生产下面三种最终产品和服务：健康体检、大米和图书。使用表 7-1 中的信息来计算 2015 年的名义 GDP 和实际 GDP，以 2010 年为基准年。

表 7-1 名义 GDP 和实际 GDP 的核算

产出	2010 年		2015 年	
	数量	价格（元）	数量	价格（元）
健康体检	80	40	100	50
大米	95	11	80	10
图书	14	90	20	100

使用 2015 年当期的数量和价格可以得到 2015 年的名义 GDP：

100×50+80×10+20×100=7 800（元）

使用 2015 年的数量和基准年 2010 年的价格，可以计算出 2015 年的实际 GDP：

100×40+80×11+20×90=6 680（元）

我们也可以看到，2015 年的名义 GDP 为 7 800 元，比实际 GDP 的 6 680 元多出许多。很明显，这多出来的 1 120 元，是由物价上涨带来的，而并非是由于产出的增加所引起的。一般，当价格比基准年价格上升时，名义 GDP 就会高于实际 GDP，否则就会低于实际GDP。

从上面的例子可以看出：某个时期名义 GDP 与实际 GDP 的差别可以反映出这一时期和基准期相比的价格变动程度。

三、国内生产总值的核算方法

（一）支出法和收入法

在经济生活中，经济学家通常用两种完全独立的方法来统计 GDP，即支出法（又称产品流量法）和收入法（又称收入流量法或资源成本法）。第一种方法是将当年生产的全部商品和服务上的支出加总，即支出法；另一种方法是通过加总生产这些商品和服务的资源供给者的收

GDP 核算的两种方法

入来计算 GDP。任何商品和服务的供给都是有代价的，因为用于生产的资源将不能再用来进行其他替代用途的生产，这些成本为资源供给者带来了收入，因此，这种计算 GDP 的方法称为收入法（资源成本法或收入流量法）。

我们采用一个最为简单的模型来说明 GDP 统计的不同方法。假定一个社会只有两个经济部门：企业（生产者）和家庭部门（消费者）。消费者提供所有的生产要素（土地、劳动、资本）给生产者，形成家庭收入：租金、工资、利息、股息和利润。生产者生产的消费品全部被消费者消费。这样，收入就在企业部门和家庭部门之间循环不息地流动，如图 7-1 所示。

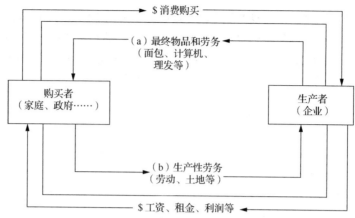

图 7-1　宏观经济简单活动循环流动图

注：GDP 既可用（a）最终产品流量来衡量，也可以用（b）收入流量来衡量。

1. 支出法

在循环流动图上部，购买者支出货币来购买最终物品和服务，我们将所有花在这些最终消费品上的货币价值加总，就得到了这个简化经济体的 GDP。

2. 收入法

在循环流动图下部，企业从家庭手中得到生产要素（土地、劳动、资本），从而支付家庭收入：地租、工资、利息和利润，这些也构成了企业的生产成本。我们通过计算这些收入的年流量，也能得到 GDP 的数值。

无论用哪种方法，计算的 GDP 都相等。原因是我们将"利润"放入了循环流动图的下部，与工资和租金放在一起。利润是什么呢？利润是在销售收入中扣除其他生产要素的成本之后所剩下的部分。作为利润的剩余起到了自动调节的作用，使得环流下部的成本或收入的价值正好等于环流上部的产品的价值。

将此简单的模型进行扩展，如图 7-2 所示，用它来表述经济中的支出和收入货币流。企业将产品和服务出售给国内家庭、国外企业和家庭，以及政府三个群体。

企业使用生产要素（劳动、资本、自然资源和企业家才能）生产产品和服务。家庭向企业提供生产要素以获得收入。我们把收入分为工资、利息、租金和利润四类。企业向家庭支付工资购买劳动力，支付利息购买资本，支付租金购买土地等自然资源。利润是企业在支付完工资、利息和租金后的剩余收入，也是对企业家组织生产要素以及承担生产和销售产品及服务风险的回报。

政府支付工资和利息给家庭，以此雇佣劳动力（如雇请公务员、学校教师等）和获得其他用于公共建设的生产要素，称为政府购买（G）。除此之外，政府还实施转移支付给家庭。转移支付是指政府给予个人的，不以产品和服务作为回报的支付（包括给予退休和残障人员的社会保障金和失业人士的失业金）。因为他们并不涉及对产品和服务的交换，因此不包括在 GDP 中。如图 7-2 上部分所示，我们可以通过家庭所获得的收入计算GDP。

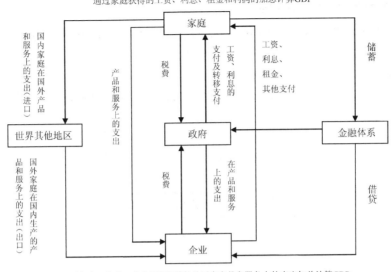

图 7-2　扩展的循环图和 GDP 的测量

通过分析家庭对其收入的使用轨迹，可以用支出法得到 GDP。如图 7-2 所示，国内家庭把部分收入用于购买国内产品和服务，简称为消费（*C*）；有些部分是用于国外生产的产品和服务，我们称为进口（*M*）；同时，国外家庭（或企业）也会购买在国内生产的产品和服务，我们称为出口（*X*）；家庭还会把部分收入用于对政府的税费支付（企业也会向政府支付税费），政府将税费用于政府购买（*G*）；家庭将余下的收入部分用于储蓄，进入金融系统。企业从金融系统借贷用于生产和建设，我们称为私人投资（*I*）；政府从金融系统借贷用于公共建设，称为政府投资，包括在政府购买内。

把上述四个项目加总，用支出法（产品流量法）计算国内生产总值可得：

$$GDP=C+I+G+(X-M)$$

按循环图显示，我们可以通过计算最终产品和服务上的总支出或者总收入来测量 GDP，无论采取哪种方法，我们都会得到相同的 GDP 值。

读者可能要问，经济学家从哪里得到这些数据呢？最主要的数据来源是企业账户，还有税收统计和零售业统计资料等。

表 7-2 列举了国民收入账户的统计细节。

表 7-2　　　　　　　　　　　　　　国民收入账户的统计细节

支出法	收入法
国内生产总值的组成部分： 消费（*C*）+国内私人总投资（*I*）+政府购买（*G*）+净出口（*NX*） 等于：国内生产总值	作为国内生产总值来源的收入或成本： 工资或其他劳动收入+利息、租金及其他财产收入+间接税+折旧+利润 等于：国内生产总值

注：表 7-2 显示了国民收入账户两方面的主要组成。左侧显示了支出法（或循环图下部）的主要部分；右侧显示的是收入法（或循环图上部）的主要部分。两种方法最终会得到完全相等的 GDP。

（二）附加值方法的 GDP 核算

如果要精确核算产量，一年中生产的全部商品和服务都必须计算且只能计算一次。在用支出法进行核算时，GDP 被定义为最终产品和服务的价值总量。何谓最终产品？是指以消费或投资为目的而生产和出售的产品与服务（不包括中间产品）。

一个最终产品是经过一系列复杂的生产环节而形成的，为避免在计算中将中间产品计算在内，从而造成重复计算问题，经济学家们采用附加值方法加以规避。附加值（Value Added）是指这样一个差额：企业的销售额与从其他企业购进的原材料和劳务支付额之间的差额。表 7-3 假设了面包生产和出售过程，并用附加值法计算 GDP。

表 7-3   GDP 是每一个生产阶段的附加值之和

面包的收入、成本和附加值（元/片面包）			
生产阶段	（1）销售收入	（2）减：中间物品的成本	（3）附加值（工资、利润等）=（1）-（2）
农民的小麦（元/千克）	0.3	0	0.3
加工厂的面粉（元/千克）	0.65	0.3	0.35
面包房的面包（元/个）	0.9	0.65	0.25
面包零售店（元/个）	1	0.9	0.1
总计	2.85	1.85	1

假设一个农民将 0.3 元/千克的小麦卖给面粉厂，不考虑该农民的任何投入，那么该农民的附加值为 0.3 元；面粉厂加工成面粉后以 0.65 元/千克的价格卖给面包厂，那么面粉厂的附加值为 0.35 元；面包厂将其加工成面包以 0.9 元卖给面包店，同理，附加值为 0.25 元；面包店将其出售价定为 1 元/个，附加值为 0.1 元。注意：面包店的售价 1 元，刚好是所有企业的附加值之和（0.3+0.35+0.25+0.1）。因此，我们可以通过加总特定时期内所有最终产品和服务的市场价值来计算 GDP，也可以加总每个企业在生产这些产品和提供这些服务时的附加值来计算 GDP，得到的结果是相同的。表 7-3 所示面包生产的几个环节可以说明：在采用附加值计算 GDP 时，我们是如何从农民、面粉厂、面包厂和面包零售店的损益表中扣除相应的中间支出，从而有效地避免了重复计算问题。

四、GDP 统计指标的缺陷

我们已习惯用 GDP 来衡量经济增长，但不可否认的是 GDP 衡量指标具有一定的缺陷，即使是实际 GDP 也不能完美测度现期生产和收入。比如，低效的重复建设会计入 GDP，而家庭妇女的家务劳动却不在 GDP 的计算范围内；砍伐那些难以再生的红杉林，也会促使 GDP 的增长，酸雨和温室效应等环境退化所造成的负效应却无法用 GDP 来

GDP 指标的局限性

表示等。由于 GDP 计算中的漏出现象，以及在社会福利测量方面的局限性，近年来对 GDP 指标进行反思和批评的人日益增多。

（一）GDP 作为总产出衡量方式的不足

统计部门在计算 GDP 时，不包括家庭产出（非市场生产）和地下经济产出两种类型的产出。

1. 家庭产出

GDP 是指社会生产的最终产品和服务的市场价值的总和，只有用于市场交换的商品和服务才计入 GDP，而许多很有意义的经济活动都发生在市场之外，在 GDP 的计算中被忽略了。如果一个人在家做饭、洗衣和照顾小孩，这些服务的价值就不计在 GDP 里；而如果这个人为其他人家做饭、洗衣和照顾小孩并获得工资，其所提供的服务就计入 GDP。与过去相比，现在的家庭产出活动更多由市场交易活动替代，这一因素也导致对实际 GDP 的高估。更为重要的是，对非市场生产行为的忽略，使不同国家、不同时间、不同市场发展阶段之间相互比较的意义减弱。

2. 地下经济产出

有些企业和个人为了避免税收或希望避开政府规制，或者产品和服务本身就是非法的（如赌博、贩毒、走私等），而将产品和服务的销售及购买隐匿于政府视线之外，这就是地下经济。地下经济活动所创造的产品和服务不会计入 GDP，从而减小了 GDP 的总量。地下经济活动容易描述，但不易计算。一些经济学家们估计，美国地下经济规模可能占 GDP 的 9%～30%（即 1.2 万亿美元～4 万亿美元）。而在某些由计划经济向市场经济转轨的国家（如东欧），地下经济的规模可能会更大一些[①]。如果地下经济规模占 GDP 比重较为稳定，实际 GDP 的增长率仍能够对一国产出变动情况给出较为有用的估计。同时，当政府下调企业和个人税率时，先前隐瞒的收入的申报也会增加。因此，有些时期实际 GDP 增加的一部分（仅是很小的一部分）是由于地下经济的转出而不是生产的增加。

（二）GDP 作为经济福利衡量标准的不足之处

经济福利（Economic Welfare）是对一般经济健康状况的一个全面的衡量。一个国家的人均实际 GDP 增长了 2 倍，是否就代表这个国家的人民生活境况好了 2 倍呢？答案是并没有。因为经济福利还取决于许多其他并不被实际 GDP 精确衡量或者全面衡量的因素，主要包括以下四种因素。

1. 闲暇的价值没有包含在 GDP 之内

闲暇是一种能够使人们福利增加的经济商品。在其他条件不变的情况下，我们得到的闲暇越多，福利水平就越高。我们的工作时间是 GDP 的一部分，但闲暇却不是。当一个建筑师退休时，即使他本人对增加的闲暇的价值评价高于其在公司工作时的收入，但

---

① 迈克尔·帕金. 宏观经济学. 8 版. 张军等译. 北京：人民邮电出版社，2008.

GDP 仍然是减少了的。换句话说，建筑师的福利增加了，但是 GDP 却下降了。1995 年前，我国的人均工作时间约为每周工作 50 小时，而 1995 年后，我国实行了双休制，工作时间少于 40 小时。但这种在经济福利方面的进步并没有在实际 GDP 中得到体现。

2. GDP 没有对污染或其他产出的负效应做出调整

现代经济中，有时候生产和消费产生的负效应或者有损于当前消费，或者降低了我们将来生产的能力。但如果这些行为没有涉及市场交易，我们核算 GDP 时就会忽略掉这些负效应。当一个热力发电厂利用煤炭发电并出售，GDP 由此增加了。假设这个发电厂所产生的废料污染了空气和水，而该厂却没有为这种负效应付出代价。类似地，香烟产出的价值计入了 GDP，但是某些吸烟者不幸罹患肺癌却并没有作为成本被校正。此外，人为破坏活动和自然灾害会造成上百亿美元的资产损失和生命的逝去，但 GDP 的数值却不会有任何变化。

3. 质量差异和新产品的引进

如果 GDP 要准确衡量实际产出的变动，就要准确衡量物价水平的变动。在新的创意和改进产品不断取代旧产品的动态世界中，这是一个相当艰巨的任务。举例来说，当汽车的价格提高是因为汽车的成本增加和质量改善时（更安全、能耗更低、舒适度更高等），但物价指数会把这种价格上涨视为通货膨胀。因此，真正的生产增长认为是价格的增长而非实际 GDP 的增长。对通货膨胀的过度调整导致对实际 GDP 增长的低估。尽管统计学家尝试尽可能考虑质量提高和新产品的引进，做出一些扣除，但多数经济学认为这还不够。他们相信物价指数每年夸大了大约 1%的通货膨胀率[①]。如果真是这样，每年的产出就被低估了相同的水平。

4. GDP 没有对犯罪和其他社会问题的变化做出调整

犯罪的增加会减少人们的福利，但可能带来 GDP 的增加，例如需要更多开支的警察、防卫和报警系统。GDP 同样没有对诸如战争、离婚率、毒瘾等会影响人们福利的变动做出调整。

总而言之，GDP 主要是为测量总产出而设计的，它不能完美地衡量经济福利，福利的衡量依赖于很多并没有计入 GDP 的因素。也正因如此，GDP 核算的构成内容和方法也在不断改进。

第二节 其他总产出与总收入衡量指标

我们如何从 GDP 中剥离出个人可支配收入？

① 卢瑟尔·S.索贝尔等. 经济学：私人与公共选择. 12 版. 王茂斌等，译. 北京：机械工业出版社，2009.

GDP 是一国统计部门为了测量总产出和总收入所使用的最重要的指标。作为 GDP 的补充，经济统计部门还会使用到以下五种产出和收入的计算方式。

一、国民生产总值

如前述，国内生产总值统计范围限定在某个国家或地区，是地域概念，而非国民概念。另一个与国民概念有关的衡量指标是国民生产总值（Gross National Product，GNP），是指一个经济社会的居民在某一给定时期内（一般是一年）运用生产要素所生产的全部最终产品和服务的总值。它是一个国民概念，包括该国居民在国外的产出。

GDP 与 GNP 的区别在于：GDP 是一国境内的劳动和资本所生产的总产出量，而 GNP 则是一国居民所拥有的劳动和资本所生产的总产出量。例如，中国的海尔公司在美国拥有生产线，美国可口可乐公司在中国有生产线。前者产值计入中国的 GNP，计入美国的 GDP；而后者计入中国的 GDP，计入美国的 GNP。对于美国这个对外投资和吸引外资都同样强的国家来说，GDP 与 GNP 基本上是相等的，而对于国内产出的很大部分是由外资企业实现的一些国家，GDP 远大于 GNP。

两者的关系等式：

GDP+本国居民来自国外的要素收入–本国支付给外国居民的要素收入= GNP　　式（7-1）

目前，世界各国在经济总量核算和统计中，更多采用的是 GDP，而非 GNP，主要原因有两个：①按国土原则计算生产总值更为便利；② GDP 更能反映本国的就业和政府税收的基础。

二、国民生产净值或国内生产净值

生产产品和服务时，有些机器设备和建筑会损耗以致最终需要被替换。这些损耗掉的机器设备和建筑的价值就是折旧。如果我们把这一数值从 GNP 中减去，就得到了国民生产净值（Net National Product，NNP），即：

$$NNP=GNP-折旧 \qquad 式（7-2）$$

如果把这些折旧从 GDP 中减去，就得到国内生产净值（Net Domestic Product，NDP），即：

$$NDP=GDP-折旧 \qquad 式（7-3）$$

三、国民收入

国民收入（National Income，NI），是一国生产要素在一定时期内提供服务所获得的报酬的总和，即工资、利息、租金和利润的总和。从 NNP 中扣除企业间接税和企业转移支付，加政府补助金就得到国民收入。企业间接税（如消费税、营业税、增值税等）和企业转移支付是列入产品价格的，但直接上缴给了国家，不再成为任何要素的收入，因此在计算国民收入时扣除；相反，政府给企业的补助金构成企业利润的一部分，因此计入国民收入。在本章前面的部分，我们强调总产出的价值等于总收入。如果我们认为"总产出的价值"就是 GDP，"总收入的价值"是国民收入，那么前面的说法就不是那么准确了，一般来说国民收入总是小于 GDP 的。

四、个人收入

个人收入（Personal Income，PI）是指个人实际得到的收入。国民收入不是个人收入，从国民收入中减去公司未分配利润、公司所得税和社会保险税，加个人得到的政府转移支付（包括公债利息），就得到个人收入。

五、个人可支配收入

个人可支配收入（Disposable Personal Income，DPI）是指缴纳了个人所得税以后留下的可为个人所支配的收入。这是对个人实际上能够使用的收入的最佳测量方式。

根据上述内容，可以利用图 7-3 完整地展现从 GDP 到 DPI 的计算过程。

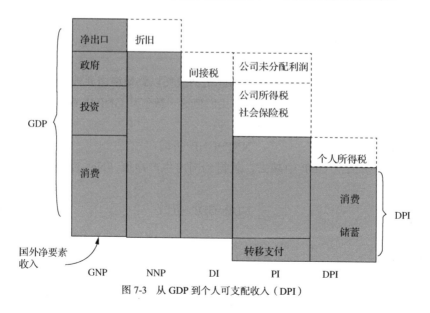

图 7-3 从 GDP 到个人可支配收入（DPI）

本章要点

国内生产总值（GDP）是衡量一国商品和服务的产量的最综合的指标，它是测定一国产出水平的最具代表性的指标。GDP 可以用两种方法计算得到：①支出法，它将经济活动中生产的所有最终产品的价值加总；②收入法，它将经济活动中所有成员的收入加总。两种方法应得到相同的结果。GNP、GDP 及其他的产出和收入指标都不是一个完美的衡量真正社会福利的指标，它有很大的局限性和缺陷。宏观经济中，除了产出和收入问题外，通货膨胀（通货紧缩）和失业也是我们所关心的。总体价格水平上升（下降）时，会出现通货膨胀（通货紧缩）。失业率就是人们普遍关心的一个宏观经济指标。失业率是指没有被雇佣的劳动力占劳动力总人口的比率。

关键概念

GDP　　名义 GDP 和实际 GDP　　　中间商品　　支出法　　　收入法
非市场生产　　　　地下经济　　　　经济福利　　国民生产总值
国民收入净值　　　国民收入　　　　个人可支配收入　　　消费物价指数
生产者价格指数

习 题 七

1．请扼要解释以下各项能否被计入中国 GDP。

（1）在自己家中烹制膳食。

（2）某人 4 月花了 4 050 元买了 100 股股票（50 元交易佣金）；10 月，他把股票卖了 8 100 元（100 元交易佣金）。

（3）购买一幅张大千的绘画真品。

（4）电力公司排放的污染物对房屋和庄稼的损害。

（5）联想公司设在美国的工厂所创造的利润。

2．假定 1982 年城镇居民平均小时工资为 7.87 元，到 2012 年，平均小时工资上涨到 16.76 元。1982 年 CPI 为 96.5，2012 年为 201.6。试问：2012 年城镇居民平均小时工资相当于 1982 年的多少元工资？

3．假设某一经济社会生产六种产品，它们在 2000 年和 2002 年的产量和价格分别如表 7-4 所示。试计算：

（1）2000 年和 2002 年的名义 GDP。

（2）如果以 2000 年作为基年，则 2002 年的实际 GDP 为多少？

（3）计算 2000～2002 年的 GDP 价格指数，2002 年价格比 2000 年价格上涨了多少？

表 7-4

产品	2000 年产量	2000 年价格（元）	2002 年产量	2002 年价格（元）
A	25	1.50	30	1.60
B	50	7.50	60	8.00
C	40	6.00	50	7.00
D	30	5.00	35	5.50
E	60	2.00	70	2.50

4. 结合我国实际，讨论 GDP 作为社会经济总量统计指标的局限性。

消费、储蓄与投资 | 第八章

前一章已经阐述了国民收入的相关概念及其核算问题。针对其中所涉及的消费、储蓄和投资等关键宏观经济变量，本章将逐一给予解释。以此为基础，才能顺利地进行下一章国民收入决定理论的学习。

第一节 | 消费函数

宏观角度的消费分析与微观角度的消费分析，有什么不同？

一、凯恩斯的绝对收入理论和消费函数

凯恩斯的消费理论有三个主要观点：①当前消费依赖于现期可支配收入，现期收入的绝对水平决定了当前消费水平；②消费和可支配收入正相关；③消费的增加量小于可支配收入的增加量。

一般情况下，随着收入的增加，人们会增加他们的消费，这部分随着可支配收入增加而增加的消费称为引致消费。但是，收入增量中用于消费的部分所占比重越来越小，即边际消费倾向会随着人们可支配收入的增加而递减，而用于储蓄的部分所占比重越来越大。这就是凯恩斯著名的三大心理规律之一——边际消费倾向递减规律。

将上述三个观点结合起来，可以得到关于消费和可支配收入的一般函数关系，即凯恩斯主义的消费函数，可以用线性方程简单表示为：

$$C = a + bY_d \quad (a>0, \ 0<b<1) \qquad 式（8-1）$$

消费函数

式中　C——消费，实际上是指计划的消费支出；

Y_d——可支配收入；

a——自发消费；

b——边际消费倾向。

从式（8-1）可知，消费支出分为自发消费 a 和引致消费 bY_d 两部分。自发消费 a 是指与可支配收入无关的消费支出。可支配收入等于零时的支出可能来源于以前的储蓄或现在的借债。引致消费 bY_d 是指随收入的变动而变动的那部分消费，其中 b 称为边际消

费倾向，是指每增加 1 个单位收入时所增加的消费。边际消费倾向于 0～1，因为并不是所有增加的收入都用于了消费，部分被储蓄了起来。

平均消费倾向（Average Propensity to Consume，APC），就是消费支出占可支配收入的比例。用公式表示为：

$$APC = \frac{C}{Y_d} = \frac{a}{Y_d} + b \qquad 式（8-2）$$

平均消费倾向 APC 说明了既定收入在消费和储蓄之间分配的状况。例如，若 1 000 元中 600 元用于消费，则平均消费倾向为 60%。由于消费水平总大于零，因而平均消费倾向为正数。在可支配收入偏低时，为了保证基本的生活需要，消费有可能大于可支配收入，平均消费倾向大于 1。随着可支配收入的增加，平均消费倾向的数值逐渐减低。

平均消费倾向和
边际消费倾向

边际消费倾向（Marginal Propensity to Consume，MPC），是指消费增量与可支配收入增量的比率，表示每增加 1 个单位可支配收入时消费的变动情况。若用 $\triangle C$ 代表消费的增量，$\triangle Y_d$ 代表可支配收入的增量，则边际消费倾向可用公式表示为：

$$MPC = \frac{\Delta C}{\Delta Y_d} = b \quad (0<b<1) \qquad 式（8-3）$$

当可支配收入增量和消费增量都非常小时，上述公式可写成：

$$MPC = \frac{dC}{dY_d} \qquad 式（8-4）$$

边际消费倾向说明了可支配收入变动量在消费变动和储蓄变动之间分配的情况。比如在增加的 100 元中，家庭用于消费的增加量为 50 元，那么边际消费倾向为 50%。一般，边际消费倾向总是大于 0 而小于 1，并且随着可支配收入的上升，边际消费倾向递减。

在这里，由于 a 和 Y_d 都是正数，因此平均消费倾向 APC 大于边际消费倾向 MPC。随着收入的增加，a/Y_d 之值越来越小，APC 逐渐趋近于 MPC。

二、消费曲线

用来表示消费与收入之间函数关系的曲线就是消费曲线。如图 8-1 所示，坐标系中横轴为可支配收入 Y_d，纵轴为消费支出 C，45° 线上任一点到纵轴和横轴的垂直距离都相等，表示可支配收入全部用于消费。曲线 C 即为消费曲线，是向右上方倾斜的曲线，在 Y 轴上的截距为自发消费 a，斜率为边际消费倾向 MPC（或 b）。

在图 8-1 中，消费曲线 C 与 45° 线相交于 A 点。在 A 点，消费 C_1 与可支配收入 Y_1 相等，表示可支配收入全部用于消费，且该点的平均消费倾向 APC 等于 1。在 A 点的右侧，如 D 点，计划消费量 C_2 小于可支配收入 Y_2，平均消费倾向 APC 小于 1，有一部分收入被储蓄起来；在 A 点的左侧，如 B 点，计划消费量 C_3 大于可支配收入 Y_3，平均消费倾向 APC 大于 1，出现负储蓄，须动用以前的储蓄或现在借债，并且随着消费曲线向右上方延伸，曲线与 45°线的距离越来越大，表示消费随收入增加而增加，但增加的幅度越来越小于收入增加的幅度。

类似于微观经济学中需求曲线的变动，消费曲线的移动也可分为沿着消费曲线的移动（A Movement Along A Consumption Curve）和消费曲线的平移（A Shift In A Consumption Curve）两种情况。其中，沿着消费曲线的移动是指消费量与国民收入变动的关系，即收入变化导致消费量沿着消费曲线移动；消费曲线的平移是指除国民收入因素之外的其他因素变化的影响，如财富水平、价格水平、对未来价格和收入的预期、税收、利率、收入分配结构等非收入因素变动，都会影响消费者的消费行为，引起自发消费量 a 增加或减少，从而使得消费曲线向上或向下发生移动。如图 8-2 所示。

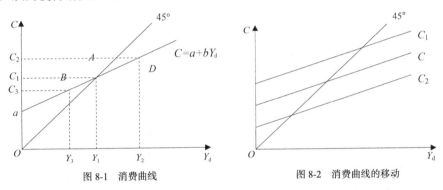

图 8-1　消费曲线　　　　　　　　　图 8-2　消费曲线的移动

需要强调一下的是，本节主要介绍的是凯恩斯消费理论。但除此之外，还存在其他颇具影响力的消费理论。如美国哈佛大学教授杜森贝里（J.S.Duesenberry）于 1951 年提出的相对收入假说（Relative Income Hypothesis）、芝加哥大学教授米尔顿·弗里德曼（Milton Friedman）提出的持久收入消费理论和美国经济学家莫迪利安尼（Franco Moliglianl）提出来的生命周期消费理论。

第二节
储蓄函数

 储蓄与消费之间存在什么关系？

储蓄是个人可支配收入中没有用于消费的剩余部分。在收入既定的情况下，消费和储蓄之间存在着此消彼长的对应关系。

一、储蓄函数

储蓄函数反映了储蓄与决定储蓄的各因素之间的关系。假定储蓄仅受收入的影响，则储蓄函数用公式表示为：

储蓄函数

$$S = S(Y) \qquad 式（8-5）$$

一般来说，在其他条件不变的情况下，储蓄与收入同方向变动，即随着收入的增减而增减。用图形将储蓄和收入的这种关系表示出来，就可以得到储蓄曲线。如图 8-3 所示，纵轴表示储蓄 S，横轴表示收入 Y，曲线 $S=S(Y)$ 就是储蓄曲线，表示储蓄和收入之间的函数关系。

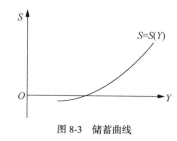

图 8-3　储蓄曲线

通常，在其他条件不变的情况下，储蓄与收入同方向变动，即随着收入的增减而增减，因而储蓄曲线是一条向右上方倾斜的曲线。一个家庭的储蓄可正可负，在收入比较低时借债消费，储蓄为负值，随着收入的增加，储蓄逐渐增加，并且随着收入的增加，消费增加的幅度逐渐减少，因而储蓄增加的幅度越来越大，在图 8-3 中储蓄曲线就表现为越来越陡峭。

假设消费函数是线性的，$C=a+bY_d$，根据储蓄的定义，则可以得到线性储蓄函数的一般表达式：

$$S = Y_d - C = Y_d - (a + bY_d)$$
$$= -a + (1-b)Y_d \quad (a>0,\ 0< b <1) \qquad 式（8-6）$$

式中　a——自发消费；

　　　b——边际消费倾向。

储蓄和收入之间的关系，也可以用平均储蓄倾向和边际储蓄倾向加以说明。

平均储蓄倾向（Average Propensity to Save，APS）是指储蓄总量与个人可支配收入总量之比，表现为图 8-3 中储蓄曲线上任意一点与原点连线的斜率。用公式表示为

$$APS = \frac{S}{Y_d} \qquad 式（8-7）$$

由于储蓄可能为正，也可能为负，因而平均储蓄倾向 APS 可能为正，也可能为负。一般说来，在收入偏低时，平均储蓄倾向可能为负值；随着收入的增加，平均储蓄倾向递增，其数值转变为正值，但总小于 1。

同样,边际储蓄倾向(Marginal Propensity to Save,MPS)表示每增加 1 个单位的收入时储蓄的变动情况,即储蓄增量与收入增量的比例关系。在图 8-3 中表现为储蓄曲线上任意一点切线的斜率。用公式表示为:

$$MPS = \frac{\Delta S}{\Delta Y_d}$$
式(8-8)

若收入增量和储蓄增量都非常小时,上述公式可写成:

$$MPS = \frac{dS}{dY_d}$$
式(8-9)

边际储蓄倾向一般为小于 1 的正值,即 $0 < MPS < 1$。而且,随着收入的增加,边际储蓄倾向呈递增的趋势,即在图 8-3 中,储蓄曲线表现为越来越陡峭。

专栏 8-1

APC 与 *APS*、*MPC* 与 *MPS* 的关系及其数学证明

当储蓄函数为线性函数时,平均储蓄倾向 APS 可写成:

$$APS = \frac{S}{Y_d} = -\frac{a}{Y_d} + (1-b)$$

又因为 $APC = \frac{C}{Y_d} = \frac{a}{Y_d} + b$

所以, $APC + APS = \frac{C}{Y_d} + \frac{S}{Y_d} = \frac{C+S}{Y_d} = \frac{Y_d}{Y_d} = 1$

或 $APC + APS = (\frac{a}{Y_d} + b) + [-\frac{a}{Y_d} + (1-b)] = 1$

而在两部门经济中,所增加的个人可支配收入要么用于增加消费,要么用于增加储蓄。因此,边际消费倾向与边际储蓄倾向之和恒等于1,即:

$$MPC + MPS = 1$$

证明:

$$\Delta Y = \Delta C + \Delta S$$

而 $MPC + MPS = \frac{\Delta C}{\Delta Y} + \frac{\Delta S}{\Delta Y} = \frac{\Delta C + \Delta S}{\Delta Y} = \frac{\Delta Y}{\Delta Y} = 1$

或者由:

$$MPS = \frac{dS}{dY_d} = 1 - b$$

可知: $MPC + MPS = b + (1-b) = 1$

二、储蓄曲线的推导

储蓄曲线的推导有两种方法：①根据储蓄函数的代数表达式直接画出储蓄曲线，即根据储蓄函数方程 $S=-a+(1-b)Y_d$ 计算出储蓄函数，画出储蓄曲线；②从消费曲线中推导出储蓄曲线，具体推导如图 8-4 所示。

由于在两部门条件下，可支配收入等于消费与储蓄之和，消费曲线与储蓄曲线存在以下的联系。

（1）当消费曲线与 45°线相交于 A 点时，意味着收支相抵，此时储蓄为零，即储蓄曲线必定与横轴相交于 A_1 点。

（2）在任何可支配收入水平上，也就是横轴上的任何一点上，储蓄曲线的纵坐标必然等于 45°线相应的纵坐标与消费曲线的纵坐标之差，即 $EF=MN$。

因而，如果已知消费曲线，就可以很直观地推导出储蓄曲线。

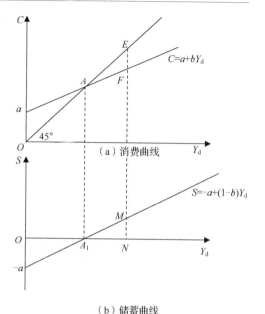

（a）消费曲线

（b）储蓄曲线

图 8-4 储蓄曲线的推导

第三节
利率的决定与投资函数

 在现代生活中，利率与我们的生活息息相关，那么利率是由什么决定的呢？

在第十章中将要学习的国民收入决定内容中，有一个难点，就是对投资的理解。在开始的简单国民收入决定理论中，一个重要的假设或前提，就是将投资视为外生变量，不随经济活动的发展而变动。而在其他国民收入决定模型中，又承认投资会受到以利率为代表的诸多因素影响。这并不矛盾，而是学习上的循序渐进。

作为学习投资函数的基础，本节先分析利率的决定问题。本节主要通过引入货币市场中的货币供求分析，考察利率的决定过程及其对投资的影响。

一、货币与货币供给

货币是在商品和劳务的交换及其债务清偿中，作为交易媒介或支付工具被普遍接受的物品[①]。货币一般具有以下三种职能：①价值尺度，用以衡量各种商品和劳务的价值及其交换的比率；②交换媒介，有效提高商品交换的效率；③价值贮存的手段，可以在一定时间内实现资产保值，从而满足将来购物的需要。

货币供给（Money Supply）是指货币供给主体向社会公众供给货币的经济行为。货币供给量则是一定时期内企业、个人，以及各金融机构持有的货币总存量。因此，货币供给量是一个时点数，是一定时刻的货币存量。

货币供应量可以根据流动性划分为 M_0、M_1、M_2、M_3 等层次。流动性是指金融资产不受损失地及时转化成现实购买力的能力。

世界各国金融市场的发展水平存在差异，各国中央银行金融调控的重点也因此而不同，因而货币供应层次的划分也不尽同。综合起来，西方国家大致把货币供给量划分为以下几个层次。

M_0＝流通中现金；

M_1＝ M_0＋商业银行的活期存款；

M_2＝ M_1＋商业银行的定期存款和储蓄存款；

M_3＝ M_2＋非银行金融机构的定期存款和储蓄存款。

现实中，货币供应量一般由中央银行通过货币政策来调节，所以可以将货币供给视为外生变量，用 M_S 表示。在图8-5中表示为一条垂直于横轴的直线。

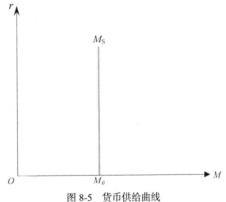

图8-5　货币供给曲线

二、银行体系与货币供给

银行体系是我们了解货币供给过程的基础。各国的银行体系一般都由中央银行、商业银行和其他金融机构组成。其他金融机构包括不动产抵押银行、保险公司、投资基金公司等形式。

其中，中央银行是一国最高金融管理机构，具有三个典型职能：①发行的银行，发行本国货币；②银行的银行，集中保管商业银行的存款准备金，并向商业银行提供贷款和其他全国结算业务；③国家的银行，代理国库、执行货币政策、监督管理全国金融市场、向政府提供资金并代表政府与外国进行金融业务往来。

商业银行的主要业务是负债业务、资产业务和中间业务。负债业务主要是吸收存款，包括活期存款、定期存款和储蓄存款。资产业务主要包括贷款和投资两类业务。贷款业务是为企业提供短期贷款，包括票据贴现、抵押贷款等。投资业务就是购买有价证券以取得利息收入。中间业务是指代为顾客办理支付事项和其他委托事项，从中收取手续费

———————

① 尹伯成. 西方经济学简明教程[M]. 上海：上海人民出版社，2013.

的业务。

了解了银行体系的基本知识后，我们可以进一步分析货币供给的过程，即货币供给的形成机制问题。这里有两个关键环节：①货币首先由中央银行发行，并进入流通领域；②货币进入流通领域后，又会通过商业银行的存款创造过程，放大货币供给总量。前言易于理解，难点在于商业银行如何实现存款过程呢？

存款货币创造

1. 需要掌握两个基本概念

原始存款（Primary Deposit）和派生存款（Derivative Deposit）。原始存款是客户以现金形式存入银行形成的存款。商业银行为了正常地开展各项业务，在吸收存款后，一般只保留一小部分原始存款作为付现准备，将大部分存款用于放贷。而客户在取得银行贷款后，一般并不立即提取现金，而是转入其在银行的活期存款账户。这时银行一方面增加了贷款，另一方面增加了活期存款。银行用转账方式发放贷款、贴现和投资时创造的存款即为派生存款。

2. 需要了解商业银行存款创造的两个前提条件

部分准备金制度和非现金结算制度。部分准备金制度是商业银行为了应付储户提现的需要，按一定比例将存款的一部分保持为现金形式和在中央银行的存款形式，而将存款的其余用于放贷和投资的制度安排。目前，各国一般都以法律形式规定商业银行必须保留的最低数额准备金，即法定存款准备金。存款准备金超过法定存款准备金的部分，就称为超额准备金。部分准备金制度是银行信用创造能力的基础。非现金结算制度允许人们以开出支票的形式进行货币支付，然后再通过银行之间的往来进行转账结算。正因为不需要使用现金结算，商业银行也就存在创造信用、派生存款的可能。

3. 需要重点掌握商业银行的存款货币创造过程

如果假设每家银行只保留法定准备金，而客户收入全部存入银行，那么从某一企业向第一家银行存入款项时开始，这笔存款开始在商业银行体系内部不断循环。

现在假设 A 企业将 10 000 元存入第一家银行，该行增加原始存款 10 000 元，如法定存款准备金率为 10%，则需要提取 10 000×10%=1 000（元）的存款准备金，而将剩余 9 000 元贷给 B 企业，以帮助 B 企业支付向 C 企业购货的款项，C 企业将款项存入第二家银行，使其存款增加 9 000 元。该行提留 900 元法定存款准备金后，又将剩余的 8 100 元贷给 D 企业，D 企业又用来向 E 企业支付货款，E 企业将款项存入第三家银行，该行又继续贷款，如此循环下去。根据数学方法可知，新增存款总额：

$$\Delta D = \Delta R \times \frac{1}{r_d} \qquad \text{式（8-10）}$$

货币乘数

式中　ΔR——原始存款；

　　　r_d——法定存款准备金率。

商业银行活期存款总量的变动与原始存款的变动显然存在着一种倍数关系，即为货币创造乘数，也称货币乘数，用 K 表示为：

$$K = \frac{\Delta D}{\Delta R} = \frac{1}{r_\mathrm{d}} \qquad \text{式（8-11）}$$

因此，在其他条件不变的情况下，中央银行规定的法定存款准备率越高，商业银行的存款扩张倍数越小；法定存款准备率越低，存款扩张倍数越大。

如果既存在超额准备金，又存在持有现金通货的情况，上述货币乘数为：

$$K = \frac{M}{H} = \frac{C_u + D}{C_u + R_\mathrm{d} + R_\mathrm{e}}$$

$$= \frac{\dfrac{C_u}{D} + 1}{\dfrac{C_u}{D} + \dfrac{R_\mathrm{d}}{D} + \dfrac{R_\mathrm{e}}{D}}$$

$$= \frac{r_\mathrm{c} + 1}{r_\mathrm{c} + r_\mathrm{d} + r_\mathrm{e}}$$

或

$$M = KH = \frac{r_\mathrm{c} + 1}{r_\mathrm{c} + r_\mathrm{d} + r_\mathrm{e}} \times H$$

用 M_1 层次的货币供给量衡量整个社会的货币供给 $M = C_u + D$，其中 D 表示活期存款；C_u 表示非银行部门持有的通货；H 代表基础货币，就是指流通于商业银行体系之外的通货（C_u）与商业银行的存款准备金（R_d 表示法定准备金，R_e 表示超额准备金）之和。基础货币的数量增减影响着商业银行的存款总量和整个社会的货币供给水平。所以，基础货币也称高能货币或强力货币。

因此，现代货币供给理论认为货币乘数是影响货币供给的又一个重要因素，甚至比基础货币更重要。在基础货币一定的条件下，货币乘数与货币供给成正比。而货币供给量是由中央银行、商业银行及社会公众这三个经济主体的行为共同决定的。

三、货币需求

1. 货币需求及其三大动机

货币需求是指社会各部门在既定的收入或财富范围内能够，而且愿意以货币形式持有的资产数量。

英国经济学家凯恩斯（John Maynard Keynes）在 1936 年出版的著作《就业、利息及货币通论》中，提出了一种基于流动性偏好概念的

货币需求

货币需求理论。流动性偏好是说人们宁愿持有流动性高但不能生利的现金和活期存款，也不愿持有股票和债券等虽能生利但较难变现的资产。正是基于人们的流动性偏好，才产生货币需求。具体而言，人们心理上的"流动性偏好"或真实的货币需求是由三个动机决定的，即交易动机、预防动机和投机动机。

交易动机（Transaction Motive）的货币需求是指人们为进行日常交易而产生的货币需求。这一货币需求的数量与收入成正相关关系。

预防动机（Precautionary Motive）的货币需求是指人们除了日常交易所必需的那部分货币外，还必须经常地保持一定数量的货币以满足意外或紧急情况下的货币需求。当然，预防动机的货币需求也与收入成正相关关系。

投机动机（Speculative Motive）的货币需求是指在未来利率变化趋势不确定的情况下，人们出于在利率变动时进行债券投机的目的而产生的货币需求。

其中，基于交易动机而产生的货币需求与基于预防动机而产生的货币需求都与人们的收入水平相关，且最终目的都是为了交易。所以，可以将两者归于一类，称为交易性货币需求，用 L_1 表示，且有：

$$L_1 = ky \qquad\qquad 式（8-12）$$

式中　y——人们的实际收入；

　　k——实际货币需求的收入系数，代表实际货币需求 L_1 在实际收入 y 中的比率。

而投机动机的货币需求与利率水平成负相关关系。可以用 L_2 表示投机性货币需求，且有：

$$L_2 = -hr \qquad\qquad 式（8-13）$$

式中　r——利率水平；

　　h——货币需求的利率系数，可以理解为利率在多大程度上会影响到投机性货币需求量。

2. 货币需求函数

从上述可知，影响货币需求的主要因素有收入和利率。除此之外，还有一个很容易被遗漏的因素，就是价格水平。例如，人们持有多少交易性货币需求，不仅受其收入高低的影响，还受一般物价水平的影响。在通货膨胀时，人们往往需要持有更多的货币以应付各种交易。

货币需求函数

因此，考虑价格因素的实际货币需求为 L，它等于名义货币需求量 M_d 除以价格水平 P，即有：

$$L = \frac{M_d}{P} \qquad\qquad 式（8-14）$$

且 $L = L_1 + L_2$

所以，可以用以下货币需求函数表示实际货币需求与其影响因素之间的关系：

$$\frac{M_d}{P} = L_1 + L_2$$

$$= ky - hr \qquad\qquad 式（8-15）$$

根据上述实际货币需求函数，可以得出货币需求曲线（见图8-6）。

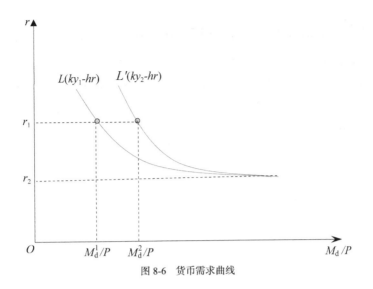

图 8-6　货币需求曲线

从图 8-6 可知，纵轴表示利率，横轴表示实际货币需求量（$\frac{M_d}{P}$），且实际货币需求量与利率反向变动。因为 L' 线在 L 线的右边，所以，在同样的利率水平 r_1 下，导致 $\frac{M_d^1}{P} < \frac{M_d^2}{P}$ 存在的原因只能是 $y_1 < y_2$。而当利率下降到 r_2 水平时，实际货币需求线变成了水平线。这是因为当利率极低时，人们认为利率不可能继续下降，或者说有价证券的价格已经处在最高位置，不会上升只会下降。所以，人们会抛出所有的有价证券而持有货币。从而导致在较低利率水平下，出现人们实际货币需求量的无限增加，即处于凯恩斯的流动偏好陷阱（Liquidity Trap）中。

四、货币市场的均衡与利率的决定

货币市场均衡是指货币市场上的货币供给等于货币需求的状态，即有：

$$M_s = M_d \qquad 式（8-16）$$

此处的 M_s 和 M_d 代表没有考虑价格因素的名义货币供给量和名义货币需求量。如果剔除价格因素的影响，即有：

$$\frac{M_s}{P} = \frac{M_d}{P} = ky - hr \qquad 式（8-17）$$

货币市场的均衡

当实际的货币供求相等时，同时也决定了均衡利率水平。如图 8-7 所示，纵轴表示利率 r，横轴表示实际的货币供给量或货币需求量 m。货币供给线是一条垂直于横轴的直线 $\frac{M_s}{P}$，当价格和国民收入一定时，货币需求线表现为一条向右下倾斜的曲线 L。当利率

为 r_0 时，满足 $\dfrac{M_s}{P} = L$ 的条件，货币市场实现均衡。如果利率为 r_1，那么受利率影响的货币需求量会发生变动，在图 8-7 中就会增加到 A 点对应的货币需求量 m_1。而货币供应量依然在 m_0 水平，所以此处的货币需求大于货币供给。人们倾向于卖出有价证券，增加货币持有量，从而导致利率水平上升。利率水平上升导致人们持有货币的机会成本增加，所以又会逐步促使人们减少货币需求量，即使货币需求从 A 点开始向 E 点移动，直到货币需求等于货币供给，人们不再需要持有更多的货币。当利率处于 r_2 水平，则刚好是相反的情况。

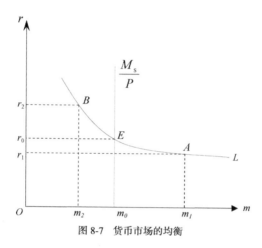

图 8-7　货币市场的均衡

因此，如果货币供给增加而货币需求不变，则均衡利率下降；如果货币需求增加而货币供给不变，则均衡利率上升。

五、投资函数

投资函数是指厂商的投资支出和投资量的影响因素之间的关系。在影响投资的诸多因素中，利率对投资活动的影响最重要，所以，投资函数一般表示投资与利率的关系，记为：

$$I = I(r) \qquad\qquad 式（8-18）$$

式中　r——货币市场的均衡利率水平，也就是实际利率水平。

关键在于投资函数表明投资是利率的减函数，利率越高投资量越小，利率越低投资量越大。这是因为投资需求与利率之间一般反向变动。

为了简单起见，可以用以下线性函数形式将投资函数表示为：

$$I = I_0 - dr \qquad\qquad 式（8-19）$$

式中　I_0——在利率为零时存在的投资量，称为自发投资；

d——系数，表示投资的利率弹性，即利率上升或者下降 1 个百分点引起投资减少或增加的数量，用以说明利率变动对投资活动影响的程度。

例如，假定投资函数为 $I(r)=1\,200-300r$，则 1 200 表示利率 r 为零时存在的投资量，即自发投资量；300 是系数，表示利率每上升或下降 1 个百分点，投资便会减少或增加 300 元。

投资与利率的这种线性函数关系可用图 8-8 中的投资需求曲线表示。图 8-8 中横轴代表投资 I，纵轴代表利率 r。投资需求曲线表明：随着利率的下降，投资需求增加；随着利率的上升，投资需求减少。

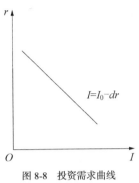

图 8-8 投资需求曲线

在下一章国民收入决定理论的学习中，可以根据不同模型的假设条件将投资视为外生变量或者内生变量。简单的国民收入决定模型中，因为只考虑产品市场，不考虑货币市场，故可将利率视为既定的外生变量。而当分析深入到同时考察产品市场和货币市场的一般均衡时，则需要考虑利用投资函数进行分析了。

案例与拓展

拓展资料：我国居民的储蓄率现状

资料来源：根据资料自编

我国一直是一个储蓄率很高的国家。伴随着经济的快速发展，过去 10 年中，我国居民储蓄额一直在迅速增长，分别于 2003 年 9 月、2008 年 8 月、2010 年 12 月和 2013 年 1 月突破 10 万亿元、20 万亿元、30 万亿元和 40 万亿元大关。而且每新突破一个 10 万亿元大关所用的时间在不断缩短。目前，我国是全球储蓄额最多的国家，也是人均储蓄额最多的国家，居民储蓄率水平也远远超过世界平均水平。

对于我国居民储蓄率居高不下的成因和影响，一直是各界关注的要点。为了刺激我国的经济增长，使大量的居民储蓄向投资转化，我国央行曾多次调整利息，但实际效果却并不明显。对此你是如何看待的呢？

本章要点

1. 消费函数（$C=a+bY_{\mathrm{d}}$）由自发消费 a 和引致消费 bY_{d} 两部分组成，自发消费是指与可支配收入无关的消费支出；引致消费是指随收入的变动而变动的那部分消费。

2. 边际消费倾向是指每增加 1 个单位可支配收入时所增加的消费，边际消费倾向于 0～1。

3. 储蓄函数反映了储蓄与决定储蓄的各因素之间的关系。一般来说，在其他条件不变的情况下，储蓄与收入同方向变动。所以，储蓄函数可写为：$S=-a+(1-b)Y_{\mathrm{d}}$。

4. 边际储蓄倾向表示每增加 1 个单位的收入时储蓄的变动情况，即储蓄增量与收入增量的比率关系。

5. 边际消费倾向与边际储蓄倾向之和恒等于 1，即 $MPC+MPS=1$。平均消费倾向与平均储蓄倾向之和也等于 1，即：$APC+APS=1$。

6. 货币供给是指货币供给主体向社会公众供给货币的经济行为。货币供给量一个时点数，是一定时刻的货币存量。

7. 银行体系是我们了解货币供给过程的基础。各国的银行体系一般都由中央银行、商业银行和其他金融机构组成。

8. 中央银行是发行的银行，也是银行的银行和国家的银行。因此，本国货币由中央银行发行。商业银行不发行货币，但是可以通过存款创造过程，放大货币供给量。

9. 基础货币是指流通于商业银行体系之外的通货与商业银行的存款准备金之和。

10. 商业银行活期存款总量的变动与原始存款的变动显然存在着一种倍数关系，即为货币创造乘数，也称货币乘数。

11. 货币需求是指社会各部门在既定的收入或财富范围内能够而且愿意以货币形式持有的资产数量。人们一般在交易动机、预防动机和投机动机三个动机影响下，产生对货币的需求。

12. 货币市场均衡是指货币市场上的货币供给等于货币需求的状态。实际的货币供求相等时，同时也决定了均衡利率水平。

13. 投资函数是指厂商的投资支出和投资量的影响因素之间的关系。在影响投资的诸多因素中，利率对投资活动的影响最重要，所以，投资函数一般表示投资与利率的关系。

关键概念

消费函数	边际消费	倾向	储蓄函数	边际储蓄倾向
货币供给	法定存款准备金	货币乘数	基础货币	
货币需求	交易动机	预防动机	投机动机	均衡利率

习 题 八

一、选择题

1. 根据凯恩斯的消费理论，引起消费增加的主要因素是（　　）。

　　A. 价格水平下降　　　　　　　　B. 收入增加

　　C. 储蓄增加　　　　　　　　　　D. 利率提高

2. 在基本消费为正数的线性消费函数中，平均消费倾向（　　）。

　　A. 大于边际消费倾向　　　　　　B. 小于边际消费倾向

　　C. 等于边际消费倾向　　　　　　D. 等于零

3. 如果边际储蓄倾向为负，说明（　　）。
   A. 边际消费倾向大于 1　　　　　B. 边际消费倾向等于 1
   C. 边际消费倾向小于 1　　　　　D. 边际消费倾向等于 0

4. 如果人们收入增加，则将增加（　　）。
   A. 交易性货币需求+预防性货币需求　　B. 利率
   C. 投机性货币需求　　　　　　　　D. 以上任何一种

5. 人们在（　　）情况下倾向于减少手持现金。
   A. 债券价格趋于下降　　　　　B. 债券价格趋于上升
   C. 债券价格不变　　　　　　　D. 债券收益率不变

6. 按照凯恩斯货币理论，减少货币供给将（　　）。
   A. 降低利率，从而减少投资　　B. 减低利率，从而增加投资
   C. 提高利率，从而减少投资　　D. 提高利率，从而增加投资

7. 银行创造货币的多少与法定准备率成（　　）。
   A. 正比　　　　　　　　　　　B. 反比
   C. 不变　　　　　　　　　　　D. 上述三种情况都有可能

二、计算题

计算下列每种情况时的货币乘数。

1. 货币供给为 5 000 亿元，基础货币为 2 000 亿元。

2. 存款为 5 000 亿元，通货为 1 000 亿元，准备金为 500 亿元。

3. 准备金为 500 亿元，通货为 1 500 亿元，准备金与存款的比率为 0.1。

三、分析题

1. 你如何看待凯恩斯的消费理论，请说明理由。

2. "中央银行控制整个社会的货币供给总量"，这一判断正确吗？请说明。

第九章 | 国民收入决定理论

国民收入的核算，主要解决了在某一给定时期社会经济活动成效的衡量问题，为我们了解社会经济运行的基本情况提供了一种事后分析工具和方法。那么如何通过事前决策影响社会经济运行过程，从而实现一国或某一区域的经济增长呢？为了解决这一问题，需要我们进一步学习国民收入的决定理论。而上一章关于消费、储蓄和投资等重要概念的学习，则为我们更好地理解本章内容打下了基础。经典的宏观经济理论一般都通过三个理论模型，即简单国民收入决定模型（也称收入-支出模型）、IS-LM 模型和 AD-AS 模型，分别解释不同市场条件下的国民收入决定问题。

第一节 | 简单国民收入决定模型

既然均衡国民收入的大小受投资影响，那么是不是投资增加多少，国民收入也增加多少？

本节主要介绍简单国民收入决定模型，即只考虑价格水平不变前提下产品市场均衡时国民收入的决定问题。根据市场参与者的不同，可以分为两部门、三部门和四部门条件下的国民收入决定问题。

一、两部门经济中均衡国民收入的决定

在只存在家庭和企业的两部门经济条件下，总支出由消费（C）和意愿投资（I）构成，总收入=消费（C）+意愿投资（I）。由于在简单国民收入决定模型中，投资支出 I 一般被假设为是一个外生变量，其决定过程在于收入决定模型本身。所以，两部门经济中的均衡条件为：

两部门经济中国民收入的决定

$$C+I=C+S$$

或

$$I=S \hspace{4cm} 式（9-1）$$

因此，均衡国民收入数值既可以使用总支出决定法得出，也可以使用储蓄与投资相等法得出。

因为两部门经济条件下 $Y=C+I$，其中 $C=a+bY_d$。强调一点，由于假设整个经济社会中只存在企业和个人家庭两个部门，没有政府，个人也就不用交税。所以，$Y=Y_d$。此时，

国民收入决定公式可以表示为:

$$Y = \frac{a+I}{1-b}$$ 式(9-2)

两部门的均衡收入决定可以用消费加上投资曲线与 45° 线的交点来反映。如图 9-1 中横轴表示收入,纵轴表示消费加投资,45° 线上任何一点到纵轴和横轴的距离相等,表示社会的总支出等于社会的总收入。

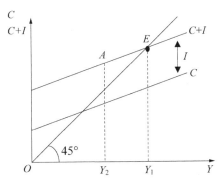

图 9-1 总支出决定法下两部门经济均衡国民收入的决定

在图 9-1 中,消费曲线向上垂直相加投资曲线,得到总支出曲线 C+I,总支出曲线与 45° 线相交于 E,表示总支出等于总收入,该点决定的收入 Y_1 便是均衡国民收入。如果偏离该均衡点,如 A 点,国民经济都不是处于均衡稳定状态。处于 A 点时,社会总支出大于总收入,企业销售出去的产品数量大于生产出来的产品数量,从而引发存货负投资,即由存货低于正常经营水平引起的生产规模扩大,这会使国民收入增加,直至均衡水平。

二、三部门经济中均衡国民收入的决定

三部门经济是包括了企业、家庭与政府的经济。政府在经济中的作用主要是通过政府的支出与税收行为实现的。政府支出包括对产品与劳务的购买和转移支付。转移支付是指政府不以换取产品和劳务为目的的支出行为。政府对个人征税,必然会影响到个人可支配收入的大小。为了分析的方便,本节假设政府所征收的均是定量税,即交税额不随收入增减变化而变化。

按总支出决定法,可以计算出三部门经济中国民收入的决定公式。

因为 $Y = C + I + G$
$\qquad = a + b(Y - T) + I + G$

所以

$$Y = \frac{a - bT + I + G}{1-b}$$ 式(9-3)

式中 T——自发性税收,与国民收入大小无关;

　　I——投资，作为外生变量；

　　G——政府支出，也作为外生变量。

　　按储蓄与投资相等法，同样可以得到三部门经济国民收入的决定公式。

　　由于三部门条件下增加了政府行为，所以 *S=I* 的均衡条件变为 *S+T=I+G*。这是因为个人消费后的剩余不再全部用于储蓄，而是通过交税的方式，将部分收入转交给政府。政府支出与投资一起构成了社会总需求。

　　因此，

$$-a + (1-b)Y_d + T = I + G$$

$$Y = \frac{a - bT + I + G}{1 - b}$$

三、四部门经济中均衡国民收入的决定

　　四部门经济需要同时考虑企业、家庭、政府和国外部门的作用，又称为开放经济。国外部门对本国经济的影响：作为国外生产要素的供给者，向本国提供商品与劳务，对本国来说，这就是进口；作为外国商品与劳务的需求者，向本国进行购买，对本国来说，这就是出口。

　　在四部门经济中，国民净产品由家庭、企业、政府和国外四个部门购买，但从国内市场购买与销售看，它必然包括从事国际贸易的企业从国外进口的产品的销售，因此对国内产品的总需求则为 *C+I+G+X-M*。因此，按总支出决定法就有：

$$Y = C + I + G + (X - M)$$
$$= a + b(Y - T) + I + G + X - (M_0 + mY) \qquad 式（9-4）$$

式中　*X*——出口；

　　　M——进口；

　　（*X−M*）——净出口。因为主要是国外因素影响本国的出口量，故在考察本国民收入决定时将其视为外生变量。而本国的进口量大小则主要受本国经济因素影响，故可以将进口函数写为 *M=M_0+mY*。

　　M_0——与收入无关的自发性进口；

　　M——边际进口倾向；

　　mY——由收入水平决定的引致性进口。

　　因此，四部门经济中的均衡国民收入可以表示为：

$$Y = \frac{a - bT + I + G + X - M_0}{1 - b + m} \qquad 式（9-5）$$

四、乘数原理与各类乘数

1. 乘数与乘数原理

乘数（Multiplier）是指均衡产出的变化量与导致均衡产出发生变化的自主支出变化

量之比。简单地说，就是每增加一笔需求支出（如增加投资 ΔI），由此引发的国民收入增加量并不仅限于这笔支出，而是原来支出的若干倍。例如，政府购买支出增加 1 元，会导致 GDP 产生 1 元以上或多倍于 1 元的变动。因此，乘数就是国民收入的变化与带来这种变化的外生支出量变化之间的比率，即

$$K = \frac{\Delta Y}{\Delta E}$$
式（9-6）

式中　ΔY——国民收入的变化量；

　　　ΔE——支出的变化量；

　　　K——乘数。

可以用一个简单的例子来说明乘数的产生原理。假设在一个两部门经济中，由于利率的降低导致投资增加 10 亿元，这 10 亿元的投资增量对国民收入会产生怎样的影响呢？最初，这 10 亿元的投资由于增加了需求，会促使国民收入增加 10 亿元。由于国民收入的增加会直接增加国民可支配收入。所以，当一国居民的边际消费倾向为 0.8 时，

乘数原理

增加的 10 亿元收入中会有 8 亿元作为新增消费（这是经济中的第一轮反应）。增加 8 亿元消费又会使 GDP 和居民可支配收入增加 8 亿元。这是经济中的第二轮反应。接着，第二轮增加的 8 亿元收入按 0.8 的边际消费倾向，会再增加 6.4 亿元的消费，从而进一步使 GDP 和可支配收入增加 6.4 亿元。这是经济中的第三轮反应。这个反应过程会持续进行下去。由于边际消费倾向小于 1，因此，随着这一反应过程的持续，GDP 的增量和消费的增量会一轮小于一轮，直到趋于 0。所以，GDP 增量的总和将收敛于一个常数。表 9-1 展示了这一过程。

表 9-1　　　　　　　　　　　　投资变动的乘数过程　　　　　　　　　　　　　　亿元

反应的轮次	初始投资数量	国民收入的增量	增量的计算过程
1	10	10	1×10=10
2	—	8	0.8×10=8
3	—	6.4	0.8^2×10=6.4
4	—	5.12	0.8^3×10=5.12
5	—	4.096	0.8^4×10=4.096
6	—	3.276 8	0.8^5×10=3.276 8
…		…	
合计	10	50	[1/(1 − 0.8)]×10

我们将上述这一连锁反应称为乘数过程，从中可以知道，乘数过程效果的大小实际上取决于边际消费倾向的高低。边际消费倾向越大，在每一轮增加的收入中，用于消费的比重就越高，乘数过程的效果也就越大[①]。其中，由一笔新增投资所引致的国民收入增

———————————

① 徐康宁，董斌，等. 宏观经济学[M]. 北京：石油工业出版社，2003.

量，可用公式表示如下：

$$\Delta Y = \frac{1}{1-b}\Delta I$$ 式（9-7）

式中 ΔY——国民收入的增量总和；

ΔI——投资的增量；

b——边际消费倾向。

2. 投资乘数

在式（9-7）中，$\frac{1}{1-b}$ 可以用来直接衡量乘数过程的效果，就是乘数。由于这一过程是由投资支出增加所引起的，所以，也称为投资乘数。具体而言，投资乘数是指国民收入的变动量与引起这种变动的投资变动量之间的比率。如果用 K_{I} 代表投资乘数，根据上述国民收入增量的计算公式可知：

$$K_{\mathrm{I}} = \frac{\Delta Y}{\Delta I} = \frac{1}{1-b}$$

由于 $MPC = 1 - MPS$，因此投资乘数也可以表示为 $K_{\mathrm{I}} = \frac{1}{MPS}$。边际储蓄倾向越大，投资乘数越小。

投资乘数原理在宏观经济调控中有很重要的作用，但是这种作用存在两面性。当投资增加时，投资所引起的收入增加大于所增加的投资；当投资减少时，它所引起的收入减少也要大于所减少的投资。因此，投资乘数既可以刺激总需求，防止经济衰退，也可以使国民经济加速衰退和萧条。经济学家将投资乘数称为双刃剑。

3. 财政政策乘数

财政政策乘数反映国家运用财政政策工具所引起的国民收入变化的程度。财政政策工具主要包括税收和政府支出，其中政府支出又包括两类：①政府购买支出，是指政府在购买商品和劳务方面的花费，如购买军火、修建道路、支付公务员薪水等；②政府转移支付，是指政府部门无偿地将一部分资金的所有权转让给企业或个人所形成的支出。从性质看，政府财政政策工具的运用会产生类

财政政策乘数

似于投资支出变化的效果。也就是说，政府财政政策工具的运用对于国民收入变动也具有乘数效应。

（1）政府购买支出乘数。政府购买支出乘数是指国民收入变动量与引起这种变动的政府购买支出变动量之间的比率。在国民收入均衡的基础上，如果消费和投资因素不变，增加政府支出 ΔG，带来国民收入的变动量为 ΔY。那么，政府购买支出乘数 k_{G} 可以表示为：

$$k_{\mathrm{G}} = \frac{\Delta Y}{\Delta G}$$ 式（9-8）

由三部门经济条件下国民收入的决定公式可知：

$$k_G = \frac{1}{1-b} \qquad\qquad 式（9-9）$$

很显然，k_G 的大小也取决于边际消费倾向 b 的大小，其作用与投资乘数是一样的。需要强调的是，乘数具有双向作用。政府开支增加可以带来国民收入的增加，但是如果政府开支下降，而税收和其他因素都保持不变，那么国民收入也会下降，而且下降的幅度将等于政府开支下降的数量乘以乘数。

（2）税收乘数。税收乘数是指国民收入变动量与引起这种变动的税收变动量之间的比率。因为税收是国民收入的一个减项，所以税收乘数是一个负数。注意此处两个理解的要点：①假设税收总额不随收入变化而变化，只是征收定量税；②在存在税收的情况下，国民收入等于可支配收入加上税收，即 $Y = Y_d + T$。其中，Y_d 是可支配收入；T 是定量税额。

由三部门条件下国民收入的决定公式并结合税收乘数的定义可知，税收乘数公式可表示为：

$$K_T = \frac{\Delta Y}{\Delta T} = -\frac{b}{1-b} \qquad\qquad 式（9-10）$$

比较政府支出乘数和税收乘数可以发现，税收乘数的绝对值小于政府支出乘数。

（3）政府转移支付乘数。政府的转移支付是指政府为了对贫困居民进行补助，或对各种灾难进行援助，而转移给消费者的那部分支付。在这一过程中，由于增加了人们的可支配收入，会带来消费增加和国民收入增加。所以，政府转移支付乘数一般为正数。

如果用 TR 代表转移支付，那么转移支付乘数可以表示为：

$$K_{TR} = \frac{\Delta Y}{\Delta TR} = \frac{b}{1-b}$$

比较政府支出乘数和政府转移支付乘数可知，由于边际消费倾向 b 总是小于1大于0，因此政府支出乘数总是大于转移支付乘数。比较政府税收乘数和转移支付乘数，也可以看出两者绝对值相等，正负号相反。这显然是因为税收减少了个人的可支配收入，而转移支付却增加了个人的可支配收入。

 专栏 9-1

各种财政政策乘数的数学证明

我们已经知道，三部门经济条件下的国民收入决定公式可以表示为：

$$Y = \frac{a - bT + I + G}{1-b}$$

可以假设其他条件不变时，变动前的政府购买支出为 G_0，变动后的政府购买支出为 G_1，国民收入分别为：

$$Y_0 = \frac{a - bT + I + G_0}{1-b}$$

$$Y_1 = \frac{a - bT + I + G_1}{1-b}$$

即

$$\Delta Y = Y_1 - Y_0 = \frac{G_1 - G_0}{1-b}$$

所以，

$$K_G = \frac{\Delta Y}{\Delta G} = \frac{1}{1-b}$$

税收乘数、政府转移支付乘数也可以用相同的方法计算出来。

（4）平衡预算乘数。平衡预算是指政府增加支出的同时，相应地增加等量的税收。例如，政府为刺激国民收入增长而决定增加政府支出，同时增加这笔政府支出所需的资金来自于增加税收。那么这一收一支会对国民收入带来什么影响呢？平衡预算乘数就是政府收入和支出同时等量增加或减少时国民收入的变动量与政府收支变动量的比率。

根据上述分析内容可知，政府增加一笔支出 ΔG 所引致的国民生产总值增量为：

$$\Delta Y = \frac{1}{1-b} \Delta G$$

而增加税收 ΔT 所引致的国民生产总值的减少量为：

$$\Delta Y = \frac{-b}{1-b} \Delta T$$

所以，上述政府通过增税方式来增加政府支出的做法，对国民收入总的影响：

$$\Delta Y = \Delta Y_G + \Delta Y_T = \frac{1}{1-b} \Delta G - \frac{b}{1-b} \Delta T$$

当 $\Delta G = \Delta T$ 时：

$$\Delta Y = \Delta Y_G + \Delta Y_T = \frac{1-b}{1-b} \Delta G = \Delta G \qquad \text{式（9-11）}$$

或

$$\Delta Y = \Delta Y_G + \Delta Y_T = \frac{1-b}{1-b} \Delta T = \Delta T$$

上述公式说明，政府通过一收一支的平衡预算方法，会促使国民生产总值增加。其增加的额度等于政府支出和税收变动量，因而政府平衡预算的乘数值为1。

4. 对外贸易乘数

前面分析的都是封闭经济条件下的乘数效应，随着全球经济一体化的加快发展，各国经济几乎均表现为开放状态。在开放经济的国民收入决定过程中，进出口就成为总需求量的一个重要组成部分，必须重点加以考察。

前面分析过，在开放经济条件下，净出口（$X-M$）的数量变化会影响国内总供给和总需求。当出口大于进口，即净出口为正时，国民收入水平高于没有对外贸易活动时的国民收入。当进口大于出口时，即净出口为负时，国民收入水平低于没有对外贸易活动时的国民收入。极端的情况：如果一国的国民收入已经达到充分就业水平时的国民收入水平，则增加出口与增加国内需求一样，会导致通货膨胀的发生。相反，这时如果增加进口则会有助于抑制国内的通货膨胀。

因此，乘数原理同样适用于开放经济条件下的对外贸易变动。引入进出口因素后，其乘数作用除了受边际消费倾向的影响外，还受到边际进口倾向（就是指收入每增加 1 元所引起的进口的增加额）的影响。对外贸易乘数 K_{X-M} 一般表达式为：

$$K_{X-M} = \frac{\Delta Y}{\Delta(X-M)} = \frac{1}{1-b+m} \qquad \text{式（9-12）}$$

综合来看，上述乘数理论为我们探索和理解复杂的经济社会提供了不可缺少的基础。但同时也存在以下一些缺陷：①忽略了一个最重要的问题，就是金融市场和利率对经济的影响。这是因为，产出的变化会影响利率，而利率反过来又影响经济产出。②乘数分析只适用于有闲置资源存在的情况，也就是说，只有在存在过剩的生产能力和失业人口的情况下，增加投资或其他支出，所增加的这些支出才能最终引起更多的实际产出的增长。然而，如果经济达到并超过其潜在产出水平，或者说处在充分就业水平下，在现有的价格水平上想要生产更多的产出几乎是不可能的事情，此时增加支出只可能引起价格水平上升，而很少或几乎不可能带来实际产出或就业的增加。

第二节
IS–LM 模型

 产品市场均衡时国民收入和利率的关系是怎样的？货币市场均衡时国民收入与利率的关系是怎样的？两个市场同时均衡的条件是什么？

本章第一节收入—支出模型是简单的国民收入决定模型，该模型只分析了产品市场的均衡，研究在利息率不变的情况下，消费、投资、政府购买支出和净出口这四方面的总支出水平如何决定社会的总需求及总需求对均衡国民收入的决定。但实际上，市场经济中的产品市场和货币市场并不是两个孤立存在的市场，二者互相依存、互相影响，IS—LM 模型就是描述产品市场和货币市场之间的相互联系，又称为希克斯—汉森模型，是整个宏观经济学的核心。

一、产品市场的均衡与 IS 曲线

（一）IS 曲线的含义及图形

IS 曲线是描述产品市场达到均衡时，利率与国民收入之间存在着反向变动关系的曲线。该曲线上任一利率与收入的对应点都符合

IS 曲线

产品市场的均衡条件，满足总供给等于总需求，两部门即是 $C+I=C+S$，或 $I=S$，故称为 IS 曲线。

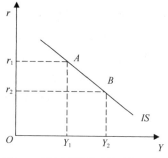

如图 9-2 所示，在以纵轴表示利率 r，横轴表示收入水平 Y 的坐标中，IS 曲线是一条自左上方向右下方倾斜的曲线，斜率为负，表示产品市场均衡时收入水平与利率之间存在着反向变化的关系，即利息率提高时收入水平趋于减少，利率降低时收入水平趋于增加。

图 9-2　产品市场均衡条件下的 IS 曲线

（二）IS 曲线的推导

根据产品市场的均衡条件总供给等于总需求或投资等于储蓄，可以推导出满足产品市场均衡的 IS 曲线，其斜率均为负，即收入水平与利率之间存在着反向变化的关系。下面以两部门经济为例。

通过前面章节的学习，可以得出如下结论。

（1）产品市场均衡，要求总产出（或总收入）等于总需求，即总供给等于总需求。在两部门经济中，即要求 $Y=C+I$ 或 $I=S$。

（2）消费是国民收入的递增函数，用公式表示为 $C=a+bY$，其中 Y 表示国民收入，a 表示自发性消费支出，b 表示边际消费倾向。该公式表明消费与收入同方向变化，即收入增加时消费增加，收入减少时消费减少。

（3）投资需求是利率的递减函数，用公式表示为 $I=I_0-dr$，其中 I_0 表示自发性投资支出，r 表示利率水平，d 表示投资量对利率的敏感程度。该公式表明投资与利率成反方向变动，即利率上升时投资减少，利率下降时投资增加。

因此，两部门经济中产品市场的均衡模型可表示为：

$$\begin{cases} Y = C + I & \text{均衡条件} \\ C = a + bY & \text{消费函数} \\ I = I_0 - dr & \text{投资函数} \end{cases}$$

由此模型可得 IS 曲线：

$$r = \frac{I_0 + a}{d} - \frac{1-b}{d}Y$$

或

$$Y = \frac{I_0 + a}{1-b} - \frac{d}{1-b}r$$

式（9-13）

从式（9-13）可知，产品市场均衡时收入水平与利率之间存在着反向变化的关系，两部门经济中 IS 曲线的斜率是 $-\dfrac{1-b}{d}$。

IS 曲线也可以通过下述产品市场均衡条件 $I=S$ 推导出来，结论是一样的。

$$\begin{cases} I = S & \text{均衡条件} \\ I = I_0 - dr & \text{投资函数} \\ S = Y - C = S(Y) & \text{储蓄函数} \end{cases}$$

例如，消费函数 $C=50+0.8Y$，投资函数 $I=100-5r$，求 IS 曲线。由题意可知：$a=50$，$b=0.8$，$I_0=100$，$d=5$，将已知条件中各参数代入 IS 方程式（9-13），可得 IS 曲线为：

$$r=30-\frac{1}{25}Y$$

如果以纵轴表示利率，横轴表示国民收入，则可在坐标图上画出一条自左上方向右下方倾斜的 IS 曲线，斜率为负，曲线上任一利率与收入的对应点都符合产品市场的均衡条件 $Y=C+I$ 或 $I=S$。

（三）IS 曲线的移动

我们知道均衡的国民收入是和总需求相一致的，均衡的国民收入可以用公式 $Y=C+I+G+NX$ 来表示，而且，任何导致总需求变动的因素，如消费的变动、投资的变动、政府购买支出的变动、税收的变动，以及净出口等的变动都会引起国民收入若干倍的变动，因此，影响 IS 曲线移动的主要因素如下。

IS 曲线的移动

1. 自发性消费变动（或储蓄变动）

在其他条件不变的情况下，如果人们的储蓄意愿增加，则自发性消费下降，将导致国民收入减少，而且国民收入的减少量是自发性消费减少量或储蓄增加量的若干倍，相应地 IS 曲线左移，移动的水平距离是 $\Delta Y=\Delta S\times K_I$，如图 9-3 所示。反之，$IS$ 曲线右移。

2. 自发性投资变动

在投资函数 $I=I_0-dr$ 中，I_0 是自发性投资，在其他条件不变的情况下，如果由于技术进步或者投资者对投资前景乐观，充满信心，而引起自发性投资 I_0 增加，则在每一利率水平上，投资需求会增加，进而引起国民收入增加，而且国民收入的增加量是投资增加量的若干倍，相应地 IS 曲线右移，移动的水平距离是 $\Delta Y=\Delta I\times K_I$，如图 9-4 所示。反之，$IS$ 曲线左移。

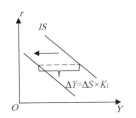

图 9-3 储蓄变动对国民收入的影响

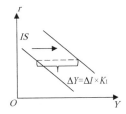

图 9-4 投资变动对国民收入的影响

3. 政府购买支出变动

在其他条件不变的情况下，如果政府购买支出增加，其作用类似于增加投资，也会导致国民收入增加，而且国民收入的增加量是政府购买支出增加量的若干倍，相应地 IS 曲线右移，移动的水平距离是 $\Delta Y=\Delta G\times K_G$，如图 9-5 所示。反之，$IS$ 曲线左移。这个可以解释后面财政政策中的乘数效应。

4. 税收的变动

在其他条件不变的情况下，政府增加一笔税收，会使国民收入减少。因为，如果对企业征税，会增加企业的负担，使投资需求下降；如果是对居民个人征税，则会使居民个人的可支配收入减少，从而使消费支出下降。所以，增加一笔税收会使总需求减少，并导致国民收入若干倍地减少，相应地 IS 曲线左移，移动的水平距离是 $\Delta Y = \Delta T \times K_T$，如图 9-6 所示。反之，$IS$ 曲线右移。这个也可以解释后面的财政政策。

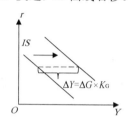

图 9-5　政府购买支出变动对国民收入的影响

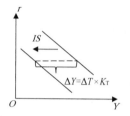

图 9-6　税收变动对国民收入的影响

5. 净出口额变动

在其他条件不变的情况下，如果净出口额增加，其作用相当于增加了自发性支出，也会导致国民收入若干倍地增加，相应地 IS 曲线右移，移动的水平距离是 $\Delta Y = \Delta NX \times K_{NX}$，如图 9-7 所示。反之，$IS$ 曲线左移。

总之，当自发总需求增加时，IS 曲线向右上方移动，当自发总需求减少时，IS 曲线向左下方移动。

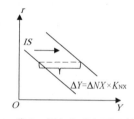

图 9-7　净出口额变动对国民收入的影响

（四）产品市场的失衡及其调整

由于 IS 曲线是从产品市场均衡时推导出的收入水平与利率对应点的连线，因此，IS 曲线上的任意一点都代表了产品市场上实现了均衡，即 $I=S$，而线外的任意一点（图 9-8 中的 A 点和 B 点）都代表了产品市场的失衡状态。当产品市场失衡时，通过市场机制的作用，其会自发调整到均衡水平。

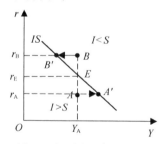

图 9-8　产品市场的失衡及其调整

产品市场的失衡及调整

1. IS 曲线左下方的点——产品供不应求（$I>S$）

以 A 点为例，和 A 点对应的国民收入为 Y_A，A 点的利率低于 E 点的利率，即 $r_A<r_E$，说明 A 点的投资大于 E 点的投资，即 $I_A>I_E$。而 E 点在 IS 曲线上，满足产品市场上的均衡条件，即 $I_E=S$。所以，在 A 点存在 $I_A>S$，同理可推出，IS 曲线左下方的任意一点都存在 $I>S$，即产品供不应求。

当产品供不应求时，通过市场机制的自发调节，会导致产出增加，即 A 点会向右移动，直至移动到 A' 点，这样就实现了产品市场的均衡，即 $I=S$。

2. IS 曲线右上方的点——产品供过于求（$I<S$）

以 B 点为例，B 点的利率高于 E 点的利率，即 $r_B>r_E$，说明 B 点的投资小于 E 点的投资，即 $I_B<I_E$。而 E 点在 IS 曲线上，满足产品市场上的均衡条件，即 $I_E=S$。所以，在 B 点存在 $I_B<S$，同理可推出，IS 曲线右上方的任意一点都存在 $I<S$，即产品供过于求。

当产品供过于求时，通过市场机制的自发调节，会导致产出下降，即 B 点会向左移动，直至移动到 B' 点，这样就实现了产品市场的均衡，即 $I=S$。

二、货币市场与 LM 曲线

（一）LM 曲线的含义及图形

LM 曲线是描述货币市场达到均衡时，利率与国民收入之间存在着同方向变动关系的曲线。该曲线上任一利率与收入的对应点都符合货币市场的均衡条件，即货币需求等于货币供给（$L=M$），故称 LM 曲线。

如图 9-9 所示，在以纵轴表示利率，横轴表示收入水平的坐标中，LM 曲线是一条自左下方向右上方倾斜的曲线，斜率为正，表示货币市场均衡时收入水平与利率之间存在着同方向变化的关系，即利率提高时收入水平趋于上升，利率降低时收入水平趋于下降。

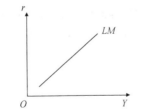

LM曲线

图 9-9　货币市场均衡条件下的 LM 曲线

（二）LM 曲线的推导

根据货币市场的均衡条件，即货币需求等于货币供给（$L=M$），可以推导出货币市场均衡的 LM 曲线，其斜率为正，表示收入水平与利率之间存在着同方向变化的关系。

根据凯恩斯主义的货币理论，货币市场的均衡模型可以表示为：

$$\begin{cases} L = M & \text{货币市场均衡条件} \\ L = L_1(Y) + L_2(r) & \text{货币需求} \\ M = M_0 & \text{货币供给} \end{cases}$$

在货币需求函数 $L= L_1(Y)+ L_2(r)$ 中，$L_1(Y)=kY$，其中 $k>0$，表示货币交易需求对收入的敏感程度；$L_2(r)=J-hr$，其中 J 为一个常数，表示 $r=0$ 时的货币投机需求量；$h>0$，表示货币投机需求对利率的敏感程度。假定价格水平不变（即 $P=1$），则名义货币供给量 M 和实际货币供给量（$\dfrac{M}{P}$）相等。那么，由货币市场的均衡模型可得 $kY+J-hr=M_0$，即：

$$Y = \frac{M_0 - J}{k} + \frac{h}{k}r$$

或

$$r = \frac{k}{h}Y + \frac{J - M_0}{h}$$

式（9-14）

从货币市场均衡时的代数表达式（9-14）也可知，在货币市场均衡时，国民收入水平与利率之间存在着同方向变化的关系。LM 曲线的斜率是 $\dfrac{k}{h}$。

例如，假设货币的交易需求和预防需求函数为 $L_1=L_1(Y)=0.5Y$，货币的投机需求函数 $L_2=L_2(r)=1\,000-250r$，货币供给量 $M_0=1\,250$，价格 $P=1$。根据货币市场的均衡模型：

$$\begin{cases} L = M & \text{货币市场均衡条件} \\ L = 0.5Y + 1000 - 250r & \text{货币需求} \\ M = 1250 & \text{货币供给} \end{cases}$$

可求得 LM 曲线的方程式：$0.5Y + 1\,000-250r=1\,250$

即 $Y=500+500r$

或 $r=0.002Y-1$

（三）LM 曲线上的三个区域

一般认为，货币的交易需求比较稳定，LM 曲线的斜率主要取决于货币的投机需求。货币的投机需求取决于利率水平，但当利率下降到很低的水平或上升到足够的高度时，LM 曲线的斜率会出现两种极端的情况，如图 9-10 所示，LM 曲线自左下方向右上方先后经历了水平线、向右上方倾斜的线、垂直线三个阶段，因此被划分成三个区域，分别是凯恩斯区域、中间区域和古典区域。

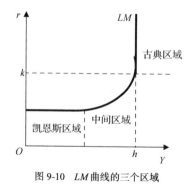

LM 曲线上的凯恩斯区域

图 9-10　LM 曲线的三个区域

1. 凯恩斯区域：LM 曲线斜率为零的水平阶段

凯恩斯认为，当利率很低时，债券价格很高，人们觉得用货币购买债券风险极大，担心债券价格只会跌不会涨，因此买债券很可能亏损，人们无论手上有多少货币，都不肯去买债券，对货币的投机需求已达到利率下降的最低点——流动性陷阱阶段。这时，货币投机需求对利率敏感性极大（h 趋于无穷大），LM 曲线的斜率 $\dfrac{k}{h}$ 为零，LM 曲线呈水平状态。由于这种分析是凯恩斯提出的，所以 LM 曲线处于利率极低时的水平状态称为凯恩斯区域。

2. 古典区域：LM 曲线斜率为无穷大的垂直阶段

当利率上升到足够的高度时，债券价格极低，人们估计债券价格只会涨不会跌，无论有多少货币都愿意去买债券，不愿意为投机而持有货币，于是投机需求不再受利率变动影响，即货币的投机需求对利率已毫无敏感性（$h=0$），因此，在这个阶段，LM 曲线斜率（$\dfrac{k}{h}$）趋于无穷大，呈垂直状态，说明不论利率怎样变动，货币的投机需求均为零。由于古典学派认为货币需求只有交易需求而无投机需求，所以，LM 曲线的垂直阶段称为古典区域。

3. 中间区域：LM 曲线斜率为正时向右上方倾斜的阶段

在 LM 曲线上介于凯恩斯区域和古典区域之间的部分称为中间区域。在中间区域，h 介于零和无穷大之间，k 大于零，因此，LM 曲线在这一区域的斜率（$\dfrac{k}{h}$）为正，即是前面所分析的，为保持货币市场的均衡，收入和利率同方向变动，LM 曲线向右上方倾斜，如图 9-10 所示。

（四）LM 曲线的移动

这里需要先说明两点：

（1）在这里只讨论 LM 曲线的移动，而不是 LM 曲线的转动。因此假定 LM 曲线的斜率（$\dfrac{k}{h}$）不变，即假定 h 和 k 不变。

LM 曲线的移动

（2）分析货币市场均衡时应当考虑实际的货币供给。假定价格水平不变，即 $P=1$，名义货币供给 M 才等于实际货币供给 $\dfrac{M}{P}$；如果 $P\neq1$，则 $M\neq\dfrac{M}{P}$。

根据上面的两点说明以及 LM 曲线的代数表达式（9-14）可知，只讨论 LM 曲线的移动时，式（9-14）中的 h 和 k 假定不变，而 J 是一个常数，因此，当货币供给量 M_0 变动时，LM 曲线会发生移动，而描述货币市场均衡的 LM 曲线应当考虑实际的货币供给，即 $\dfrac{M}{P}$，所以，影响 LM 曲线移动的因素如下。

1. 名义货币供给量

当价格水平 P 一定时，假定名义货币供给量 M 增加，则实际的货币供给 $\dfrac{M}{P}$ 也会增加。

若增加的货币供给量全部为货币交易需求 L_1 吸收，则一方面货币交易需求量 L_1 增加，

从而推出收入 Y 增加；另一方面货币投机需求量 L_2 不变，从而推出利率 r 不变，由此得出：利率不变而收入增加，即 LM 曲线向右下方移动。

若增加的货币供给量全部为货币投机需求 L_2 吸收，则一方面货币交易需求量 L_1 不变，从而推出收入 Y 不变；另一方面货币投机需求 L_2 增加，从而推出利率 r 降低。由此得出：收入不变而利率降低，即 LM 曲线也向右下方平行移动。

总之，若名义货币供给量增加，则 LM 曲线向右下方平行移动；若名义货币供给量减少，则 LM 曲线向左上方平行移动，如图 9-11 所示。

2. 价格水平 P

当名义货币供给量 M 既定时，价格水平发生变化，则实际货币供给量 $\dfrac{M}{P}$ 也会相应地发生变化。当价格水平 P 下降时，实际货币供给量 $\dfrac{M}{P}$ 增加，如上所述，LM 曲线向右下方平行移动，即从 LM_0 移动到 LM_1（见图 9-12）；反之，当价格水平 P 上升时，实际货币供给量 $\dfrac{M}{P}$ 下降，LM 曲线则向左上方平行移动，即从 LM_0 移动到 LM_2，如图 9-12 所示。

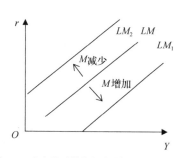

图 9-11　名义货币供给变动引起 LM 曲线移动

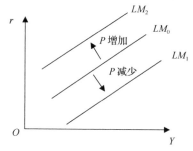

图 9-12　价格水平变动引起 LM 曲线移动

其实，货币需求的变动也会影响 LM 曲线的移动，在其他条件一定时，货币需求增加，则 LM 曲线向左上方移动，货币需求减少，则 LM 曲线向右下方移动。但在宏观经济学中，我们主要关注货币供给变动对 LM 曲线的影响，以更好地理解后面的货币政策变动对货币供给变动及利率和国民收入的影响。

综上所述，在其他条件不变的情况下，名义货币供给量增加使 LM 曲线向右下方平行移动，名义货币供给量减少使 LM 曲线向左上方平行移动；价格水平下降使 LM 曲线向右下方平行移动，价格水平上升使 LM 曲线向左上方平行移动。

（五）货币市场的失衡及其调整

由于 LM 曲线是从货币市场均衡时推导出的收入水平与利率对应点的连线，因此，LM 曲线上的任意一点都代表了货币市场上实现了均衡，即 $L=M$，而线外的任意一点（图 9-13 中的 A 点和 B 点）都代表了货币市场的失衡状态。当货币市场失衡时，市场也会自发调整到均衡水平。

货币市场的失衡
及调整

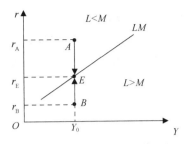

图 9-13　货币市场的失衡及其调整

1. *LM* 曲线左上方的点——货币供给大于货币需求（*L<M*）

以图 9-13 中的 *A* 点为例。在 *A* 点，与 *A* 对应的国民收入为 Y_0，利率为 r_A，当收入为 Y_0 时，*A* 点的利率 r_A 高于 *E* 点的利率 r_E，即 $r_A>r_E$，这说明，*A* 点对货币的投机需求小于 *E* 点对货币的投机需求，即 $L_{2A}<L_{2E}$。在 Y_0 既定的条件下，$L_{1A}=L_{1E}$，故 *A* 点的货币需求（$L_A=L_{1A}+L_{2A}$）小于 *E* 点的货币需求（$L_E=L_{1E}+L_{2E}$），即 $L_A<L_E$，而 *E* 点在 *LM* 曲线上，故 $L_E=M$（满足货币市场的均衡条件），所以在 *A* 点有 $L_A<M$。同理，*LM* 曲线左边的任意一点均存在 *L<M*，即货币市场上出现货币供给过剩。在市场机制本身的作用下，货币供过于求，将导致利率的降低，*A* 点将向下移动，直至移动到 *LM* 曲线上 *E* 点的位置，从而自发实现货币市场的均衡，即 *L=M*。

2. *LM* 曲线右下方的点——货币供给小于货币需求（*L>M*）

以图 9-13 中的 *B* 点为例，*B* 点的利率低于 *E* 点的利率，即 $r_B<r_E$，这说明 *B* 点对货币的投机需求大于 *E* 点对货币的投机需求，即 $L_{2B}>L_{2E}$。在 Y_0 既定的条件下，$L_{1B}=L_{1E}$，故 *B* 点的货币需求（$L_B=L_{1B}+L_{2B}$）大于 *E* 点的货币需求（$L_E=L_{1E}+L_{2E}$），即 $L_B>L_E$，而 *E* 点在 *LM* 曲线上，故 $L_E=M$（满足货币市场的均衡条件），所以在 *B* 点有 $L_B>M$。同理，*LM* 曲线右边的任意一点均存在 *L>M*，即货币市场上出现货币短缺，在市场机制本身的作用下，货币供不应求，将导致利率的上升，*B* 点将向上移动，直至移动到 *LM* 曲线上 *E* 点的位置，从而自发实现货币市场的均衡，即 *L=M*。

三、产品市场与货币市场同时均衡：IS-LM模型分析

产品市场和货币市场不是孤立的，而是相互影响的。只有把产品市场和货币市场联系起来，即把 *IS* 曲线与 *LM* 曲线放在一起考察，建立 IS-LM 模型，才能最终解决均衡利率和均衡国民收入的问题。

（一）均衡国民收入和均衡利率的决定

IS 曲线上任一利率与国民收入的组合都满足投资等于储蓄这一产品市场的均衡条件，*LM* 曲线上任一利率与国民收入的组合都满足货币需求等于货币供给这一货币市场的均衡条件，如果我们将 *IS* 曲线和 *LM* 曲线放在同一个坐标里，就可以得到说明两个市场同时达到均衡

均衡国民收入和
均衡利率

时国民收入和利率决定的 IS-LM 模型，如图 9-14 所示。

在图 9-14 中，*IS* 曲线上任意一点都表示产品市场的均衡，即 *I=S*，*LM* 曲线上任意一点都表示货币市场的均衡，即 *L=M*，*IS* 曲线与 *LM* 曲线相交于 *E* 点，在 *E* 点则是两种市场的同时均衡，决定了均衡的利率水平为 r_0，均衡的国民收入水平为 Y_0。

IS-LM 模型是对凯恩斯的国民收入决定理论体系所做的标准的阐释。产品市场与货币市场同时均衡的数学模型如图 9-15 所示。

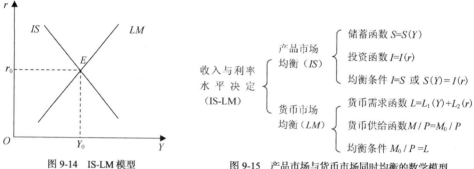

图 9-14 IS-LM 模型   图 9-15 产品市场与货币市场同时均衡的数学模型

例如，已知消费函数 *C*=300+0.75*Y*，投资函数 *I*=1 250-100*r*，货币需求函数 *L*=0.5*Y*-100*r*，名义货币供给量 M_0=1 000，价格水平 *P*=1，求均衡的国民收入和均衡的利率。

解：通过产品市场与货币市场同时均衡的数学模型，先分别求 *IS* 曲线和 *LM* 曲线的方程式。

（1）*IS* 曲线方程。

根据产品市场的均衡条件：*Y* =*C+I* 或 *I=S*（*S=Y-C*），

即 *Y* =300+0.75*Y*+1 250-100*r*，化简得 *Y*=6 200-400*r*。

（2）*LM* 曲线方程。

根据货币市场均衡条件 $L = \dfrac{M}{P}$，即 0.5*Y*-100*r*=1 000，化简得 *Y*=2 000+200*r*。

（3）将 *IS* 曲线方程和 *LM* 曲线方程联立，得

$$\begin{cases} Y = 6\,200 - 400r \\ Y = 2\,000 + 200r \end{cases}$$

解方程组，便可以得到均衡的国民收入和利率：

Y=3 400，*r*=7。

（二）产品市场和货币市场的失衡及其调整

在 IS-LM 模型中，*IS* 曲线与 *LM* 曲线的交点决定了均衡的国民收入和均衡的利率，实现了两个市场的同时均衡。任何偏离交点的利率和国民收入的对应点都不能到达产品市场和货币市场的同时均衡。

产品市场和货币市场的失衡及调整

1. 失衡的几种情况

在图 9-16 中，横轴代表国民收入 Y，纵轴代表利率 r，代表产品市场均衡的 IS 曲线和代表货币市场均衡的 LM 曲线把坐标平面分成 Ⅰ、Ⅱ、Ⅲ、Ⅳ四个区域，IS 曲线和 LM 曲线交点为 E，因此，均衡的国民收入为 Y_0，均衡的利率为 r_0，除了 E 点实现了产品市场和货币市场的同时均衡以外，其他各点均没有实现两个市场的同时均衡。

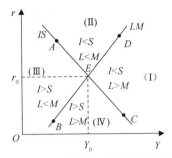

图 9-16　产品市场和货币市场的失衡状态

IS 曲线上除 E 点以外的其余各点，产品市场实现了均衡，但货币市场没有均衡。其中 A 点是 $I=S$，$L<M$；C 点是 $I=S$，$L>M$。

LM 曲线上除 E 点以外的其余各点，货币市场实现了均衡，但产品市场没有均衡。其中 B 点是 $I>S$，$L=M$；D 点是 $I<S$，$L=M$。

在其他各区域的失衡情况如图 9-16 所示。

2. 两个市场失衡的调整过程

在图 9-17 中，除了 E 点实现了产品市场和货币市场的同时均衡以外，其他各点均没有实现两个市场的同时均衡。当投资函数、储蓄函数、货币需求函数和货币供给量既定不变时，如果经济出现失衡状态，市场经济必然会通过自身的力量促使失衡状态向均衡状态调整。产品市场不均衡则必然导致国民收入变动：当投资大于储蓄（$I>S$）时，产出或国民收入（Y）会增加；当投资小于储蓄（$I<S$）时，产出或国民收入（Y）会减少，直至 $I=S$。货币市场不均衡则必然导致利率变动：当货币需求大于货币供给（$L>M$）时，利率（r）会提高；当货币需求小于货币供给（$L<M$）时，利率（r）会下降，直至 $L=M$。两个市场任何非均衡的国民收入和利率都会经过充分的调整，最终由失衡状态逐步调整到 $I=S$，$L=M$，$IS=LM$ 的均衡状态。

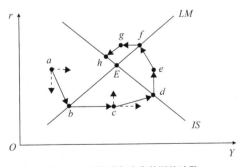

图 9-17　两个市场失衡的调整过程

假定经济的初始状态在 a 点（见图 9-17），即 $I>S$，$L<M$。由于此时产品市场和货币市场都处于非均衡状态，a 点一方面因产品市场需求大于供给驱使产出增加，从而受到一个向右移动的水平力作用，另一方面因货币市场货币供给大于货币需求驱使利率下降，

从而受到一个向下移动的垂直力作用。这两种力量的结合，导致收入和利率同时变动，最终的移动方向取决于二者的合力，即会向两种力量的对角线方向移动，假定移动到了 b 点。b 点在 LM 曲线上，实现了货币市场均衡，因此没有垂直方向移动的压力，但产品市场仍然是需求大于供给，于是继续沿水平方向向右移动到 c 点。在 c 点两个市场又是非均衡的，产品市场需求大于供给驱使其向右移动，货币市场需求大于供给驱使其向上移动，于是再调整至 d 点。在 d 点产品市场是均衡的，但货币市场非均衡，于是向上调整，就这样经过多次反复的调整，再经过 $e,f,g,h,\cdots$，直至调整到 IS 与 LM 曲线的交点 E 点，两个市场就同时达到均衡，形成了均衡的国民收入和均衡的利率。因此，在 E 点，产品市场上实现了总产出等于总需求，货币市场上实现了货币需求等于货币供给，即自发调整到了 $I=S$，$L=M$，$IS=LM$ 的均衡状态。

如果将上述的调整过程，从失衡点 a 向均衡点 E 调整的路径用光滑的连线表示，那将是如图 9-17 所示的螺旋线。

（三）均衡国民收入与均衡利率的变动

1. IS 曲线移动

从前述关于 IS 曲线移动的影响因素分析中可以知道，投资增加、自发性消费增加，政府购买支出增加或减少税收等，都会增加社会的总需求，导致国民收入增加，促使 IS 曲线向右上方移动。如果考虑两个市场，如图 9-18 所示，IS_0 曲线向右上方移动到 IS_1，均衡点由 E_0 变为 E_1，均衡利率上升到 r_1，均衡国民收入提高到 Y_1，请注意这是考虑了两个市场的结果。因为，如果在产品市场国民收入增加的同时，会使货币的需求增加，货币市场实际货币余额存量不变，则利率 r_0 也将上升到 r_1，利率的上升限制了投资的

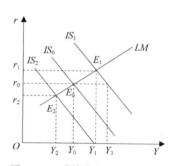

图 9-18 IS 曲线移动对均衡的影响

进一步增加，从而也限制了收入的增加，使 Y_0 只能增加到 Y_1。而如果不考虑货币市场（即假定利率 r_0 不变）的话，国民收入应该增加到 Y_3。

反之，总需求减少时，如投资下降、自发性消费减少，政府购买支出减少或增加税收等，都会减少社会的总需求，导致国民收入减少，促使 IS 曲线向左下方移动。如图 9-18 所示，IS_0 曲线向左下方移动到 IS_2，均衡点由 E_0 变为 E_2，均衡利率下降到 r_2，均衡国民收入减少到 Y_2。

2. LM 曲线移动

前面我们不考虑产品市场，也单独讨论过 LM 曲线的移动问题。知道在货币市场上，如果其他条件一定时，名义货币供给或价格水平发生变化，会引起实际的货币供给变化，进而使利率发生相应变动，LM 曲线会随之发生移动。下面结合两个市场，运用 IS-LM 模型来分析产品市场不变时，即在 IS 曲线不变的情况下，LM 曲线移动对均衡国民收入和均衡利率的影响。

从前述关于 LM 曲线移动的影响因素分析中可以知道，其他条件一定时，名义货币供给增加或价格水平下降，会使实际的货币供给增加，导致利率下降，促使 LM 曲线向右下方移动。如果考虑两个市场，如图 9-19 所示，LM_0 曲线向右下方移动到 LM_1，均衡点由 E_0 变为 E_1，均衡利率下降到 r_1，均衡国民收入提高到 Y_1，请注意这是考虑了两个市场的结果。因为，利率的下降会刺激投资的增加，从而使均衡收入上升。但是由于在实际货币余额给定时，利率的下降刺激货币投机需求上升，货币投机需求增加必然会减少货币交易需求增加的幅度，从而也减少了收入增加的幅度，Y_0 只增加到 Y_1，而不是 Y_3。

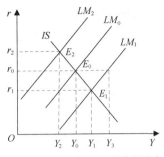

图 9-19　LM 曲线移动对均衡的影响

反之，实际货币供给减少时，LM_0 曲线向左上方移动到 LM_2，均衡点由 E_0 变为 E_2，均衡利率提高到 r_2，均衡国民收入减少到 Y_2。

当 IS 曲线和 LM 曲线同时移动时，均衡利率和均衡国民收入变化的结果，取决于 IS 曲线和 LM 曲线移动的方向和相对幅度，这里就不逐一说明了。

第三节　总需求-总供给模型

　影响总需求曲线移动的因素主要有哪些？古典模型中的总供给曲线和凯恩斯模型中的总供给曲线有什么差别？

前面有关宏观经济问题的讨论，都是在一般价格水平固定不变的假定下进行的，这些讨论都没有说明产量（收入）和价格水平之间的关系。本章将要论述的总需求—总供给模型则取消了价格水平固定不变的假定，着重说明产量和价格水平的关系。总需求函数（曲线）和总供给函数（曲线）是宏观经济学重要的分析工具，也是理解宏观经济学中的一些重大问题的基础。

一、总需求曲线

为了理解总需求曲线（Aggregate Demand Curve），首先从总需求和总需求函数谈起。总需求即社会对产品和服务的需求总量，这一需求总量通常以产出水平来表示。正如第二章中所表述的那样，总需求一般由消费需求（C）、投资需求（I）、政府需求（G）和国外需求（X）构成。当然，推动总需求的力量除了价格水平、人们的收入水平、人们对未来的预期等因素外，还包括税收、政府购买，以及货币供给等

总需求曲线

政策变量的变动。

总需求曲线描述的是总需求函数。总需求函数是指产量（或收入）与价格水平之间的关系。它表示在特定价格水平下满足总需求所需要的收入水平。从几何图上看，总需求曲线的纵坐标为价格水平，横坐标为产出水平，它表示的是产品市场与货币市场同时达到均衡时的价格水平与产出水平的组合。我们可以从简单的收入决定模型中推导出总需求曲线。

为了理解如何从简单的收入决定模型中推导出总需求曲线，先理解价格水平的变化是如何导致总产出水平变化的。我们知道，价格水平上升会导致利率的上升，而利率的上升则会导致投资和总支出水平下降。同时，价格水平上升也使货币需求量上升。一般来说，价格水平越高，商品和服务就越贵，所需要的用于交易的现金就越多。可见，货币的名义需求是价格水平的增函数。很显然，如果货币供应量没有变化，在价格上升而导致货币需求量增加时，利率就会上升。利率上升会使投资水平下降，进而导致总支出水平和收入水平下降。可见，价格水平变化所引起的产出水平变化是通过利率为传导机制的。我们将这种价格水平变化引起利率的同方向变化，进而使投资和产出水平反方向变化的过程称为利率效应（Interest Effect）。

其次，价格水平的上升使人们所持有的货币及其他以货币价值衡量的资产的实际价值降低，人们会变得相对贫穷，于是人们的消费水平就会相应降低，这种效应称为实际余额效应（Real Balance Effect）。

用图 9-20 来说明如何从简单的收入决定模型推导总需求曲线。当价格水平为 P_0 时，均衡的总支出或总收入为 Y_0，这时在图 9-20（b）中就得到与价格 P_0 相对应的 Y_0，即图 9-20（b）中的 A 点。A 点即为总需求曲线上的一点。当价格水平发生变动，从 P_0 上升至 P_1 时，在构成总支出的其他因素不变的情况下，价格的上升会导致总支出的下降，表现在图 9-20（a）中，总支出从 AE_0 下降至 AE_1，从而使均衡收入从 Y_0 下降为 Y_1，于是就得到了图 9-20（b）中的 B 点。B 点也是总需求曲线上的一点。将 A、B 点连接起来，就得到了图 9-20（b）中的总需求曲线 AD。

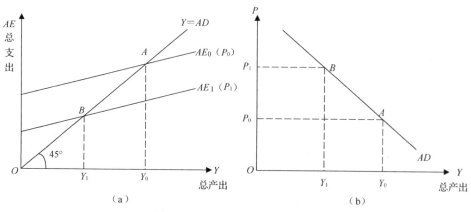

图 9-20　收入决定模型与总需求曲线

总需求函数的变动与产品市场和货币市场的变动有关，也就是说，总需求函数也可以从产品市场与货币市场的均衡中得到。

 专栏 9-2

"蜜蜂寓言"的启示

20世纪30年代，资本主义世界爆发了一场空前的大危机。经济的大萧条使3 000多万人失业，三分之一的工厂停产，金融秩序一片混乱，整个经济倒退到第二次世界大战以前的水平。

在经济大危机中，产品积压，工人失业，生活困难，绝大多数人对前途感到悲观。持续的经济衰退和普遍失业，使传统的经济学遇到了严峻的挑战。一直关注美国罗斯福新政的英国经济学者约翰·梅纳特·凯恩斯，从一则古老的寓言中得到了启示：从前有一群蜜蜂过着挥霍、奢华的生活，整个蜂群兴旺发达，百业昌盛。后来，它们改变了原有的生活习惯，崇尚节俭朴素，结果社会凋敝，经济衰落，终于被敌手打败。凯恩斯从这则寓言中悟出了需求的重要性，并建立了以需求为中心的国民收入决定理论，并在此基础上引发了经济学上著名的"凯恩斯革命"。这场革命的结果就是建立了现代宏观经济学。

讨论题：

1. 如何理解以需求为中心的国民收入决定理论？
2. "蜜蜂寓言"给我们什么启示？

案例点评：

根据消费与储蓄对国内生产总值的不同影响，凯恩斯得出这样一个与传统的道德观相悖的推论：按照传统的道德观，增加储蓄是好的，减少储蓄是恶的。但按上述储蓄变动引起国内生产总值反方向变动的理论，增加储蓄会减少国内生产总值，使经济衰退，是恶的；而减少储蓄会增加国内生产总值，使经济繁荣，是好的。这种矛盾称为节约的悖论。"蜜蜂的寓言"讲的就是这个道理。

二、总供给曲线

我们知道，总供给曲线所描述的是在各个既定的价格水平上，厂商愿意提供的产出数量。从短期看，总供给曲线有两种较为特殊的形态：一种称为凯恩斯总供给曲线，它是一条水平线（见图9-21）；另一种称为古典总供给曲线，类似我们在前面提到的长期总供给曲线，它是一条垂直线，如图9-22所示。

总供给曲线

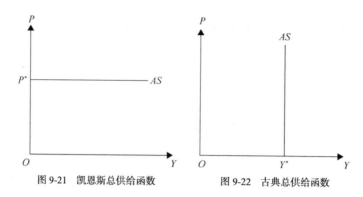

图 9-21　凯恩斯总供给函数　　　　　图 9-22　古典总供给函数

　　古典总供给曲线是垂直的，说明无论是什么价格水平，供应的产品数量都一样。这是基于劳动力市场始终处于充分就业均衡状态的假定。在充分就业条件下，由于按一定工资水平愿意就业的劳动力都已就业，产量无法再扩大，这时如果总需求持续扩张，只能导致物价水平的上升。

　　我们把对应于劳动力充分就业状态的产出水平称为潜在的 GDP，即图 9-22 中的 Y^*。当经济积聚资源并出现技术进步时，潜在 GDP 会随着时间的推移而增长，因而古典总供给曲线的位置将随着时间而逐渐右移。这里要强调的是，尽管潜在 GDP 会发生变动，但这种变动并不取决于价格水平。

　　凯恩斯总供给曲线是水平的，表明厂商在现有价格水平上愿意提供社会所需求的任何数量的商品。凯恩斯总供给曲线是依据凯恩斯提出的货币工资的下降具有"刚性"这一假设条件而得出的。这一假设条件的含义：一方面，工人们会对货币工资的下降进行抵抗，工会的存在会使这一抵抗变得有效，但工人们都喜欢货币工资的上升。在这种情况下，货币工资一般只能上升，不能下降。另一方面，由于工人们都具有货币幻觉（Money Illusion），即只看到货币的票面价值而不关注货币的实际购买力，所以他们会抵抗在价格不变情况下的货币工资下降，却不会抵抗货币工资不变情况下的价格水平提高。实际上，这两种情况都会造成实际工资的下降。正是由于存在着"货币幻觉"，所以工人们会对相同的后果采取迥然不同的态度。

　　货币幻觉存在的直接效果是，厂商可以在现行工资水平上获得他们所需要的劳动力数量。因而，他们的平均生产成本被假定为不随产出水平的变化而变化。这样，厂商就愿意按现行价格水平提供社会所需的产品数量。

　　需要指出的是，凯恩斯总供给曲线的思想发端于大萧条时期，当时由于可以把大量闲置的资本和劳动力投入生产，因而使产出似乎可以在价格不发生上涨的情况下无限扩张。在一般情况下，当短期内需求发生变动时，厂商们一般不愿意改变价格和工资，而会通过增加或减少产量对市场需求变动做出反应。因此，总供给曲线在短期内是相当平坦的，这与凯恩斯总供给曲线状态相当接近。

　　在凯恩斯总供给曲线上，价格水平不取决于 GDP。但是在大多数国家中，大部分年份的价格都在上涨，尽管上涨幅度并不大，但一直在持续。这种价格的上涨会使总供给曲线向上移动。

在现实经济中，我们可以把凯恩斯总供给曲线和古典总供给曲线看成是两种比较极端的情形。在大部分时间里，产出水平是随着物价的上升而增加的。这样，我们就可以给出一条完整的总供给曲线图，如图 9-23 所示。

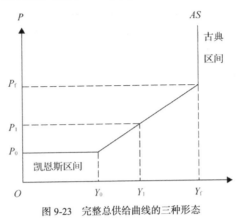

图 9-23　完整总供给曲线的三种形态

在图 9-23 中，当总产出水平扩大到 Y_0 时，物价水平一直维持在 P_0 的水平保持不变，因此这时的总供给曲线是一条水平线，符合凯恩斯条件。正如我们在前面已说的那样，这种情况一般发生在经济萧条时期，由于有效需求不足，资源闲置与劳动力失业比较严重。在这种情况下，总产出的增长是通过利用大量闲置资本和劳动力的结果，不会造成生产成本的上升，从而也不会导致物价的上涨，这是凯恩斯区间的总供给状态。

随着就业的不断增加，总产出不断增长，物价也相应地逐渐上涨。如图 9-23 中，Y_0 相对应的物价水平是 P_0，而 Y_1 相对应的物价水平是 P_1。在这一区间，物价水平随着总产出水平的增长而上升。这是因为随着总产出水平的不断增长，效率较差的设备开始投入使用，效率较低的工人开始被雇用，从而导致劳动的边际产品随就业的增加而递减，造成单位产品的成本随着产量的扩大而上升。

图 9-23 中 Y_f 表示充分就业条件下的总产出。在有限资源条件下，总产出扩大到这一数量，按一定实际工资水平愿意就业的工人都已就业，产量已无法再扩大，因而这时总需求的继续扩张只能导致物价水平的上涨。这时的总供给曲线就成为一条在充分就业条件下的垂直线，即古典区间的总供给曲线。

三、不同总供给假定条件下的总需求政策

总需求曲线和总供给曲线不仅可以从供求两方面来说明收入的决定，而且可以更充分地说明宏观经济政策的有关问题。本节将讨论不同条件下总需求曲线和总供给曲线的移动效应。

1. 凯恩斯情形

在图 9-24 中，我们将凯恩斯总供给曲线与总需求曲线结合在一起。从图 9-24 中可以看出，如设经济初始均衡点位于 E 点，在此点上 AS 与 AD 相交。假定总需求扩张（Aggregate Demand Expansions），如财政通过增加政府支出或通过减税等手段实施财政扩张政策，就会导致 AD 曲线向右移动，即从 AD 移动到 AD^*。这时，经济的新的均衡点就移到 E^* 点，这时总产出增加。由于这时经济尚处于萧条时期，厂商在 P_0 的价格水平下愿意提供任意数量的产品，因此产量增加对价格没有影响，而这时的财政扩张政策所导致的结果只是产量的提高和就业的增加。

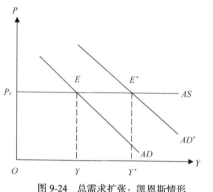

总需求政策

图 9-24　总需求扩张：凯恩斯情形

同样可以说明，在凯恩斯情形下，中央银行实施的以名义货币量增加为特征的货币扩张政策也会导致经济中均衡产量的增加，同样，这种均衡产量的增加也不对价格水平产生影响。

2. 古典情形

在古典情形下，总供给曲线在充分就业的产出水平上是垂直的。这时，不论价格水平如何，经济中厂商可提供的产出量都为 Y_f。在这种供给条件下，总需求的变动所得到的结果与凯恩斯模型完全不同。

图 9-25 中总供给曲线 AS 为一条垂直线，经济初始均衡点为 E 点。假如政府通过扩张性财政政策使总需求曲线从 AD 移动到 AD^*。这时，如果初始价格 P_0 不变，经济的总支出就会增加至 E^* 点。但由于资源已被充分利用，厂商不可能再获得更多的劳动力来生产更多的产量，也就是说，产品供给对新增的需求已无法做出反应。这时，增加的总需求只能导致更高的价格，而不能提高产量。

价格的上涨降低了实际货币存量并导致利率的上升和支出的减少。这样，经济就会

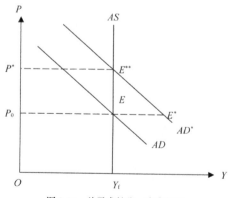

图 9-25　总需求扩张：古典情形

沿着 AD^* 曲线不断向上移动，直到价格的上升和货币实际余额的下降所导致的利率提高和支出降低达到与充分就业相一致的水平，这一水平就是图 9-25 中的 E^{**} 点，这时的价格水平达到 P^*，也就是说，总需求在更高的价格水平上再次与总供给相等。

3. 常规情形

我们已经说过，凯恩斯情形与古典情形都是一种特例，这两种情况是在经济过度萧条或经济过度扩张情况下才会出现。在一般情况下，总供给曲线是向右上方倾斜的。正如图 9-26 中所见到的，完整的总供给曲线是由水平线开始，逐渐向右上方移动，最后逼近垂直的古典总供给曲线。由于总供给曲线的这一特征，在与总需求曲线相交时，不同的交点所产生的效果大相径庭。一般，当总需求在较低水平时，总需求的增长所产生的结果是产量的大幅增长而价格的小幅增长。当总需求增长至接近充分就业水平时，总需求的增长所导致的结果只能是物价的上涨。

除了总需求移动的效应外，我们还可以考察总供给曲线移动的效应。前面已经对短期总供给曲线的移动及其影响进行了初步的介绍，这里我们将进一步展开讨论。

图 9-26 显示的是经济中投资增加而造成生产能力扩大的情形。这时，总供给曲线向右移动，即从 AS_0 移动到 AS_1。如果经济最初运行在总供给曲线的陡峭部分，且总需求是缺乏弹性的，如图 9-26 中的 AD_1，那么总供给的增加意味着新的均衡价格将低于初始价格水平。如果经济最初运行在总供给曲线的平坦部分，如图 9-26 所示的 AD_0，则总供给曲线移动的效果不明显。这是因为总供给曲线的平坦部分表示经济中尚存在着过剩的生产能力，新追加的生产能力对于生产的均衡数量和均衡价格的影响微乎其微。

但是，如果经济体遇到投入品价格突然上涨所形成的供给冲击（Supply Shock），总供给曲线就会向左上方移动，如图 9-27 所示。20 世纪 70 年代初的石油危机对全球经济的冲击就是最为典型的一例。在这种成本推动通货膨胀的冲击下，厂商即使生产与以前相同的产量，但由于成本的大幅度提高，他们必须通过提高产品的价格才能弥补成本上升所造成的损失。从图 9-27 中可以看出，这时即使经济还处于过剩期，但价格水平也会上升。

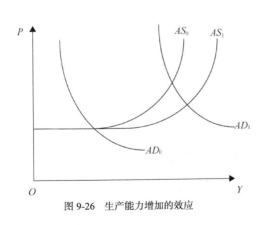

图 9-26　生产能力增加的效应

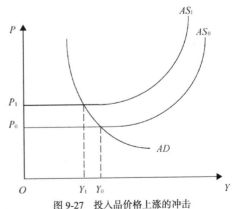

图 9-27　投入品价格上涨的冲击

以上讨论了在三种不同的总供给曲线条件下总需求曲线的演变情形，从中可以悟出不同总供给状态下的总需求政策的有效性。除此之外，有关总供给与总需求问题，还有以下两点需要说明。

（1）总供给与总需求模型是一种静态的和封闭的宏观经济模型，即模型中并不加入时间因素，因此，它只限于解释均衡状态，或者用于解释由于外生变量的一次性变动而引起的内生变量（如价格水平）的变动。如要解释变量的动态变化，则必须考虑时间因素。有关价格随时间因素变化的问题，我们将在第十一章有关通货膨胀理论中加以讨论。

（2）总供给和总需求模型，虽然是在前面内容基础上所进行的总结与概括，但从本质上说，总供给和总需求模型还与产品市场与货币市场的均衡有关。因此，可再结合IS-LM 模型进一步讨论总供给和总需求模型，并给出数学表达式。

案例与拓展[1]

拓展资料： 2015 年我国经济形势简况与进出口贸易主要特点

资料来源：《2015 年我国经济形势综述及进出口贸易形势分析报告》

2015 年世界经济增速普遍放缓，全面步入中低速增长时代。发达经济体经济增长动能不足，复苏进程缓慢，新兴经济体整体表现不佳，虽下跌速度有所减缓，但未现反弹迹象。面对错综复杂的国际形势，我国实体经济表现疲弱、投资整体下滑，进出口贸易增速进一步回落，我国经济承受较大的下行压力。

据统计，2015 年中国经济增长 6.9%，为 25 年来首次回落至 7%以下。2015 年我国进出口总值 24.58 万亿元，比 2014 年下降 7%，其中出口 14.1 亿元，下降 1.8%，进口 10.45 万亿元，下降 13.2%，贸易顺差 3.69 万亿元，扩大 56.7%。从月度趋势看，全年除 2 月份正增长外，其余各月均为负增长，其中，4 月、5 月、7 月、8 月、9 月和 10 月同比下滑幅度均超过 8%，如图 9-28 所示。

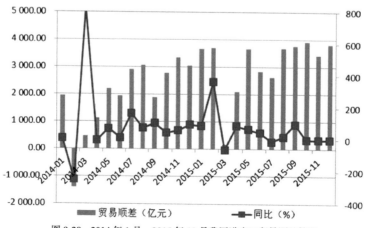

图 9-28　2014 年 1 月—2015 年 12 月我国进出口贸易顺差情况

整体来看，我国经济处于深化改革和结构调整的新常态下，面临国内产能过剩、新旧增长动力转换和不确定的国际经济环境等诸多内外因素的挑战。因此，国家正在积极推进"三去、一降、一补"等一系列稳增长政策措施。

案例与拓展[2]

案例资料：中国总供给与总需求的变化

案例来源：根据相关资料整理

中国改革开放 10 年以后，总供给与总需求的关系开始发生变化。长期的绝对的短缺已开始让位于一定时段上短缺与过剩共存，或不同时段上短缺与过剩的交替。从 20 世纪 80 年代中期开始，曾有过部分农产品过剩的情况。进入 20 世纪 90 年代后，短缺经济特征趋淡，多年的经济高速增长已使供给能力大大提高，过剩现象开始明显出现。1990 年，中国市场出现第一次普遍意义上的生产过剩，同时也宣告了短缺经济时代的终结。20 世纪 90 年代中期以后，就国民经济发展而言，需求已经与供给同时成为中国经济发展的两大推动力，单纯靠提高供给来保障生活的阶段已经过去了。

从 1998 年开始，中国经济出现了明显的过剩经济特征，即总供求之间的结构性失衡。主要表现在以下几个方面。

（1）商品供给结构与需求结构失调。例如，最为典型的 1998 年，兵器工业开工率只有 45%，航天工业只有 35%，发电设备能力利用率为 66%。

（2）资金需求结构与资金供给结构不对称。1996 年非国有经济的生产总量只占全社会信贷资金的 20%左右，以后尽管有所上升，但非国有经济的非国民待遇一直得不到很好的改观。银行有钱不敢贷，企业在等米下锅，表现出一种非常奇特的资金结构性矛盾。从表面上看，其原因主要是：因企业资信度不好，银行不敢贷款；因企业有项目，但企业与银行对项目的评价不同，银行宁紧勿松而不愿贷款。但从本质上看，这种资金供求的矛盾，实质上是一种体制性矛盾。

在转轨经济中，总供求互相适应的应变机制尚不健全，还缺乏自我调节功能。供给不适应需求，有正常和不正常两种情况。一般而言，需求变化速度快于供给，需求是超前的、多变的，这时的供给滞后是正常的。但我国供给不能灵活适应需求变化的具体表现如下：①需求的市场化、货币化进程极大地快于供给的市场化、货币化进程；②投资体制缺乏约束力，在投资决策时对市场需求没有前瞻性预测；③企业没有建立按市场需求调整生产的管理机制和运作机制，自我发展能力差，新产品开发能力低。

请回答下列问题：

1．你认为总供给总需求的均衡与经济体制有没有关系，如何理解这种关系？

2．你认为目前中国经济问题中的主要矛盾是在总供给方面，还是在总需求方面？

3．根据你的理解，怎样的状况才算达到了总供给与总需求的均衡？

本章要点

1. 乘数是指均衡产出的变化量与导致均衡产出发生变化的自主支出变化量之比。具体包括投资乘数、政府购买支出乘数、税收乘数、转移支付乘数和对外贸易乘数。

2. 两部门条件下的国民收入决定公式：$Y = \dfrac{a + I}{1 - b}$；三部门条件下的国民收入决定公式：$Y = \dfrac{a - bT + I + G}{1 - b}$（假设征收的是定量税）。

3. IS 曲线是描述产品市场达到均衡时，利率与国民收入之间存在着反向变动关系的曲线。IS 曲线是一条自左上方向右下方倾斜的曲线，斜率为负。影响 IS 曲线移动的主要因素如消费（或储蓄）、投资、政府购买支出（或税收），以及净出口等总需求的变动，都会引起国民收入的变动，并且国民收入的变动是这些项目变动量的若干倍。当自发总需求增加时，IS 曲线向右上方移动，当自发总需求减少时，IS 曲线向左下方移动。

4. LM 曲线是描述货币市场达到均衡时，利率与国民收入之间存在着同方向变动关系的曲线。LM 曲线是一条自左下方向右上方倾斜的曲线，斜率为正。在其他条件不变的情况下，名义货币供给量增加使 LM 曲线向右下方平行移动，名义货币供给量减少使 LM 曲线向左上方平行移动；价格水平下降使 LM 曲线向右下方平行移动，价格水平上升使 LM 曲线向左上方平行移动。

5. IS 曲线与 LM 曲线的交点决定了均衡的国民收入和均衡的利率，实现了两个市场的同时均衡。任何偏离交点的利率和国民收入的对应点都不能到达产品市场和货币市场的同时均衡。如果经济出现失衡状态，市场经济必然会通过自身的力量进行调整，直至调整到 $I=S$，$L=M$，$IS=LM$ 的均衡状态。

$$\text{IS-LM模型} = \begin{cases} \text{产品市场均衡（}IS\text{）：} I(r) = S(Y) \\ \text{货币市场均衡（}LM\text{）：} M_0 / P = L_1(Y) + L_2(r) \end{cases}$$

6. 总供给和总需求模型用来表明产出与价格两者之间均衡水平的决定。总供给曲线 AS 表明，在各个价格水平上，企业愿意供给的实际产出数量。总需求曲线 AD 表示在各个价格水平上，消费和资本市场处于均衡时的产出水平。总需求曲线可以由简单的收入决定模型导出。

7. 总供给曲线可以分为凯恩斯情形、古典情形和常规情形三种状态。凯恩斯总供给曲线是水平的，它意味着企业在现有价格水平上愿意供给所有数量的商品。古典总供给曲线是垂直的，它表示的是充分就业条件下的总供给状态。常规形态的总供给曲线是向右上方倾斜的，它表明随着价格的上涨，厂商所提供的供给数量会不断提高。

8. 总需求的扩张（如实施扩张性财政政策或货币政策等）会使 AD 向右上方移动。在凯恩斯供给条件下，总需求的扩张会导致总供给的增加，但不会引致价格的上涨。在古典供给条件下，总需求的上升只能引致价格的上涨。

投入品价格的突然上涨（如 20 世纪 70 年代初的石油危机）会导致总供给曲线向左上方移动，其结果会导致产量的减少与价格的上涨。

关键概念

投资乘数　　　政府购买支出乘数　　　税收乘数　　　　　转移支付乘数
对外贸易乘数　*IS* 曲线　*LM* 曲线　　流动性陷阱　　　　产品市场均衡
货币市场均衡　　均衡国民收入　　均衡利率　　　　IS-LM 模型
总供给（AS）曲线　充分就业　　　总需求（AD）曲线
总需求扩张　　　古典总供给曲线　利率效应

习 题 九

一、选择题

1. 如果与可支配收入无关的消费为 300 亿元，投资为 400 亿元，边际储蓄倾向为 0.8，那么，在两部门经济的情况下，均衡收入水平为（　　）。

    A．875 亿元左右　　　　　　　　　B．700 亿元

    C．3 500 亿元　　　　　　　　　　D．4 000 亿元

2. 在三部门经济中，如果用支出法来衡量，国民收入等于（　　）。

    A．消费+投资　　　　　　　　　　B．消费+投资+政府支出

    C．消费+投资+政府支出+净出口　　D．消费+投资+净出口

3. 政府支出乘数（　　）。

    A．等于投资乘数　　　　　　　　　B．等于投资乘数的相反数

    C．比投资乘数小 1　　　　　　　　D．等于转移支付乘数

4. 政府购买乘数 K_G，政府转移支付乘数 K_{TR} 和税收乘数 K_T 的关系是（　　）。

    A．$K_G > K_T > K_{TR}$　　　　　　　B．$K_T > K_{TR} > K_G$

    C．$K_{TR} > K_G > K_T$　　　　　　　D．$K_G > K_{TR} > K_T$

5. 假定某国经济目前的均衡收入为 5 500 亿元，如果政府要把收入提高到 6 000 亿元，在边际消费倾向等于 0.8 的条件下，应增加政府购买支出（　　）。

    A．100 亿元　　　　B．625 亿元　　　　C．500 亿元　　　　D．300 亿元

6. *IS* 曲线上的每一点都表示（　　）。

    A．投资等于储蓄的收入和利率的组合

    B．投资等于储蓄的均衡的货币量

    C．货币需求等于货币供给的均衡货币量

    D．产品市场和货币市场同时均衡的收入

7. 一般来说，位于 *IS* 曲线右方的收入和利率组合，都是（　　）。

    A. 投资小于储蓄的非均衡组合

    B. 投资大于储蓄的非均衡组合

    C. 投资等于储蓄的均衡组合

    D. 货币供给大于货币需求的非均衡组合

8. 政府支出的增加使 *IS* 曲线（　　）。

    A. 向左移动　　　　B. 向右移动　　　　C. 保持不动　　　　D. 斜率增大

9. *LM* 曲线上每一点都表示（　　）。

    A. 产品需求等于产品供给的收入和利率的组合

    B. 货币供给大于货币需求的收入和利率的组合

    C. 货币供给等于货币需求的收入和利率的组合

    D. 产品需求大于产品供给的收入和利率的组合

10. 一般来说，*LM* 曲线的斜率（　　）。

    A. 为正　　　　B. 为负　　　　C. 为零　　　　D. 可正可负

11. 一般来说，位于 *LM* 曲线左方的收入和利率组合，都是（　　）。

    A. 货币需求大于货币供给的非均衡组合

    B. 货币需求等于货币供给的均衡组合

    C. 货币需求小于货币供给的非均衡组合

    D. 产品需求等于产品供给的非均衡组合

12. *IS* 曲线右上方、*LM* 曲线左上方的组合表示（　　）。

    A. 产品求大于供、货币供小于求　　　　B. 产品供大于求、货币供小于求

    C. 产品求大于供、货币供大于求　　　　D. 产品供大于求、货币供大于求

13. 价格水平上升时，会（　　）。

    A. 减少实际货币供给，*LM* 曲线右移　　　　B. 减少实际货币供给，*LM* 曲线左移

    C. 增加实际货币供给，*LM* 曲线右移　　　　D. 增加实际货币供给，*LM* 曲线左移

14. 当利率很低时，人们购买债券的风险将会（　　）。

    A. 变得很小　　　　B. 变得很大

    C. 可能很大也可能很小　　　　D. 不发生变化

15. 下列哪一种观点是不正确的？（　　）

    A. 当价格水平的上升幅度大于名义货币供给的增长时，实际货币供给减少

    B. 当名义货币供给的增长大于价格水平的上升时，实际货币供给增加

    C. 在其他条件不变的情况下，价格水平上升，实际货币供给减少

    D. 在其他条件不变的情况下，价格水平下降，实际货币供给减少

16. 总需求向右下方倾斜是由于（　　）。

    A. 价格水平上升时，投资将减少　　　　B. 价格水平上升时，消费将减少

    C. 价格水平上升时，净出口将减少　　　　D. 以上几个因素都对

17．当（　　）时，总需求曲线更平缓。

    A．投资支出对利率变化较敏感　　　　B．支出乘数较小

    C．货币需求对利率变化较敏感　　　　D．货币供给量较大

18．总需求曲线（　　）。

    A．当其他条件不变时，政府支出减少时会右移

    B．当其他条件不变时，价格水平上升时会左移

    C．当其他条件不变时，税收减少会左移

    D．当其他条件不变时，名义货币供给增加会右移

19．短期劳动力供给函数（　　）。

    A．由于不断增加的劳动负效用而呈正斜率

    B．由于不断减少的劳动负效用而呈负斜率

    C．由于不断减少的闲暇负效用而呈正斜率

    D．由于不断增加的闲暇负效用而呈负斜率

二、计算题

1．假定某经济的消费函数为 $C=200+0.8Y_d$，Y_d 为可支配收入，投资支出为 $I=50$，政府购买支出为 $G=200$，政府转移支付为 $TR=62.5$，税收为 $T=50$。求：

（1）均衡的国民收入。

（2）投资乘数、政府购买乘数、税收乘数、转移支付乘数和平均预算乘数。

2．设边际储蓄倾向是 $\frac{1}{3}$，并假设某国因为技术创新而增加 800 亿美元的投资。请问：

（1）投资乘数是多少？

（2）产出如何变动？

3．在四部门经济中，假定消费函数 $C=100+0.9（1-t）Y$，投资函数 $I=200-500r$，净出口函数 $NX=100-0.12Y-500r$，货币需求函数 $L=0.8Y+200-2\,000r$，政府购买 $G=200$，税率 $t=0.2$，名义货币供给 $M=1\,000$，价格水平 $P=1$，求：

（1）IS 曲线和 LM 曲线；

（2）产品市场和货币市场同时均衡时的收入和利率；

（3）两个市场同时均衡时的消费、投资和净出口。

4．经济的充分就业产出水平为 700 亿美元，在 $P=2$ 时，总需求等于总供给。IS 方程为 $y=1\,000-30r$，这里 $C=30+0.8Y_d$，$I=150-6r$，$TX=100$ 和 $G=100$。LM 曲线为 $y=500+20r$，这里 $M=200$，$P=2$，货币需求为 $0.2y-4r$。试问：

（1）当政府支出增加 15 亿美元，总需求扩大、价格水平上升到 2.22 时，IS、LM 方程如何变化？

（2）求解在 $P=2$ 和 2.22 水平下的利率、C 和 I 水平。

（3）政府支出的增加对产出构成有何影响？

三、分析题

1. 乘数效应发生作用的前提条件是什么？在现实的经济生活中如何科学地利用乘数效应促进经济发展？

2. 假定银行某些规定的变动扩大了信用卡的可获得性，请运用 IS-LM 模型分析货币需求会如何变动，对均衡收入和利率会产生怎样的影响。

3. LM 曲线上斜率的三个区域分别是什么？其经济含义是什么？

4. 主流学派的短期总供给曲线是如何得到的？

5. 试推导古典的总供给曲线。

财政政策与货币政策 | 第十章

宏观经济学的任务之一是要说明国家为什么必须干预经济，以及应该如何干预经济。由于经济社会的生产不能总在充分就业水平上达到均衡，不可避免地会出现通货紧缩缺口和通货膨胀缺口，产生失业和通货膨胀的严重后果。因此，需要政府干预经济，通过宏观调控以实现没有通货膨胀的充分就业。财政政策和货币政策是政府进行宏观调控的重要手段。我们前面介绍的宏观经济理论，能够为国家干预经济，制定财政政策和货币政策提供理论依据与指导。

第一节 | 财政政策

财政政策的目标是什么？财政政策的工具有哪些？
财政政策应如何斟酌使用？

凯恩斯主义产生于 20 世纪 30 年代大危机时期。这时经济中资源严重闲置，经济中的关键问题是总需求不足。凯恩斯主义的国民收入决定理论，说明总需求对国民收入的决定作用。由这种理论所引出的政策工具就是需求管理，即通过调节社会总需求来达到一定政策目标的宏观经济政策工具。财政政策是需求管理的政策工具之一。当社会的总需求大于总供给时，过度的需求会引起通货膨胀，此时应运用紧缩性的财政政策来抑制总需求；当社会的总需求小于总供给时，会因需求不足产生失业，此时应运用扩张性的财政政策来刺激总需求。总之，国家通过财政政策来调节总需求，进行需求管理，实现总需求等于总供给，达到没有通货膨胀的充分就业目标。

一、财政政策的含义及工具

财政政策是指政府运用支出和收入来调节总需求以控制失业和通货膨胀并实现经济稳定增长和国际收支平衡的宏观经济政策。

国家财政由政府收入和支出两方面构成。财政政策工具主要包括财政收入和财政支出两方面的内容。

财政政策的含义

（一）财政收入

1. 税收

税收是国家为了实现其职能，按照法律预先规定的标准，强制地、无偿地取得财政收入的一种手段，具有强制性、无偿性的特征。税收是政府收入中最主要的部分，西方国家财政收入的增长在很大程度上来源于税收收入的增长。

税收对宏观经济的影响主要表现在以下两方面。

（1）税收影响人们的收入。由于税收的增加或减少会导致人们可支配收入的变化，进而可以影响人们用来购买产品和劳务的消费，以及私人储蓄，消费以及储蓄的变化则会影响社会的总需求，最终影响到国民收入。

（2）投资赋税影响投资。如果投资赋税减免则鼓励企业更多投资，反之，则会抑制投资，进而也会影响到国民收入。同时，税收变化还会对产品和生产要素的价格产生影响，进而会对激励机制和人们的行为方式产生作用。

2. 公债

公债（National Debt）与税收在本质上是不同的，税收具有强制性和无偿性，而公债则是政府以信用形式取得的财政收入，是政府运用信用形式筹集财政资金的特殊形式，是政府对公众的债务，公众是债权人。

一般情况下，当政府财政税收不足以弥补政府支出时，为了弥补财政赤字，政府可以通过发行公债，增加政府财政收入，因而公债是政府财政收入的另一组成部分。

（二）财政支出

财政支出是各级政府支出的总和。政府支出可分为政府购买和政府转移支付两大类。

1. 政府购买

政府购买是指政府对各种产品和劳务的购买，是一种实质性的支出。如政府购买军用产品、购买机关办公用品、发放政府雇员报酬、实施公共项目工程所需的支出等，都有着商品和劳务的实际交易，因而直接形成社会需求从而刺激国民收入的增加。政府购买支出是决定国民收入多少的重要因素之一，其规模的变化直接关系到社会总需求的增减，对整个社会总支出水平有十分重要的调节作用。

2. 转移支付

转移支付是财政支出的另一项内容。与政府购买不同，政府转移支付是一种货币性支出，但政府在付出这些货币时并无相应的商品和劳务的交换发生，如在社会福利保险、贫困救济、部分家庭的补助和企业的补贴等方面的支出。转移支付只是通过政府将收入在不同社会成员之间进行转移和重新分配，但全社会的总收入并没有发生变动。这种不以产品和劳务的交换为目的政府转移支付支出，不是一种市场活动，不计入国民生产总值。

二、财政政策工具的运用

政府的财政收入和支出的变动会直接或间接地影响宏观经济的运行。与 20 世纪 30 年代大危机相比，"第二次世界大战"后的西方国家经济周期性波动幅度大为减小，衰退持续时间也大为缩短。其原因是多方面的，其中西方财政制度对经济的自动调节与财政政策的主动调节发挥了重要作用。自动调节是指西方财政制度本身有着自动稳定器的作用，能自动地抑制经济波动。主动调节是指政府有意识地实施反周期的相机抉择的财政政策和功能财政。

1. 自动稳定器

自动稳定器（Automatic Stabilizers），也称内在稳定器，是指无须政府主动采取任何行动，经济系统本身存在的一种会自动减少各种干扰对国民收入冲击的机制，即在经济繁荣时期自动抑制通货膨胀，在经济衰退时期自动减轻萧条。经济中这种自动稳定器功能主要体现在税制和转移支付两方面。

（1）税制是最重要的自动稳定器

政府税收是随着收入的变化而自动调整的。当经济衰退时，政府税收会自动减少。这是因为所有的税收都与经济活动密切相关。家庭的收入和企业的利润在经济衰退时都会减少，在税率不变的情况下，政府税收也会自动减少，这种自动减税使人们的可支配收入也会自动地少减少一些，从而使消费和需求也自动地少下降一些。同时，在实行累进税的情况下，纳税人的收入减少还会自动进入较低纳税档次，从而可起到刺激总需求，抑制衰退的作用。反之，当经济繁荣时，人们的收入自动增加，政府税收也会自动增加，从而起到抑制总需求，降低通货膨胀的作用。因此，税收的自动变化降低了经济波动的程度。

（2）政府转移支付也作为自动稳定器发挥作用

政府转移支付会随着经济形势的变化而自动调整。当经济衰退时，失业人数增加，生活困难的人及符合救济条件的人数增多，更多的人会申请失业救济、福利津贴和其他收入补助形式，社会福利开支就会相应增加。政府转移支付的自动增加可以抑制人们收入特别是可支配收入的下降，进而抑制消费需求的下降，防止衰退。反之，当经济繁荣时，困难人数和需要救济的人数减少，政府转移支付自动减少，从而抑制可支配收入和消费的增长，降低通货膨胀。实际上，20世纪30年代，西方国家最早建立失业保障制度时，经济学家支持这种政策的部分原因就是把它作为一种自动稳定器的力量。

2. 相机抉择的财政政策

自动稳定器虽然具有自动调节经济的作用，但这种作用是十分有限的。它只能减轻衰退或通货膨胀的程度，对于剧烈的经济波动，自动稳定器却难以扭转经济衰退或通货膨胀的总趋势。因此，西方经济学者认为，政府要审时度势，实施主动的相机抉择的财政政策，变动支出水平或税收以稳定总需求水平，使之接近物价稳定的充分就业水平，确保经济的稳定。

政府相机抉择的财政政策应当由政府对经济发展的形势加以分析权衡，斟酌使用。概括而言就是要"逆经济风向行事"。

当总需求水平过低，经济衰退和失业增多时，政府应采取扩张性财政政策（Expansionary Fiscal Policy），即降低税率，削减税收，增加支出或双管齐下以刺激总需求。政府公共工程支出与购买的增加直接增加总需求；转移支付的增加可以增加个人可支配收入，从而增加消费；减少个人所得税（主要是降低税率）也可以使个人可支配收入增加，从而消费增加；减少公司所得税可以使公司收入增加，从而投资增加。上述做法会刺激总需求，增加国民收入。

当总需求水平过高，经济出现通货膨胀时，政府应采取紧缩性财政政策（Contractionary Fiscal Policy），即增加税收，削减政府开支或双管齐下以抑制总需求。政府公共工程支出与购买的减少直接减少总需求；转移支付的减少可以减少个人可支配收入，从而减少消费；增加个人所得税（主要是提高税率）也可以使个人可支配收入减少，从而消费减少；增加公司所得税可以使公司收入减少，从而投资减少。这些做法会抑制总需求，使国民收入减少。

 专栏 10-1

白宫的凯恩主义者

1961年，当一个记者问约翰·F.肯尼迪总统为什么主张减税时，肯尼迪答道："为了刺激经济。难道你不记得你上的101号经济学了吗？"肯尼迪的政策实际上是根据我们在这一章中提出的财政政策分析。他的目的是实行减税，减税增加了消费支出，扩大了总需求，从而增加了经济的生产和就业。

在选择这种政策时，肯尼迪依靠了他的经济顾问小组。这个小组包括极为著名的经济学家詹姆斯·托宾和罗伯特·索洛，他们都由于对经济学的贡献而获得了诺贝尔奖。他们在20世纪40年代作为学生都深入地研究过当时刚出版几年的凯恩斯著作《通论》。当肯尼迪的顾问提出减税时，他们就把凯恩斯的思想付诸实践。

虽然税收变动对总需求有潜在的影响，但也有其他影响。特别是，通过改变人们面临的激励，税收还会改变物品与劳务的供给。肯尼迪建议的一部分是投资赋税减免，它给投资于新资本的企业减税。高投资不仅直接刺激了总需求，而且也增加了经济长期的生产能力。因此，通过较高的总需求增加生产的短期目标与通过较高的总供给增加生产的长期目标是相对称的。而且，当肯尼迪提出的减税最终在1964年实施时，它促成了一个经济高速增长的时期。自从1964年减税以来，决策者不时地主张把财政政策作为控制总需求的工具，企图通过减少税收扣除来加快从衰退中复苏。

资料来源：曼昆. 经济学原理[M]. 梁小民译. 北京：机械工业出版社，2005.

3. 功能财政与公债

（1）功能财政思想。政府当年的税收和支出之间的差额称为预算余额。预算余额为零称为预算平衡（Balanced Budget），为正数称为预算盈余（Budget Surplus），为负数称为预算赤字（Budget Deficit）。如果政府增加支出而没有相应地增加税收，或者减少税收而没有相应地减少支出，这种做法称为赤字财政（Deficit Finance）。

政府财政政策的目的是什么？凯恩斯主义者的功能财政思想和传统的平衡预算的观点是有区别的。传统的平衡预算思想追求的是政府财政预算平衡，而功能财政思想否定了传统的平衡预算思想，认为政府财政不应追求预算平衡，而应根据经济形势斟酌使用财政政策，目的是为了实现无通货膨胀的充分就业水平。

凯恩斯主义者的功能财政思想反对机械的财政预算收支平衡的观点，主张根据反经济周期的需要来利用预算赤字和预算盈余。当经济衰退时，政府应该实行扩张性财政政策，增加支出或减少税收，以实现充分就业。反之，当经济出现通货膨胀时，政府有责任实行紧缩性财政政策，减少支出，增加税收，以抑制通货膨胀。总之，功能财政思想认为，政府财政政策的目的是为了实现充分就业和消除通货膨胀，究竟是采取扩张性财政政策还是紧缩性财政政策，不应考虑财政收支平衡，而主要看经济形势的需要，经济需要赤字就赤字，需要盈余就盈余，哪怕是更大的赤字或盈余也不应该妨碍政府财政政策的正确制定和实行。可见，功能财政是相机抉择财政政策的指导思想。

（2）赤字财政与公债。第二次世界大战后，西方国家普遍根据功能财政思想实行干预经济的积极的财政政策，而且为了促进经济增长，多数是搞扩张性财政政策，结果是赤字上升，因此，功能财政思想容易导致赤字财政。

当政府出现财政赤字怎么办？弥补财政赤字的一个重要办法就是借债。政府借债可分两类：①向中央银行借债。由财政部发行公债，卖给中央银行，中央银行向财政部支付货币，财政部将这些货币用于政府支出以刺激经济。这本质上是用征收通货膨胀税的方式来解决赤字问题，因为实际上中央银行增发了货币，其结果是通货膨胀。②向国内公众（商业银行及其他金融机构、企业和居民）和外国举债。这种举债，使国内外购买力向政府部门转移，基础货币并没有增加，因而不直接引起通货膨胀。然而，发行这种公债时货币供给量会减少，从而引起利率上升，中央银行如果想稳定利率，则必然要通过公开市场业务买进债券，导致货币供给增加，结果也会引起通货膨胀。

三、财政政策效果的影响因素

财政政策的效果是指政府实施财政政策导致财政收入或支出的变化（包括变动税收、政府购买和转移支付等）对国民收入变动所产生的影响，财政政策对国民收入的影响大，则效果大；影响小，则效果小。

（一）乘数效应

财政政策的效果会受到乘数效应的影响。财政政策通过变动政府购买、转移支付和税收来影响国民收入。我们根据前面所学的乘数原理可知，如果变动政府购买、转移支付和税收这些项目，都会改变社会的总需求，使国民收入发生变化，而且这些项目变动引起国民收入的变动有乘数效应，国民收入的变动量是这些项目变动量的若干倍，如图 10-1 所示。在其他条件一定时，乘数越大，财政政策对国民收入的影响越大，财政政策的效果越大，反之，效果越小。

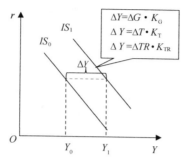

图 10-1 财政政策效果的乘数效应

（二）挤出效应

财政政策的效果不仅会受到乘数效应的影响，还会受到挤出效应的影响。当政府运用财政政策调节总需求和国民收入时，并未考虑货币市场供求的因素。当政府增加购买或减税以刺激对产品和劳务的总需求时，会引起收入增加，提高了货币需求，在货币供给既定的情况下，会造成利率的上升，而更高的利率将会减少私人投资支出，限制总需求增加。由于财政扩张产生政府支出挤出私人投资

挤出效应

的现象就称为挤出效应（Effectiveness of Crowding Out）。挤出效应的大小也关系到财政政策效果的大小。挤出效应越小，财政政策效果就越大；挤出效应越大，财政政策效果越小。

凯恩斯主义的宏观经济政策曾被凯恩斯主义经济学者和西方国家政府奉为对付经济萧条的超级武器。但从 20 世纪 60 年代后期起，许多西方经济学流派对凯恩斯理论进行了抨击，财政政策在西方国家推行的实践也对其提出了疑问和挑战。连凯恩斯主义者自己也承认，财政政策的理论描述和实际应用之间存在一定的差距。财政政策效果会受到内部时滞性、公众对政策本身和经济形势的预期，以及其他非经济因素的影响，因而具有一定的局限性。

第二节 | 货币政策

货币政策的目标是什么？货币政策的工具有哪些？
货币政策应如何使用？

一、货币政策的基本含义

凯恩斯主义者认为，货币政策是指中央银行通过控制货币供给量来调节利率，进而影响投资和整个经济以达到一定经济目标的经济政策。

什么是货币政策

把握货币政策的含义要注意以下几点。

（1）运用货币政策的机构：中央银行。

（2）货币政策的目的：充分就业、稳定物价、经济稳定增长和国际收支平衡。

（3）货币政策的传导机制：通过对货币供给量的调节来调节利率，再通过利率的变动影响投资，进而影响总需求。即货币量→利率→投资→总需求。

（4）货币政策和财政政策的主要区别：虽然二者的目的是一样，都是为了调节国民收入，但财政政策直接影响总需求的规模，没有任何中间变量；而货币政策是间接地发挥作用，要通过利率的变动来对总需求发生影响。

二、货币政策的工具及运用

中央银行可以运用哪些工具来变动货币供给量？又如何运用这些工具来影响经济，实现一定的经济目标？我们在下面作一些具体分析。

货币政策的
主要工具

（一）货币政策的工具

在凯恩斯主义的货币政策中，中央银行能够使用的政策工具主要有：公开市场业务、再贴现率政策、变动法定准备金率，此外，还有道义劝告。虽然西方主要国家运用货币政策工具的具体方式不完全相同，但基本原则大体是一致的。

1. 公开市场业务

公开市场业务是指中央银行在金融市场上公开买卖政府证券以控制货币供给和利率的政策行为。政府证券是政府为筹措弥补财政赤字资金而发行支付利息的国库券、债券，这些证券可以在普通居民、厂商、银行、养老基金等单位中反复不断被买卖，中央银行也可参加这种交易，但中央银行参与这种交易会影响货币的供给，实际上就是增加或减少货币供给。

当中央银行在公开市场上购买政府证券时，意味着商业银行和其他金融机构的准备金将增加，准备金增加使得能创造的货币更多了，而且货币供给会若干倍增加。反之，当中央银行在公开市场上卖出政府证券时，意味着商业银行和其他金融机构的准备金将减少，并引起货币供给的减少按乘数发生变动。所以，卖出有价证券，实际上就是回笼货币，减少货币供给量。

2. 再贴现率政策

中央银行是银行的银行，为商业银行开户，吸收它们的存款。作为最后贷款者，中央银行主要是为了协助商业银行及其他金融机构对存款备有足够的准备金。如果一家商业银行的准备金临时感到不足（如某一银行客户出乎意料地要把一大笔存款转到其他银行时），这家银行就可用它持有的政府债券或合格的客户票据向中央银行的贴现窗口办理再贴现或申请借款。中央银行给商业银行的借款称为"贴现"。中央银行对商业银行及其他金融机构的放款利率称再贴现率。

当再贴现率降低时，商业银行向中央银行借款就会增加，商业银行因得到更多的资金而增加放款，放款的增加又可以通过银行创造货币的机制增加流通中的货币供给量；当再贴现率提高时，商业银行向中央银行借款就会减少，商业银行因资金短缺导致贷款减少，贷款减少又会引起货币供给量多倍减少。

3. 法定准备金率

如果中央银行降低法定准备率，就会使商业银行产生更多的超额准备金，就可以增加更多的贷款，从而又通过银行创造货币的机制增加货币供给量。相反，中央银行提高法定准备率，若商业银行原来只保留了法定准备金，就会使商业银行原有的准备金低于新的法定要求，于是商业银行不得不收回贷款，从而又通过银行创造货币的机制减少货币供给量。

4. 道义劝告

道义劝告是指中央银行运用自己在金融体系中的特殊地位和威望，对银行及其他金融机构的指导，影响其贷款和投资方向，要求商业银行采取与中央银行一致的做法，以达到控制信用的目的。例如，在经济萧条时期，鼓励商业银行扩大贷款；在通货膨胀时期，劝导银行限制扩大信用。

上面所介绍的货币政策的工具主要都是为了影响货币供给量，各有其特点，常常需要配合使用。其中，公开市场业务是中央银行控制货币供给最主要的手段。道义劝告虽可收到一定的效果，但由于没有可靠的法律地位，因而并不是强有力的控制措施。

（二）货币政策工具的运用

在不同的经济形势下，中央银行要运用不同的货币政策来调节经济。货币政策也分为扩张性货币政策和紧缩性货币政策。

扩张性货币政策是通过增加货币供给来刺激总需求。因为在货币需求一定时，货币供给增加，利率会降低，取得信贷更容易，投资会增加，因此会带动总需求和国民收入的增长；反之，紧缩性货币政策是通过减少货币供给来降低总需求水平。因为在货币需求一定时，货币供给减少，利率会提高，取得信贷更困难，投资会下降，因此会引起总需求和国民收入水平的下降。

货币政策工具的运用

在经济繁荣时期，总需求大于总供给，为了抑制总需求，一般多采用紧缩性货币政策，即可以在公开市场上卖出有价证券，提高再贴现率并严格贴现条件，提高法定准备率等。这些政策可以减少货币供给量，提高利率，抑制投资，减少总需求。

在经济萧条时期，总需求小于总供给，为了刺激总需求，一般多运用扩张性的货币政策，即可以在公开市场上买进有价证券，降低再贴现率并放松贴现条件，降低法定准备金率等。这些政策可以增加货币供给量，降低利率，刺激投资，增加总需求。

 专栏 10-2

调整货币，盘活经济

货币政策被认为具有牵一发而动全身的重要作用，政府通过调整货币的供应量来改变经济环境，确保本国经济全面、协调发展。货币政策是怎么产生的呢？下面有一则美国某社区发行"看顾券"的例子，可以帮助我们理解货币政策是如何出现的。

在美国的一个社区，有一些年轻夫妇组成了一个互助社，相互帮助照看孩子。因为在美国，把小孩单独留在家里是违法的。这些年轻的夫妇们共同想出了一个妙计：今天汤姆家夫妻俩要出门，就把孩子交给辛迪家，辛迪夫妇反正也要照顾自己的小孩，多照顾几个也花不了多少工夫；改天辛迪家两口子要出去，就可以把孩子交给汤姆家照顾。这个主意得到了大家的一致认同，竟然有150对年轻夫妇报名参加。这有一点难办了，怎么才能保证大家得到的机会是公平的呢？也就是说，怎样让每对夫妇照顾他人孩子的次数和自己孩子被照顾的次数相等呢？互助社的管理人员想出了一个办法：发行"看顾券"给每对夫妇。大家凭"看顾券"互相帮助。例如，汤姆家的孩子要让辛迪家照顾两个小时，那么汤姆夫妇就得给辛迪夫妇两张"看顾券"。这样，只要没人作弊伪造"看顾券"，每对夫妇的付出都会大致等于回报。

但不知为何，过了一段时间以后，人们发现手上流通的"看顾券"数量越来越少了。于是，夫妇们开始警惕，开始攒"看顾券"以备不时之需，并且他们不再像往常那样热爱出门了，也就不用过多浪费"看顾券"了。因为一对夫妇的外出是另一对夫妇赚"看顾券"的机会，所以大家都感到"看顾券"越来越难赚，更加不愿意外出了。结果这个互助社就陷入了一种类似于总需求不足，产出低于生产能力的"经济衰退"，照看孩子的数量低于照看孩子的能力。

无奈，参加互助社的夫妇们想到了法律，于是他们达成了一个协议，让每对夫妇一个月至少外出两次。但这并没有解决问题，大家还是不愿意出门。最终还是经济学家出了点子，让互助社增加发行"看顾券"。这样流通中的"看顾券"多了，夫妇们外出的顾虑少了，于是照看孩子赚"看顾券"的机会又多了，流通中的"看顾券"也就多了……于是，合作社从"经济衰退"中走了出来。

资料来源：白岛. 写给中国人的经济学[M]. 北京：中国华侨出版社，2011.

三、货币政策的局限性

西方国家实行货币政策，常常是为了稳定经济，减少经济波动，但在实践中也存在一些局限性。

1. 扩张性货币政策反衰退的效果较弱

从理论上来说，在通货膨胀时期一般实行紧缩性的货币政策，在经济衰退时期，则实行扩张性的货币政策。但实际上，扩张性的货币政策反衰退的效果较弱。因为，在经济衰退时，虽然中央银行松动银根，降低利率，但厂商普遍对未来经济前景悲观，即使利率降低，也不肯增加贷款而从事投资活动。同时商业银行担心风险，也不肯轻易贷款给企业。况且流动性陷阱的存在，又使得无论银根如何松动，利率都难以降低，无法刺激投资。这样，货币政策作为反衰退的政策，其效果就相当微弱。

流动性陷阱与货币
政策的局限性

2. 紧缩性货币政策对抗成本推进的通货膨胀的效果较小

虽然，货币政策对抗通货膨胀的效果比反衰退的效果要好，但其对抗通货膨胀的效果也是有局限性的，主要是对需求拉动的通货膨胀效果明显。但对成本推进的通货膨胀，如由于工资上涨幅度超过劳动生产率上升幅度或由于垄断厂商为获取高额利润引起的通货膨胀，中央银行想通过减少货币供给来抑制通货膨胀，其效果就不明显。

3. 货币政策效果会因货币流通速度的变化而抵消或打折扣

从货币市场均衡的情况看，在货币需求一定时，增加或减少货币供给会影响利率，但如果货币流通速度变动，货币政策对经济的影响就会被抵消或打折扣。例如，在经济繁荣时期，中央银行为抑制通货膨胀一般采取紧缩货币供给的政策，而那时因物价上升快，公众不愿把货币持有在手中而希望尽快花出去，使货币流通速度加快。在一定时期内，货币流通速度加快无异于在流通领域又增加了货币供给量。这样，中央银行减少货币供给，试图依靠降低货币供给量的办法来提高利率，进而减少投资和国民收入的货币政策效果就可能被货币流通速度加快所抵消或打折扣。反过来说，在经济衰退时期，中央银行增加货币供给对经济的影响也就可能被货币流通速度下降所抵消或打折扣。

4. 外部时滞性也会降低货币政策的效果

财政政策的效果主要受到内部时滞的影响，而货币政策的效果主要受到外部时滞的影响。因为货币政策的生效往往通过一系列中间变量来传导。中央银行变动货币供给量，要通过利率来影响投资，然后再影响就业和国民收入，因而，货币政策作用要经过相当长的一段时间才会充分显现。利率下降以后，厂商扩大生产规模需要一个过程，利率上升以后，厂商缩小生产规模也不是一件容易的事，因此，货币政策从执行到产生效果都需要一个相当长的过程。在此过程中，如果经济情况发生了变化，甚至与人们原先预料的相反，则原来的政策就可能起不到作用甚至是副作用。

5. 货币政策的效果还会受到资金在国际上流动的影响

如果一国实行紧缩性货币政策来对抗通货膨胀时，会使利率上升。但在开放经济中，利率上升会吸引国外资金的流入。如果汇率浮动，则本币升值，从而抑制出口，刺激进口，这与封闭经济情况相比，总需求将有更大的下降，如果制定货币政策时不考虑这个因素，则可能与原来预期的目标不一致；若实行固定汇率，为使本币不升值，则中央银行势必抛出本币，按固定汇率收购外币，于是货币市场上本国货币供给增加，结果使得原先实行的紧缩性货币政策效果变小。

总之，货币政策在实践中也会受到这样或那样因素的干扰，货币政策作为平抑经济波动的手段，其作用也是有限的。因此，在制定货币政策时，应尽量综合考虑各种各样可能出现的问题，以实现预期的目标。

第三节 财政政策与货币政策的混合使用

财政政策和货币政策混合使用的政策效应是确定的吗？

宏观经济政策在实施中会因遇到各种各样的困难而影响政策的效果。如何综合运用财政政策和货币政策以成功实现预期的目标，是一门高深的艺术，也需要很高的智慧。本节将对这一问题作一些初步的分析。

一、财政政策和货币政策混合使用的政策效应

在经济萧条时，国家既可以使用扩张性的财政政策，也可以使用扩张性的货币政策；经济出现通货膨胀时，既可以使用紧缩性的财政政策，也可以使用紧缩性的货币政策。在不同的经济形势下，财政政策和货币政策往往还可以混合使用，但不同的组合，其政策效应是不一样的。

财政政策和货币政策混合使用举例

1. 经济出现严重萧条

经济萧条时，国家可以使用扩张性的财政政策或扩张性的货币政策，但如果出现严重萧条，则可以双管齐下，同时使用这两种政策。一方面用扩张性的财政政策增加总需求，但财政政策的挤出效应会使其效果受到一定的影响，因此，另一方面又要用扩张性货币政策来加以配合，以便降低利率，消除挤出效应，从而能够有力地刺激经济。

在图 10-2 中，IS_0 与 LM_0 相交于 E_0，决定了国民收入为 Y_0，利率为 r_0。假定现在国

民收入为 Y_0 时经济严重衰退，那么，一方面，用扩张性的财政政策刺激总需求增加，IS 曲线从 IS_0 移动到 IS_1，与 LM_0 相交于 E_1，决定了国民收入为 Y_1，利息率为 r_1，这说明实行扩张性的财政政策使国民收入增加，利率上升。如果利率不上升，国民收入本来应该增加到 Y_2，但现在国民收入只增加到 Y_1（$Y_1<Y_2$），这是因为利率的上升产生了挤出效应，即挤出了部分私人投资使得收入有所下降。因此，为了消除挤出效应，另一方面要用扩张性货币政策，即增加货币供给使 LM 曲线从 LM_0 移动到 LM_1，与 IS_1 曲线相交与 E_2，则利息率为 r_0，国民收入增加到 Y_2，从而使国民收入有较大的增长，有力地刺激了经济。

2. 经济萧条但不太严重

如果经济萧条但不太严重，可以使用扩张性的财政政策和紧缩性的货币政策。在图 10-3 中，IS_0 与 LM_0 相交于 E_0，决定了国民收入为 Y_0，利息率为 r_0。假定现在国民收入为 Y_0 时经济萧条但不太严重，那么，一方面可以用扩张性的财政政策刺激需求，IS 曲线从 IS_0 移动到 IS_1，与 LM_0 相交于 E_1，则国民收入增加到 Y_1，利息率上升为 r_1，但因为经济萧条不太严重，担心刺激政策使总需求增加太多而引起通货膨胀，那么，另一方面又可以采取适当紧缩货币的政策，即减少货币供给使 LM 曲线从 LM_0 向左移动到 LM_1，与 IS_1 曲线相交与 E_2，则利率为 r_2，国民收入为 Y_2，防止因总需求被过度刺激而引起的通货膨胀。

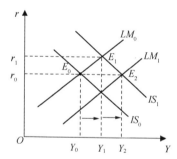

图 10-2 扩张性财政政策和扩张性货币政策效应

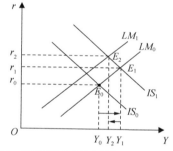

图 10-3 扩张性财政政策和紧缩性货币政策的效应

3. 经济出现严重通货膨胀

当经济出现通货膨胀时，可以使用紧缩性的财政政策或紧缩性的货币政策，但如果出现严重通货膨胀，则可以双管齐下，同时使用这两种政策。一方面，用紧缩性的财政政策直接压缩总需求，另一方面用紧缩性的货币政策，通过提高利率来降低总需求水平。紧缩性的财政政策和紧缩性的货币政策混合使用最终会使总需求大量减少，从而抑制严重的通货膨胀。读者可以根据我们对前两种经济形势的政策效应分析，自己用 *IS-LM* 模型分析经济出现严重通货膨胀时，紧缩性财政政策和紧缩性货币政策混合使用的政策效应。

4. 经济出现通货膨胀但不太严重

当经济出现通货膨胀但不太严重时，一方面可以用紧缩性的财政政策压缩总需求，另一方面又可以用扩张性的货币政策，降低利率，刺激投资，防止因紧缩性的财政政策引起经济的衰退。读者也可以用 *IS-LM* 模型分析这两种政策混合使用时的政策效应。

　　需要注意的是，政策财政和货币政策混合使用的政策效应是较复杂的，有些是可以预计的，有些则难以确定。因为这不仅与两种政策使用的方向（扩张还是紧缩）有关，而且还与它们使用的强度有关，也就是说，既与 *IS* 曲线和 *LM* 曲线移动的方向有关，也与 *IS* 曲线和 *LM* 曲线移动的幅度有关。如图 10-2 所示，同时使用扩张性财政政策和扩张性货币政策时，由于 *IS* 曲线和 *LM* 曲线向右移动的幅度相同，因而产出增加时利率不变。但如果财政政策影响大于货币政策，*IS* 曲线向右移动的幅度大于 *LM* 曲线向右移动的幅度，则产出增加时利率会上升；反之，产出增加时利率会下降。因此，扩张性政策财政和扩张性货币政策的混合使用会导致产出增加，但利率的变动是不确定的。表 10-1 就是财政政策和货币政策混合使用的政策效应列表。

表 10-1　　　　　　　　　　　　财政政策和货币政策混合使用的政策效应

经济形势	混合使用的政策	产出	利率
严重萧条	扩张性财政政策+扩张性货币政策	增加	不确定
萧条不太严重	扩张性财政政策+紧缩性货币政策	不确定	上升
严重通货膨胀	紧缩性财政政策+紧缩性货币政策	减少	不确定
通货膨胀不太严重	紧缩性财政政策+扩张性货币政策	不确定	下降

二、政策选择与需求结构

　　财政政策和货币政策不仅可以调节总需求，还会对总需求结构产生不同的影响。

　　以经济处于萧条状态为例，虽然采用扩张性财政政策，或者采用扩张性货币政策都可以刺激总需求，但由于刺激的具体项目不同，会使国内生产总值的组成比例（消费、投资、政府购买在 GDP 中所占比例）发生变化，从而对不同阶层和不同集团的利益产生不同的影响。

　　整体而言，经济萧条时，扩张性货币政策会使利率下降，刺激投资，从而增加投资在总需求中的比重；而扩张性财政政策则会使利率上升，排挤私人投资，尤其是受利率影响大的住宅投资，这样会使政府购买和消费在总需求结构中比重增加。

　　在用扩张性财政政策来刺激总需求时，不同的项目又会带来不同的影响，如若增加政府购买，会使政府购买在总需求结构中比重上升，消费也会增加，但会挤出部分私人投资；若对家庭减税或增加转移支付，则会增加私人消费；若采用投资补贴的财政扩张政策，则会刺激投资增加。

　　因此，政府在决定选择哪一种政策来刺激经济时，首先要考虑萧条是由什么原因造成的，然后对症下药。假如萧条主要是由于私人投资不足引起的，则宜用扩张性货币政策或投资补贴；如果主要是消费疲软引起的，则可用减税和增加转移支付来刺激消费。

　　总之，同样是采用扩张性政策对付萧条，如果是增加货币供给，降低利率，则有利于企业投资；如果是减税，则有利于增加个人可支配收入，由于富人交的税多，减税可能对富人更有利；如果是增加对家庭的转移支付，增加福利补贴，则低收入者受益可能更多；如果是增加政府购买支出，例如改善公共交通，或增加对教育、医疗、国防的投入，人们的受益情况又不一样。正因为不同的政策措施会改变消费、投资和政府购买在总需求中的比例，进而影响不同群体的利益，因此，政府在混合使用各种经济政策时，不仅要根据当时的经济形势，还要考虑政治等因素，平衡各方利益，使经济政策尽可能发挥最佳效果。

案例与拓展

拓展资料：2017：财政政策配置的深刻变化

资料来源：高培勇．2017：财政政策配置的深刻变化[N]．证券时报，2017.4.19，第A06版．

说到 2017 年的宏观经济政策，人们对于财政政策的期望值不断攀升是一个可以观察到的基本景象。然而，期望值的攀升是一回事，如何让财政政策更加积极有效则是另一回事。毕竟我们已经做出了经济发展进入新常态的重大判断，新常态相对于旧常态，毕竟环境变化了。进一步说，毕竟我们已经形成了以新发展理念为指导、以供给侧结构性改革为主线的政策体系，新的政策体系相对于旧的政策体系，毕竟有着诸多的不同之处。这些，当然会体现在 2017 年财政政策的配置格局上。

不妨由 2017 年与财政政策相关的几个数字加以观察。

（1）23 800 亿元。这是财政赤字预算规模。可以立刻发现，23 800 亿元并非一般公共预算收支平衡的结果，而是倒算出来的。其基本的程序：以 2016 年国内生产总值 74.4 万亿元为基数，按照 6.5% 的增速计算出 2017 年的预期国内生产总值 79.4 万亿元；再以 79.4 万亿元为基数，按照 3% 的比率计算财政赤字的预算规模，其结果便是 23 800 亿元。财政赤字预算规模不是由一般公共预算收支差额得出，而是通过占国内生产总值的 3% 倒算而来，这绝对是一个非常重大的变化。

（2）3%。这是财政赤字率。不难看出，23 800 亿元占 2017 年预期国内生产总值的比率恰好为 3%。这说明，我们是按照财政赤字占 GDP 比重不超过 3% 这一传统的控制线来安排 2017 年的财政赤字预算规模的。它也表明，我们对财政赤字是心存敬畏的，我们对财政风险是高度戒备的。

（3）2 000 亿元。这是财政赤字增量。2016 年的财政赤字决算规模是 21 800 亿元，在此基础上增加 2 000 亿元，便是 2017 年的财政赤字预算规模 23 800 亿元。注意到财政政策的扩张力度决定于财政赤字的增量而非总量，它表明，我们并未因扩张社会总需求的强大压力而放松对于财政风险的防守。我们在关注经济增长的同时，并未放松对经济风险的警惕。

（4）8 000 亿元。这是地方专项债券的发行规模。相对于 2016 年 4 000 亿元的发行规模，2017 年的地方专项债券发行规模增加了 4 000 亿元。注意到地方专项债券发行收入并不列入一般公共预算范畴，而属于政府性基金预算收入，它所对应的，是 23 800 亿元预算赤字规模之外的政府性基金预算赤字。这实际上表明，倘若以包括一般公共预算、政府性基金预算、国有资本经营预算和社会保险基金预算在内的全口径预算口径加以计算，那么，2017 年的全口径财政赤字，至少要在 23 800 亿元的基础上增加 8 000 亿元，为 31 800 亿元。如此，全口径财政赤字占国内生产总值的比重为 4% 多一点。名义财政赤字率不突破 3%，增加财政赤字的需求通过实际财政赤字率的适当扩大加以解决，从而防范财政风险与实施财政扩张目标相兼容，这也是一个值得关注的重要政策走向。

（5）3 500 亿元和 2 000 亿元。这是分别为企业减轻税负和减少收费的规模。这两个数字加起来总共为 5 500 亿元，与 2016 年所减少的涉企税费规模 5 700 亿元大致相当。这是在财政收入增速呈断崖式下降的背景下所做出的安排，它说明，2017 年的财政政策仍旧是以减税降费为主线索。它也说明，在经济下行态势基本未变且仍趋严峻的情势下，相对于扩大投资、增加支出的传统积极财政政策操作，减税降费当然是最契合经济发展新常态和供给侧结构性改革的选择。

（6）5%。这是中央政府一般性支出的压缩幅度。将其同 2 000 亿元的财政赤字增量和 5 500 亿元的减税降费规模联系起来，同时注意到政府工作报告中有关"压缩非重点支出，减少对绩效不高项目的预算安排。各级政府要坚持过紧日子，中央部门要带头，一律按不低于 5% 的幅度压减一般性支出，绝不允许增加"三公"经费，挤出更多资金用于减税降费，坚守节用裕民的正道"的表述，可以认为，2017 年计划实施的减税降费，并未沿袭以往主要通过增加财政赤字提供财源的套路，而是在增加财政赤字的同时着力于削减政府支出。认识到只有削减政府支出与减税降费同时并举，才是本来意义上的降低企业税费负担之举，应当说，我们越来越转向于契合经济发展新常态和供给侧结构性改革主线的减税降费操作。

本章要点

1. 财政政策是指政府运用支出和收入来调节总需求以控制失业和通货膨胀并实现经济稳定增长和国际收支平衡的宏观经济政策。财政政策的目标是实现充分就业、价格稳定、经济稳定增长和国际收支平衡。

2. 自动稳定器是指经济系统本身存在的一种会自动减少各种干扰对国民收入冲击的机制，即在经济繁荣时期自动抑制通货膨胀，在经济衰退时期自动减轻萧条。经济中这种自动稳定器功能主要体现在税制和转移支付两方面。

3. 政府相机抉择的财政政策是由政府对经济发展的形势加以分析权衡，斟酌使用，即要"逆经济风向行事"。当总需求水平过低，经济衰退和失业时，政府应采取扩张性财政政策，即削减税收，增加支出，刺激总需求；当总需求水平过高，经济出现通货膨胀时，政府应采取紧缩性财政政策，即增加税收，削减开支以抑制总需求。

4. 凯恩斯主义者的功能财政思想否定了传统的平衡预算思想，认为政府财政不应追求预算平衡，而应根据经济形势斟酌使用财政政策，目的是为了实现无通货膨胀的充分就业水平。功能财政思想容易导致财政赤字，弥补财政赤字的一个重要办法就是发行公债。

5. 货币政策是指中央银行通过控制货币供应量来调节利率进而影响投资和整个经济以达到一定经济目标的经济政策。货币政策的传导机制：通过对货币供给量的调节来调节利率，再通过利率的变动影响投资，进而影响总需求。

6. 在凯恩斯主义的货币政策中，中央银行能够使用的政策工具主要有：公开市场业务、再贴现率政策、变动法定准备金率，此外还有道义劝告。在经济过热时期，总需求大于总供给，一般多采用紧缩性货币政策；而在经济萧条时期，一般运用扩张性的货币政策。

关键概念

财政政策　　　自动稳定器　　　赤字财政　　挤出效应　　货币政策
公开市场业务　再贴现率政策　　法定准备金率

习　题　十

一、选择题

1. 财政政策是指（　　）。

　A. 政府管理价格的手段

　B. 周期性变动的预算

　C. 为使政府收支相抵的手段

　D. 利用税收、支出和债务管理等政策来实现宏观经济目标

2. 属于紧缩性财政政策工具的是（　　）。

　A. 减少政府支出和减少税收　　　　B. 减少政府支出和增加税收

　C. 增加政府支出和减少税收　　　　D. 增加政府支出和增加税收

3. 经济中存在失业时应采取的财政政策工具是（　　）。

　A. 增加政府支出　　　　　　　　　B. 提高个人所得税

　C. 提高公司所得税　　　　　　　　D. 增加货币发行量

4. 紧缩性货币政策的运用会导致（　　）。

　A. 减少货币供给量、降低利率　　　B. 增加货币供给量、提高利率

　C. 减少货币供给量、提高利率　　　D. 增加货币供给量、降低利率

5. 在凯恩斯区域内（　　）。

　A. 货币政策有效　　　　　　　　　B. 财政政策有效

C. 财政政策无效   D. 货币政策与财政政策同样有效

6. 在古典区域内（   ）。

    A. 货币政策有效   B. 财政政策有效

    C. 货币政策无效   D. 货币政策与财政政策同样有效

7. "双松政策"使国民收入（   ）。

    A. 增加较多   B. 增加较少

    C. 减少较多   D. 减少较少

8. "双紧政策"使利率（   ）。

    A. 提高   B. 下降   C. 不变   D. 不确定

9. 在（   ）情况下将发生挤出效应。

    A. 货币供给的下降使利率提高

    B. 私人部门税收的增加引起私人部门可支配收入和支出的下降

    C. 政府支出增加使利率提高

    D. 政府支出的下降导致消费支出的下降

10. 西方国家中央银行最经常使用、最灵活有效的货币政策手段是（   ）。

    A. 法定存款准备金   B. 再贴现率

    C. 公开市场业务   D. 道义劝告

11. 中央银行在公开市场上买进政府债券的结果是（   ）。

    A. 银行存款减少   B. 市场利率上升

    C. 公众手里的货币增加   D. 以上都不是

12. 下列（   ）不是货币政策工具。

    A. 公开市场业务   B. 税率

    C. 法定准备金率   D. 再贴现率

13. 中央银行提高再贴现率将导致（   ）。

    A. 货币供给量增加，利率提高   B. 货币供给量减少，利率提高

    C. 货币供给量增加，利率降低   D. 货币供给量减少，利率降低

14. 财政政策扩张性最显著的是（   ）。

    A. 减税 100 亿元   B. 增税 100 亿元

    C. 增加政府支出 100 亿元   D. 减少政府支出 100 亿元

15. 挤出效应越大，扩张性财政政策（   ）。

    A. 的乘数越大   B. 越难实施   C. 越有效   D. 越无效

二、计算题

1. 假设消费 $C=60+0.8Y$，投资 $I=260$，税收 $T=100$，政府购买 $G=100$。货币需求 $L=0.2Y-10r$，货币供给 $M=200$，价格水平 $P=1$，试求：

（1）IS 曲线和 LM 曲线。

（2）两个市场同时均衡时的收入和利率。

（3）政府购买支出增加 120 时，对收入、利率有何影响？

（4）是否存在"挤出效应"？为什么？

2. 假定一国消费函数 $C=800+0.6Y$，投资函数 $I=7\,500-20\,000r$，政府购买 G 为 7 500 亿元，货币需求 $L=0.2Y-10\,000r$。名义货币供给量为 6 000 亿元，价格水平 $P=1$。求：

（1）IS 曲线和 LM 曲线。

（2）产品市场和货币市场同时均衡时的收入、利率和投资是多少？

（3）政府支出增加到 8 500 亿元时，挤出了多少私人投资？

（4）当货币供给增加 200 亿元时，对均衡收入和利率有何影响？

3. 假定货币需求函数 $L=0.5Y-hr$，消费函数 $C=800+0.5Y$，假设政府支出增加 20 亿美元时，为了使利率保持不变，货币供给量应该增加多少？（假定价格水平 $P=1$）

三、分析讨论题

1. 什么是自动稳定器？它的内容和作用是什么？

2. 简述宏观经济政策。

3. 简要分析财政政策效果与 IS 曲线和 LM 曲线斜率之间的关系。

4. 在 LM 曲线平行横轴的区域，货币政策有效吗？为什么？

5. 假定经济起初处于充分就业状态，现在政府要改变总需求构成，增加私人投资而减少消费支出，但不改变总需求水平，应采取一种什么样的混合政策？（用 IS-LM 模型分析）

曾有人这样描述宏观经济现象与个人之间的互动："繁荣是在你卖的东西价格都上涨的时候，通货膨胀是在你买的东西价格都上涨的时候，衰退在其他人都失业的时候，萧条则是你失业的时候"。作为政府宏观经济政策目标的重要内容，本章将详细描述失业和通货膨胀的定义、类型、形成原因及其影响；重点阐述失业率与通货膨胀率之间的短期替代现象与长期互动特征。

第一节 | 失业

 失业的类型及其形成的原因有哪些？

一、失业与中国失业率统计

就业是每个人的权利，也是绝大多数人获得收入、维持生存的主要手段，但是在现实生活中，总是有一部分人无法就业。2004 年，我国城镇登记失业率为 4.2%，城镇登记失业人口达到 827 万。2015 年，城镇登记失业率及失业人口分别达到 4.05% 和 966 万，如图 11-1 所示。如果不能在短时间内找到合适的工作，那么这部分失业人口的生活就会陷入困境。宏观经济学有充分就业、经济增长、物价稳定和国际收支平衡四大目标。充分就业是宏观经济学的重要目标之一，可见宏观经济学对于就业问题的重视程度。

失业的类型

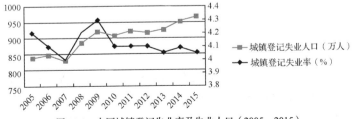

图 11-1　中国城镇登记失业率及失业人口（2005—2015）

数据来源：《中国统计年鉴》（2006—2016）

宏观经济学中所介绍的充分就业有两种理解：①广义的理解，是指所有的生产要素都参与生产的状态，即所有的生产要素都就业才是充分就业；②狭义的理解，专指劳动力这种生产要素，即经济中消灭周期性失业的就业状态。我们通常所说的充分就业是指狭义的理解。通常所说的失业是指达到法定年龄，有劳动能力，愿意接受现行的工资水平并在积极地寻找工作，但仍然无法就业的一种经济现象。通常，我们用失业率来衡量一个国家的失业状况。无论发达国家或发展中国家，对失业率的统计一般由官方统计机构公布，如中国国家统计局，也有民间的调查机构来提供，如美国的盖洛普公司（Gallup）。2010年，当美国的失业率达到9.5%时，大多数美国人都认为失业是美国面临的最主要问题。

一般，失业率的统计公式为：

$$失业率 = \frac{失业人数}{失业人数 + 就业人数} \qquad 式（11\text{-}1）$$

由于失业率统计的口径不同，各国颁布的失业率数据并不能直接比较。按照中国国家统计局统计指标解释，涉及失业统计的指标主要包括以下几个。

（1）经济活动人口。指在年龄16周岁及以上，有劳动能力，参加或要求参加社会经济活动的人口，包括就业人员和失业人员。

（2）就业人员。指在年龄16周岁及以上，从事一定社会劳动并取得劳动报酬或经营收入的人员。这一指标反映了一定时期内全部劳动力资源的实际利用情况，是研究我国基本国情国力的重要指标。

（3）城镇登记失业人员。指有非农业户口，在一定的劳动年龄内（16周岁至退休年龄），有劳动能力，无业而要求就业，并在当地就业服务机构进行求职登记的人员。

（4）城镇登记失业率。城镇登记失业人员与城镇单位就业人员（扣除使用的农村劳动力、聘用的离退休人员、港澳台地区及外方人员）、城镇单位中的不在岗职工、城镇私营业主、城镇个体户主、城镇私营企业和个体就业人员、城镇登记失业人员之和的比。计算公式为：

$$城镇登记失业率 = \frac{城镇登记失业人数}{\begin{array}{c}（城镇单位就业人员-使用的农村劳动力-聘用的离退休人员-聘用\\的港澳台地区和外方人员）+不在岗职工+城镇私营业主+城镇\\个体户主+城镇私营企业和个体就业人员+城镇登记失业人数\end{array}} \times 100\%$$

$$式（11\text{-}2）$$

二、失业的分类

失业有很多种类，根据主观愿意就业与否，可分为自愿失业（Voluntary Unemployment）与非自愿失业（Involuntary Unemployment）。

1. 自愿失业

是指工人所要求的实际工资超过其边际生产率，或者说不愿意接受现行的工作条件和收入水平而未被雇用所造成的失业。由于这种失业是由于劳动人口主观不愿意就业而造成的，所以称为自愿失业。自愿失业无法通过经济手段和政策来消除，因此这种失业类型并非经济学所研究的范围。

2. 非自愿失业

是指有劳动能力、愿意接受现行工资水平但仍然找不到工作的现象。这种失业是由于客观原因所造成的，因而可以通过经济手段和政策来消除。经济学中所说的失业是指非自愿失业。

围绕着非自愿失业，宏观经济学通常将失业分成摩擦性失业（Frictional Unemployment）、结构性失业（Structural Unemployment）和周期性失业（Cyclical Unemployment）三种类型。

（1）摩擦性失业是指生产过程中难以避免的、由于转换职业等原因而造成的短期、局部失业。这种失业的性质是过渡性的或短期性的。它通常起源于劳动的供给一方，因此被看作是一种求职性失业，即一方面存在职位空缺，另一方面存在着与此数量对应的寻找工作的失业者。这是由于劳动力市场信息不完备，厂商找到所需雇员和失业者找到合适工作都需要花费一定的时间所引起的暂时性失业。摩擦性失业在任何时期都存在，并将随着经济结构变化而有增大的趋势，但从经济和社会发展的角度来看，这种失业的存在并不构成严重的经济问题。需要注意的是，即使摩擦性失业并不合人意，但找工作的过程通常是经济效率的提高和雇员实际收入的增加。

（2）结构性失业是指劳动力的供给和需求不匹配所造成的失业，其特点是既有失业，也有职位空缺，失业者或者没有合适的技能，或者居住地点不当，因此无法填补现有的职位空缺。结构性失业在性质上是长期的，而且通常起源于劳动力的需求方。结构性失业是由于经济变化导致的，这些经济变化引起特定市场和区域的特定类型劳动力的需求相对低于其供给。造成这种状况的原因有以下四个方面。

① 技术变化。新产品的引进和生产技术的变革可能会在很大程度上改变对各种技术工人的相对需求。

② 消费者偏好变化。消费者对产品和劳动力偏好的改变，使得一些行业扩大而另一些行业萎缩，处于规模缩小行业的劳动力因此而失去工作岗位。

③ 劳动力的不流动性。流动成本的存在制约着失业者从一个地方或一个行业流动到另一个地方或另一个行业，从而使结构性失业长期存在。

④ 制度因素也会加剧结构性失业。例如，最低工资法可能会使非熟练工人获得的工资高于他们的生产力水平，从而严重减少了他们的就业机会。

区分摩擦性失业和结构性失业并不总是很容易，这两种情形都包括了有工作空缺和不在工作的潜在工人。关键的差别：在摩擦性失业中，个人拥有满足工作空缺所需要的技能；而在结构性失业时，他们并没有与空缺工作相应的技能。从本质上看，结构性失业工人的技能由于市场条件或技术的改变而变得过时。从现实观察，结构性失业的工人面临的前景或是改变职业，或是延长失业时间。特别是对于年龄大的工人而言，可供选择的前景是暗淡的。

（3）周期性失业是指经济周期中的衰退或萧条时，因社会总需求下降而造成的失业。当经济发展处于一个周期中的衰退期时，社会总需求不足，厂商的生产规模也缩小，从而导致较为普遍的失业现象。周期性失业对于不同行业的影响是不同的，一般来说，需求的收入弹性越大的行业，周期性失业的影响越严重。也就是说，人们收入下降、产品需求大幅度下降的行业，周期性失业情况比较严重。

对失业根源的研究是对现代宏观经济学的挑战。有经济学家认为在弹性工资和完全竞争的条件下，当合格工人在现行工资率下选择不工作的时候，就会出现自愿失业，这种自愿失业可能是竞争市场的一个有效率的结果。非自愿失业自是暂时现象，随着工资的调整，劳动市场会自然出清。

黏性工资理论和非自愿失业理论强调了工资的缓慢调整造成单个劳动力市场的过剩或不足。该理论认为：由于工资具有刚性，对劳动的过剩或短缺不能进行及时地调整，因此就会出现周期性失业。如果工资高于市场出清水平，则会造成一部分合格的劳动者找不到工作。

三、充分就业与自然失业率

充分就业是宏观经济学的首要目标，那么如何才算得上是充分就业呢？前面的分析让我们认识到现实生活中永远达不到百分之百就业，因为即使有足够的职业空缺，失业率也不会等于零，也仍然会存在摩擦性失业和结构性失业。换句话说，在信息不完全的世界中，雇主和雇员在同意雇佣一个新工人或接受一个工作之前都在"选购"，这样的"选购"是有效率的，它能使雇员拥有的技能和雇主需要的技能匹配得更好。因此，存在一些失业与动态劳动市场的有效运行是一致的。因此，现代经济学认为，当一个社会的周期性失业被消灭，只剩下摩擦性失业和结构件失业等失业类型时，这个经济社会就实现了充分就业。

与充分就业相对应的一个概念是自然失业率。自然失业率是指没有货币因素干扰的情况下，让劳动市场和商品市场的自发供求力量起作用时，总需求和总供给处于均衡状态下的失业率。自然失业率并非是一个固定不变的值，它随着经济社会的发展而变化，一般由政府根据有关调研数据来确定，如美国在一个较长的时期内确认其自然失业率为5%，也就是说，当美国的失业率在5%或以下时，政府就不会采取有关措施来干预劳动市场的运行。

四、失业的影响与奥肯定律

失业的社会影响虽然难以估计和衡量，但它最易为人们所感受到。失业威胁着作为社会单位和经济单位的家庭的稳定。西方有关的心理学研究表明，解雇造成的创伤不亚于亲友的去世或学业上的失败。此外，家庭之外的人际关系也受到失业的严重影响。一个失业者在就业的人员当中失去了自尊和影响力，面临着被同事拒绝的可能性，并且可能要失去自尊和自信。

失业的经济影响可以用机会成本的概念来理解。当失业率上升时，经济中本可由失业人员生产出来的产品和劳务面临损失。从产出核算的角度看，失业者的收入总损失等于生产的损失，因此，丧失的产量是计量周期性失业损失的主要尺度，因为它表明经济处于非充分就业状态。20 世纪 60 年代，美国经济学家阿瑟·奥肯（A.M.Okun）根据美国的经验数据，提出了经济周期中失业变动与产出变动的经验关系，这称为奥肯定律。

奥肯定律的结论：失业率每高于自然失业率一个百分点，实际 GDP 将低于潜在 GDP 两个百分点。换一种方式说，相对于潜在 GDP，实际 GDP 每下降两个百分点，实际失业率就会比自然失业率上升一个百分点。

奥肯定律的表达式为：

$$\frac{Y - Y_f}{Y_f} = -a(u - u^*) \qquad\qquad 式（11-3）$$

式中　Y——实际产出；

　　　Y_f——潜在产出；

　　　u——实际失业率；

　　　u^*——自然失业率；

　　　a——大于零的参数。

奥肯定律的一个重要结论：实际 GDP 必须保持与潜在 GDP 同样快的增长，以防止失业率的上升。如果政府想让失业率下降，那么，该经济社会的实际 GDP 增长必须快于潜在 GDP 的增长。

第二节　通货膨胀的含义、衡量及类型

在现实中，如何定义通货膨胀？

通货膨胀是当代经济生活中存在的主要问题之一，无论是发达国家，还是新兴经济体和发展中国家，都会经常受到通货膨胀的困扰。人们最直观的感受是，通货膨胀是有害的，当我们的收入不变，或有小幅增长时，物价却大幅度上涨，我们的生活水平下降。人们希望自己能够少受通货膨胀的伤害，也都要求政府在治理通货膨胀方面有所

恶性通货膨胀

作为。因此，是什么引起了通货膨胀？对通货膨胀我们能够做什么？应该做什么？这都成为了政府和民众普遍关心的问题。

一、通货膨胀的含义

对于什么是通货膨胀，西方经济学界有各种各样的定义。一种最常见的定义认为通货膨胀就是物价水平的普遍上升。J. 托宾认为："通货膨胀是指物品与劳务货币价格的普遍上升。"D. 莱德勒和 M. 帕金认为："通货膨胀是一个价格持续上升的过程，也等于说，是一个货币价值持续贬值的过程。"P. 萨缪尔森和 W. 诺德豪斯的《经济学》教科书也持类似的观点。他们说："当物价水平普遍上升时，通货膨胀就产生了……我们称为通货膨胀的正是这种物价的普遍上升趋势。"

另一种定义是把通货膨胀视为货币量膨胀，是"过多的货币追逐相对不足的商品和劳务"。F. 哈耶克认为："通货膨胀一词的原意和真意是指货币数量的过度增长，这种增长会合乎规律地导致物价的上涨。"H. 赫兹里特认为："通货膨胀这个词原来只用于货币量。意思是货币量膨胀、扩大、过度增长。"M. 弗里德曼认为："无论何时何地大规模的通货膨胀总是货币现象。"

除上述"价格派"和"货币派"外，M. 布朗芬布伦纳和 F. 霍尔兹曼从四个方面对通货膨胀下了定义：①通货膨胀是一种普遍的过度需求形式，在这种形式下，过多量的货币追求过少量的商品。②通货膨胀是不论以总量计算还是以人均计算的货币存量和货币收入的大量增长。③通货膨胀是一个具有附加特征或条件的价格总水平上升。这些附加条件是非完全理性预期；通过成本导致价格的再上涨；它不增加就业和真实产量；它产生于货币方面；它由减去间接税和补贴之后的净价格来测度；它是不可逆的。④通货膨胀是货币对外价值的下跌，是以汇率、以黄金价格来衡量的，或者在官方价格下，对黄金和外汇的过度需求。

在西方经济学中，对通货膨胀的含义无论怎样规定，一般来说，通货膨胀总是同物价上涨和货币贬值联系在一起。通货膨胀的必然结果是物价上涨，货币购买力下降。所以，一个最一般的、争议最小的定义是：通货膨胀（Inflation）是一般物价水平持续上涨。

仅就人们普遍接受的通货膨胀的含义而言，有以下几点值得注意。

（1）物价上涨是指一般物价水平的普遍上涨。一般物价水平是指包括所有商品和劳务价格在内的总物价水平，某些商品如牛肉或房租等价格上涨，并不就是通货膨胀。因为一些商品价格上涨，而另一些商品的价格可能下降，二者相互抵消。只有各种商品和劳务的价格普遍上升，才能使货币的购买力降低。

（2）物价上涨的形式可以是公开的，也可以是隐蔽的。如通过降低产品质量、凭证供应等价格管制措施，表面上看来物价并未上涨，但如果放松价格管制，物价就会普遍上涨，因此这是一种隐蔽性通货膨胀。

（3）理解通货膨胀的含义还有时间维度问题。一个季节的物价上涨 2%可以不算通货膨胀，但如果继续上涨到一年为 8%，显然是通货膨胀。假如某一季度的物价上涨 2%，而下一季度却退回去了，则前一季度能算通货膨胀吗？当然不能，通货膨胀必然是指总物价水平"不断地"或"持续地"上涨，季节性、偶然性或暂时性的价格上涨都不能称为通货膨胀。

二、通货膨胀的衡量

怎样才能知道商品与劳务价格的普遍上涨？那就需要借助于价格指数这个工具，用价格指数来衡量通货膨胀，有以下几个问题需要考虑。

（1）能够反映通货膨胀的价格指数在西方经济学中一般有生产者价格指数、消费价格指数和国民生产总值价格指数三种。但不少统计资料显示，在一定时期的消费者价格指数有轻微的上升，而生产者价格指数基本稳定，相反的情况有时也存在。这也就是说，以一种价格指数为标准已出现轻微的通货膨胀，以另一种价格指数为标准却不存在通货膨胀，这就需要我们判定究竟应以何种指数为标准较为适宜。

（2）三种不同的价格指数在衡量通货膨胀时各有其优缺点。生产者价格指数与产品出厂价格紧密相关，而且代表的规格、品种范围较广，所以持有成本推进通货膨胀理论的经济学家认为生产者价格指数最适合于测量通货膨胀。消费价格指数反映了消费者所付出价格的变动情况，是市场稳定与否的标志，所以较多的经济学家更倾向于以消费价格指数的变动为依据来判断是否存在通货膨胀。若该指数显著上升则为通货膨胀，显著下降则为通货紧缩。即使如此，有时仍会夸大了价格指数上涨对货币购买力的影响。这至少有以下三个理由：①消费价格指数通常不考虑商品质量的重要改进。例如，一部新型节能型汽车，价格虽较旧式汽车较高一点，但节约汽油的结果不仅未降低汽车消费者的货币购买力，甚至还对其本人和社会有利。②消费价格指数无法准确衡量新产品推广对消费者福利的增进。③消费价格指数是按一个典型的城市家庭预算所预定的若干市场商品计算得出。它不能计量消费者如何在某种商品价格上涨时改用价格较低的替代品，例如，当奶油价格快速上涨时，消费者改用人造奶油。正因为如此，消费价格指数的变动不一定能正确反映消费者货币购买力的变动，也就不一定能适当反映通货膨胀程度。

（3）无论采用什么指数都会存在一个问题：究竟指数上升百分之几才算通货膨胀？很多人认可 GNP 指数上升 3.5%即为通货膨胀。还有一些经济学家认为 3.5%的上升固然不好，但如果这种渐增的价格水平能有助于维护充分就业和保证一种令人满意的经济增长率，就是好的。此外，也有人不同意给通货膨胀规定一个固定的百分率，只笼统地说"不健康的""可感觉到的""相当大的"或"过度的"价格水平的上涨就是通货膨胀。

为了比较准确地衡量通货膨胀，经济学家和统计学家通过编制各种价格指数来计量物价水平的变动。由于消费价格是反映商品经过流通各环节形成的最终价格，它最全面地反映了商品流通对货币的需要量。因此，消费价格指数是最能充分、全面地反映通货膨胀率的价格指数。目前，世界各国基本上均用消费者价格指数（中国称居民消费价格指数），也即 CPI 来反映通货膨胀的程度。

其公式如下：

$$CPI=a_1(P_{1t}/P_{10})+a_2(P_{2t}/P_{20})+\cdots+a_n(P_{nt}/P_{n0}) \qquad 式（11-4）$$

式中　P——代表性消费品的价格；

　　　　a——权重。

通货膨胀率＝（现期物价水平-基期物价水平）/基期物价水平　　　　式（11-5）

其中，基期就是选定某年的物价水平作为一个参照，这样就可以把其他各期的物价水平通过与基期水平作一对比，从而衡量现今的通货膨胀水平。其实，上面所说的只是衡量通货膨胀水平方法之一的消费指数折算法，但它是最常用的。此外，还有 GNP 折算法和生产指数折算法。

三、通货膨胀的分类

按照不同的划分标准，西方经济学家把通货膨胀划分为不同的类别。

1. 按物价上涨的速度和趋势划分

（1）爬行的通货膨胀。又称最佳通货膨胀，一般是物价上涨幅度在 2%～3%，同时不存在通货膨胀预期的状态。西方经济学认为爬行的通货膨胀对经济发展和国民收入的增加都有着积极的刺激作用，并且将它看做是实现充分就业的必要条件。

（2）温和的通货膨胀。温和的通货膨胀是指一般价格水平的上涨幅度在3%～10%。此时物价相对来说比较稳定，人们对货币比较信任，人们会很愿意签订以货币形式表示的长期合同。目前许多国家都存在着这种温和型的通货膨胀，它是一个危险信号，如不高度重视就有可能加速。

（3）奔腾式或飞奔式通货膨胀。这是两位数的通货膨胀，即一般价格水平上涨幅度在10%～100%。这种通货膨胀局面一旦形成并稳固下来，便会出现严重的经济扭曲。货币贬值非常迅速，人们仅在手中保留最低限度的货币以应付日常交易所需。人们囤积商品，购置房产，而且绝对不会以很低的名义利率出借货币。对于这种通货膨胀，政府必须采取强有力政策措施加以控制，以免对一国经济和人民生活造成不利影响。

（4）恶性通货膨胀。又称超级通货膨胀，是指一般物价的年上涨率为 100%以上的通货膨胀。发生这种通货膨胀时，物价持续飞涨，货币体系崩溃，正常经济秩序遭到破坏，经济濒于瓦解。这种类型的通货膨胀通常很少发生，但一旦发生对经济的打击是致命的。进入 20 世纪，当纸币取代黄金、白银成为流通货币之后，恶性通货膨胀对人们生活的困扰时有发生，包括 1922—1923 年间的德国纸马克、1945—1946 年间的匈牙利平格、1971—1981 年间的智利比索、1975—1992 年间的阿根廷比索、1988—1991 年间的秘鲁索尔，以及近年的津巴布韦元。在恶性通货膨胀情况下，货币大幅急剧贬值，完全丧失价值贮藏功能，也在很大程度上失去了作为交换媒介的功能。正常经济关系遭到破坏，经济完全停滞以致金融货币体系和经济完全崩溃。

2．按通货膨胀形成的原因划分

主要有以下两种类型。

（1）需求拉上的通货膨胀。

（2）成本推进的通货膨胀。

3．按人们对通货膨胀的预期程度划分

主要有以下两种类型。

（1）可预期的通常膨胀。又称为惯性通货膨胀，是指一国政府、厂商和居民对未来某时期的通货膨胀可以在一定程度上可以预期到的通货膨胀。

（2）不可预期的通货膨胀。不可预期的通货膨胀是指物价上涨的速度超出人们的预料，或人们对未来时期的物价变化趋势无法预测。这种类型的通货膨胀在短期内对就业与产量有扩张效应。

4．按与经济发展和经济增长的联系划分

主要有以下三种类型。

（1）恢复性通货膨胀是指在通货紧缩后经济萧条、物价过低的情况下，为了促进经济的恢复和发展，人为地增加货币供应量，使物价回升到正常水平所呈现的一种情况。

（2）适应性通货膨胀，又称过渡性通货膨胀，是指与经济增长几乎同步的通货膨胀。

（3）停滞膨胀，又称滞胀（Stagflation），是指在经济增长停滞甚至衰退的同时所发生的一般物价水平上涨的情况，它对经济造成很大打击，一方面大量企业破产，失业率上升。另一方面，造成工业等长时间的生产下降，经济增长缓慢，也造成股市的萎靡不振。

以美国 20 世纪 70 年代的滞胀为例。从 1969 年 12 月爆发经济危机，到 1982 年 12 月经济复苏为止，约有 13 年的时间美国停留在滞胀的阴影下。平均每 3 年多就有一次衰退，实际 GDP 平均增长速度只有 2.9%，而其他时期的经济增幅平均为 3.87%～5.69%。与此同时，通货膨胀率前所未有地高涨，年平均通货膨胀率达到 10.46%，而美国在第二次世界大战后各经济阶段的平均通货膨胀率为 2.33%～3.54%。

第三节　通货膨胀的影响

通货膨胀对我们的生活和经济活动产生了什么影响？

在一个经济体中，如果通货膨胀率是稳定的、可预期的，那么通货膨胀率对社会经济生活的影响就较小。因为在这种可预期的通货膨胀之下，各种名义变量（如名义工资、名义利率等）都可以根据通货膨胀率进行调整，从而使实际变量（如实际工资、实际利率等）不变。这时通货膨胀对社会经济生活的唯一影响是人们将减少他们所持有的

通货膨胀的影响

现金量。但是，在通货膨胀率不能完全预期的情况下，通货膨胀将会影响社会收入分配及经济活动。因为这时人们无法准确地根据通货膨胀率来调整各种名义变量，以及他们应采取的经济行为。

一、造成实际收入和实际财富的再分配

1. 对收入的影响

对于那些签订长期名义工资合约的雇员来说，如果通货膨胀不期而至，则其实际收入的货币购买力将下降，即实际收入会减少；在通货膨胀条件下，另一种情况则是随着名义工资的提高，达到纳税起征点的人增加，进入更高的纳税等级的工薪阶层增多，这将进一步导致民众实际收入下降。同时，也使得政府的税收增加，政府由这种通货膨胀中所得到的税收称为通货膨胀税。由于收入不与通货膨胀率挂钩，通货膨胀的突然发生通常不利于大多数工薪阶层、退休者、失业者和贫困者、接受政府救济者和提供固定利息借款的债权人。与此对应的是，企业主、债务人则成为此类通货膨胀的受益方。

2. 对再分配的影响

通货膨胀对再分配的作用主要通过影响人们手中财富的实际价值来实现。一般来说，非预期通货膨胀会将财富从债权人手中再分配给债务人。即通货膨胀往往有利于债务人而不利于债权人。在通常情况下，借贷的债务契约都是根据签约时的通货膨胀率来确定名义利率，所以当发生了未预期的通货膨胀之后，债务契约无法更改，从而使实际利率下降，债务人受益，而债权人受损。其结果是对贷款，特别是长期贷款带来不利的影响，使债权人不愿意发放贷款。贷款的减少会影响投资，最后使投资减少。如果通货膨胀持续了较长时间，使人们最终有可能预见其发展趋势，并且市场也开始与之相适应，那么市场利率中就会逐渐地包含一种对通货膨胀的补偿部分，主要是对利率进行调整。但是在更多的时候，通货膨胀只是将收入和资产合在一起，随机地在全民中进行重新分配，而不会只冲击某些群体。

二、对经济效率的影响

1. 通货膨胀扭曲价格信号而损害经济效率

价格传递出有关商品和资源相对稀缺性的重要信息。在一个低通货膨胀的经济中，如果一种商品的市场价格上升，则买方和卖方都很清楚这种商品的供给和需求方面都发生了实际的变化，他们就可以对此做出正确的反应。相反，在一个高水平且不稳定的通货膨胀经济中，很难区分相对的价格变化与整体的价格变化。如果通货膨胀率每月达到20%或30%，商店就会频繁地变动价格以至于相对价格混乱无序、难以适从。由于这些不稳定的价格信号的存在，生产者和资源供给者将经常做出让他们后悔的决策，而且资源配置效率将低于价格水平稳定时期的状况。

2. 通货膨胀造成资源利用的低效

我们可以假设在流通中的现金是名义利率为零的货币。如果年通货膨胀率从 0 上升到 20%，则现金的实际利率就从每年的 0 降为-20%。由于货币利率实际为负，在通货膨胀时人们更愿意持有真实资源而减少货币持有量。在高通货膨胀时期，人们会花费更多的时间和金钱来对付未来的通货膨胀。这些资源本来可以用于生产市场需要的商品或劳务。此外，当人们试图猜测未来的价格变化的方向时，市场投机行为将会出现，并导致资金将流向投机性投资，而不是那些更具生产性的投资活动。

三、对就业和国民收入（产出）的影响

较高的通货膨胀影响就业和产出水平。在一定条件下，需求拉动型通货膨胀能促使厂商扩大生产规模、增加雇佣工人；通货膨胀使银行的实际利率下降，这会刺激消费和投资需求，促进资源的充分利用和总供给的增加。当供给下降引起通货膨胀时，国民收入和就业量随之下降，导致大多数工人处于失业状态。

长期来说，通货膨胀与产出的增长之间存在着一种类似倒 U 形的关系。许多国家的研究表明，各国的产出增长与通货膨胀之间的关系是这样的：低通货膨胀的国家经济增长最为强劲，而高通货膨胀或通货紧缩国家的增长趋势则较为缓慢。

第四节 各种通货膨胀理论

现代经济中，通货膨胀的形成原因并非仅有一种。

通货膨胀的根源并非只有一个，它像许多疾病一样由诸多因素造成。

一、惯性通货膨胀

在现代工业经济社会中，通货膨胀具有极大的惯性，即通货膨胀一旦形成，便会持续一段时间，这种现象称为惯性通货膨胀，对惯性通货膨胀的一种解释是人们会对通货膨胀做出相应的预期，如图 11-2 所示。

预期是人们对未来经济变量做出的一种估计，预期往往会根据过去的通货膨胀的经验和对未来经济形势的判断，做出对未来通货膨胀走势的判断和估计，从而形成对通货膨胀的预期。

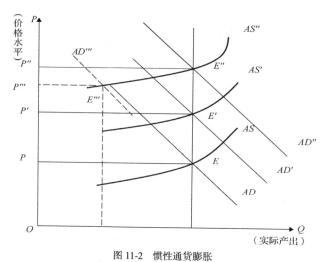

图 11-2　惯性通货膨胀

注：当 AS 和 AD 曲线以相同的比率不断稳步向上移动时，价格和工资会发生螺旋式上升，就会发生惯性通货膨胀。

　　预期对人们经济行为有重要的影响，人们对通货膨胀的预期会导致惯性通货膨胀。如人们预期的通胀率为 3%，在订立有关合同时，厂商会要求价格上涨 3%，而工人与厂商签订合同中也会要求增加 3% 的工资。这样，在其他条件不变的情况下，每单位产品的成本会增加 3%，从而形成惯性通货膨胀。有时，人们也将惯性通货膨胀率称为核心通货膨胀率、基础通货膨胀率或者预期的通货膨胀率。

　　但历史经验表明，通货膨胀率不会长期不受干扰保持不变。总需求变动，如消费习惯改变、汇率波动或总供给变动，都会对通货膨胀造成冲击，引起惯性通货膨胀率的改变。

二、需求拉动通货膨胀

　　需求拉动通货膨胀是指总需求过度增长所引起的通货膨胀，即太多的货币追逐太少的货物。按照凯恩斯的解释，在总产量达到一定产量后，当需求增加时，供给会增加一部分，但供给的增加会遇到生产过程中的瓶颈现象，即由于劳动、原料、生产设备的不足使成本提高，从而引起价格上升。或者当产量达到最大，即为充分就业时的产量，当需求增加时，供给也不会增加，总需求增加只会引起价格的上涨。消费需求、投资需求或来自政府的需求、国外需求，都会导致需求拉动通货膨胀。需求方面的总支出主要包括财政政策、货币政策、消费习惯的改变、国际市场的需求变动。

　　引起需求扩大的因素有两大类：①消费需求、投资需求的扩大，政府支出的增加、减税，净出口增加等，它们都会导致总需求的增加，需求曲线右移，称为实际因素。②货币因素，即货币供给量的增加或实际货币需求量的减少，导致总需求增加。如图 11-3 所示。

234

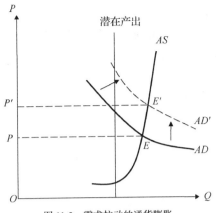

图 11-3　需求拉动的通货膨胀

注：在较高的产出水平，总需求的增长会使不断上升的支出竞购有限的商品，价格从 P 升高到 P′，这就是需求拉动通货膨胀。

货币供给（尤其是流通中货币供给）的快速增加是形成需求拉动通货膨胀的一个重要因素。货币供给的快速增加使总需求增长，而后者又使价格水平上升。

三、成本推动通货膨胀

在没有超额需求的情况下，由于供给方面成本的提高所引起的一般价格水平持续和显著上涨，又称为成本推动通货膨胀或供给推动通货膨胀。它又可以分为工资推动通货膨胀、利润推动通货膨胀（这里的利润通常为垄断利润）及进口成本推动的通货膨胀。

工资推动通货膨胀是工资过度上涨所造成的成本增加而推动价格总水平上升，工资是生产成本的主要部分。工资上涨使得生产成本增长，在既定的价格水平下，厂商愿意并且能够供给的数量减少，从而使得总供给曲线向左上方移动，如图 11-4 所示。

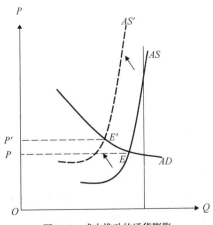

图 11-4　成本推动的通货膨胀

注：价格和工资在实现充分就业前就开始不断上升，从而推动价格的升高，这就是成本推动通货膨胀。

在完全竞争的劳动市场上，工资率完全决定于劳动的供求，工资的提高不会导致通货膨胀；而在不完全竞争的劳动力市场上，由于强大的工会组织的存在，工资不再是竞争的工资，而是工会和雇主集体议价的工资，同时，由于工资的增长率超过生产率增长速度，工资的提高就导致成本提高，从而导致一般价格水平上升。工资提高和价格水平上升之间存在因果关系：工资提高引起价格上涨，价格上涨又引起工资提高。这样，工资提高和价格上涨形成了螺旋式的上升运动，即工资价格螺旋。工资物价互相推动，形成严重的通货膨胀。

利润推动通货膨胀是指垄断企业和寡头企业利用市场势力谋取过高利润所导致的一般价格水平的上升。西方学者认为，就像不完全竞争的劳动市场是工资推动通货膨胀的前提一样，不完全竞争的产品市场是利润推动通货膨胀的前提。在完全竞争的产品市场上，价格完全决定于商品的供求，任何企业都不能通过控制产量来改变市场价格，而在不完全竞争的产品市场上，垄断企业和寡头企业为了追求更大的利润，可以操纵价格，把产品价格定得很高，致使价格上涨的速度超过成本增长的速度。

一般认为，利润推进的通货膨胀比工资推进的通货膨胀要弱。原因在于，厂商由于面临着市场需求的制约，提高价格会受到自身要求最大利润的限制，而工会推进货币工资上涨则是越多越好。

另外，从需求和供给两个方向分析，有人提出了混合通货膨胀理论。其分析的实质就是把上面两个理论结合起来。

造成成本推动的通货膨胀的另一个重要原因是进口商品的价格上涨。如果一个国家生产所需要的原材料主要依赖于进口，那么，进口商品的价格上涨就会造成成本推动的通货膨胀，其形成的过程与工资推动的通货膨胀是一样的。如20世纪70年代的石油危机期间，石油价格急剧上涨，而以进口石油为原料的西方国家的生产成本也大幅度上涨，从而引起通货膨胀。

四、菲利普斯曲线

1. 短期菲利普斯曲线

凯恩斯主义经济学家 W. 菲利普斯根据 1861—1957 年的资料分析，提出了货币工资变动率与失业率之间呈负相关关系的理论，即著名的"菲利普斯曲线（Phillips Curve）"。该理论不仅指出了失业与通货膨胀是可以并存的，而且是能够相互替代的。即通货膨胀率上升，失业率下降；反之，失业率上升，通货膨胀率下降。通货膨胀和失业率之间存在着稳定的此消彼长的关系。为什么高失业率会降低货币工资的增长速度呢？其原因在于，当其他工作机会比较难得时，工人要求提高工资的压力就会减少；而在盈利较少的情况下，企业也会更坚定地抵制增加工资的要求。

短期与长期
菲利普斯曲线

菲利普斯曲线对分析短期的失业与通货膨胀的交互变动十分有用。图 11-5 所示的是最简单的菲利普斯曲线。图 11-5 中的横轴代表失业率，纵轴左边刻度代表每年的通货膨胀率，右边刻度代表货币工资增长率。当我们沿着这条菲利普斯曲线向左移动以降低失业时，曲线上的价格和工资的增长率就会上升。

这条曲线的背后，存在着一道重要的通货膨胀算术。假定劳动生产率每年以 3% 的速率上升，每单位产出的工资以 4% 的比率增长，再进一步假定各企业都依据平均劳动成本来确定自己的产品价格。那么，平均劳动成本的增长就将是 1%，价格的上涨也将是 1%。我们可以从图 11-5 中看出工资增长和价格增长之间的关系。两者之间的差额即为劳动生产率的增长，即通货膨胀率=工资增长率-生产率增长率[①]。

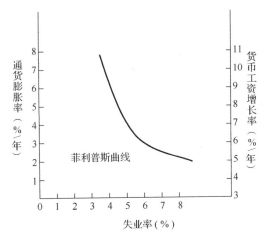

图 11-5 通货膨胀和失业之间的反向关系——短期菲利普斯曲线

我们可以用 AD-AS 模型来解释菲利普斯曲线：当总需求发生变动而总供给却继续按原有比率变动时，通货膨胀和失业之间的短期关系。如图 11-2 所示，假定在潜在产出水平时的失业率为 5%，那么，只要产出保持在潜在产出水平，总需求和总供给保持同等的比率上升，失业率便会停留在 5%，而通货膨胀率则会继续保持在每年 3%。但是，假设在第三个时期总需求发生了变化，因而使均衡点落在图 11-2 中的 E''' 点。于是产出将下降到潜在产出之下，失业率将上升到 5% 以上，而通货膨胀率也随之下降。

这一理论基本上符合当时西方发达的市场经济国家的实际，因此，菲利普斯曲线被当时的经济学界奉为金科玉律。菲利普斯曲线有时被描述成为一种"在通货膨胀和失业之间进行选择的菜单"。只要政策制定者愿意接受不变的高通货膨胀率，他们便能够将失业率保持在不变的低水平。类似地，要获得不变的低通货膨胀率，则不得不付出高失业率的代价。

但在 20 世纪 70 年代以后，西方发达国家出现了"滞胀"现象：一方面经济停滞，失业增加；另一方面，通货膨胀，物价上涨。对于这种情况，显然难以用菲利普斯曲线来加以解释。经济学家们开始意识到菲利普斯曲线实际上并不能代表失业和通货膨胀之

① 萨缪尔森，诺德豪斯. 宏观经济学[M]. 北京：人民邮电出版社，2006.

间有永久的交替关系。

2. 长期菲利普斯曲线

为了理解失业和通货膨胀没有永久交替关系的论述，首先，我们应该记得：长期的实际 GDP 水平被视为潜在实际 GDP。在潜在 GDP 水平上，企业在其正常能力的水平上经营，除了结构性和摩擦性失业，想要工作的每个人都能找到工作，弗里德曼将此时的失业率称为自然失业率。实际 GDP 水平在短期内会波动，但在长期会恢复到其潜在水平，因此，失业率也会短期波动，但长期也会回到自然失业率水平。

在长期中，价格的高低对实际 GDP 是没有影响的，因为实际 GDP 在长期中总是处于其潜在水平。同样，由于在长期中失业率总是等于自然失业率，通货膨胀率的高低对失业率也是没有影响的。图 11-6 表述了弗里德曼的结论——长期总供给曲线是处于潜在实际 GDP 水平的垂直线，长期菲利普斯曲线也是处于自然失业率水平的垂直线。

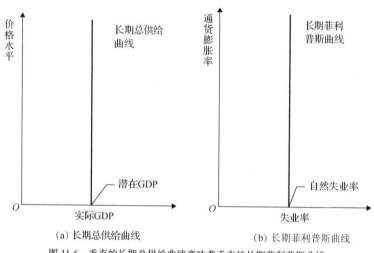

图 11-6　垂直的长期总供给曲线意味着垂直的长期菲利普斯曲线

3. 菲利普斯曲线的移动

下面我们来分析长期菲利普斯曲线是怎样由于预期而变得垂直的。图 11-7 表述了这一状况。

经济学家们指出，在通货膨胀与失业之间所建立的联系，至少一部分原因与通货膨胀预期有关。这种预期取决于人们在经济生活中所积累的经验。当政府企图把失业率降到自然失业率之下，即从图 11-7 中的 U^* 到 U_1 时，将产生通货膨胀，通货膨胀率沿着菲利普斯曲线上升到 I_1。根据经验，人们相信，这个新通货膨胀率会持续下去，坚持要增加工资，以抵消通货膨胀的影响，这就使得在 U^* 时的通货膨胀率不再是零，而是 I_1，这是经济正在经受的通货膨胀率。这时对应于 U_1 的通货膨胀率是更高的 I_2。但是，如果政府依然坚持这样低的失业率，而人们相信一轮新的更高的通货膨胀率会持续下去，那么菲利普斯曲线将会进一步地上升。

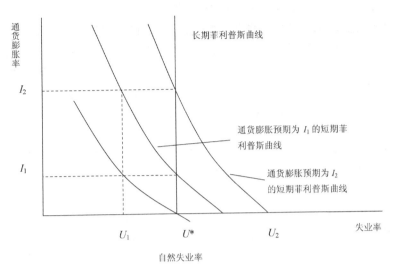

通货膨胀率

I_2

I_1

U_1 U^* U_2

长期菲利普斯曲线

通货膨胀预期为 I_1 的短期菲利普斯曲线

通货膨胀预期为 I_2 的短期菲利普斯曲线

失业率

自然失业率

图 11-7　垂直的长期菲利普斯曲线

　　政府面临着一场艰难的抉择,它可以使经济在短期内的失业率低于自然失业率。但是,从长期来看,所付出的成本将是越来越高的通货膨胀率。甚至只是为了短期降低失业率,经济也将付出极高的代价。这是因为对通货膨胀的预期会被固定下来,即使政府取消了将失业率降低至自然失业率之下的努力。为了得到一个时期较低的失业率,经济不得不用持续的通货膨胀率做交换。当通货膨胀率很高时,如果政府想要恢复价格稳定,同样要付出很高的代价,它必须使失业率达到足够高的水平,以降低通货膨胀以及对通货膨胀的预期。如果对通货膨胀的预期是 I_2,失业率要增加到 U_2。对于给定的菲利普斯曲线,为抵消对通货膨胀预期所增加的失业量,要远高于初始时所降低的失业量。初始时政府曾试图把失业率降到自然失业率之下,而结果却造成了更多的失业[①]。

　　在 20 世纪 70 年代晚期,许多经济学家开始确信,长期的菲利普斯曲线即使不是垂直的,也是非常陡峭的。

五、货币主义的解释

　　弗里德曼认为,特定的物价和总的物价水平的短期变动,可能有多种原因。但是长期、持续的通货膨胀却随时随地都是一种货币现象,是由于货币数量的增长超过总产量的增长所引起的。他强调指出:承认并正视通货膨胀是货币量过多所引起的货币现象这个命题的重要性,在于它可以指导我们去寻找通货膨胀的基本原因和确定治疗方案,因此它是正确认识通货膨胀和有效防治通货膨胀的开端。

① 斯蒂格利茨. 经济学[M]. 北京:中国人民大学出版社,1998.

弗里德曼认为，货币量过多的直接原因有以下三个。

（1）政府开支增加。当政府的收入相对稳定，但同时因各种原因日益增加名目繁多的开支时，必然需要筹措新的资金来源用于应付日益扩大的开支。弥补支出扩大的资金来源有三种方式：①增加税收；②向公众借债；③增加货币供应。前两种方式取得的资金来源虽然因政府支出增加被私人消费和投资减少所抵消，而不会产生通货膨胀，但在政治上不得民心，因此被绝大多数政府舍弃而采用第三种方式，即增加货币数量。其结果必然是通货膨胀。

（2）政府推行充分就业的政策。20世纪30年代大危机以后，人们对失业比对通货膨胀怀有更大的戒心。因此，只要政府许诺执行充分就业政策就能拉拢民心，争取选票。为了讨好公众，政府一方面制定不恰当的过高的充分就业目标，另一方面采取增加货币数量，扩大政府支出的办法来提高就业水平。于是一旦出现经济衰退的迹象时，政府就立即实行通货膨胀来刺激经济；当制止通货膨胀的措施在短期内不能增加就业时，政府又立即放弃制止手段而采用更高的通货膨胀来换取就业的微量增加，以致形成通货膨胀率与失业率轮番上涨的恶性循环。

（3）中央银行实行错误的货币政策。其错误首先是货币政策的目标偏移。例如，美国联邦储备系统（简称美联储）把维持充分就业作为货币政策的目标。在要求增加就业的压力下，美联储的货币政策也有着与政府财政政策同样的通货膨胀倾向。而央行扩大就业的唯一手段就是增加货币供应量，使商业银行有能力进行更大规模的贷款，但这样做的结果是无法保持长期真正的充分就业，却带来了通货膨胀。中央银行货币政策的另一错误是把中介目标定在它不能控制的利率上。弗里德曼认为，央行应该控制而且有能力控制的是货币供应量，而不是利率。

综上所述，弗里德曼明确指出了通货膨胀的真正原因在于货币供应增长率大于经济增长率，而货币量过多的原因都是出自于政府的错误政策和行为。通货膨胀所表现出来的普遍、持续物价上涨，就是由于货币发行过多所致。垄断了货币发行权的政府无疑有着不可推卸的责任。

 专栏 11-1

菲利普斯其人

菲利普斯1933年出生在美国伊利诺伊州的伊云斯顿，1955年获得美国阿姆赫斯特学院文学学士学位，1959年获得耶鲁大学经济学博士学位，师从詹姆斯·托宾教授（第十三届诺贝尔经济学奖得主，主要研究领域为经济计量方法，严格数学化的风险理论，家庭和企业行为理论，一般宏观理论，经济政策应用分析，投资决策，生产、就业和物价关系理论）。菲利普斯曾经执教于耶鲁大学和宾西法尼亚大学，自1971年起任美国哥伦比亚大学经济学教授。同时担任美国科学院院士、美国社会科学院院士、纽约科学院院士、美国经济学协会副会长、布鲁金斯经济事务委员会资深顾问、美联储学术会议专家、美国财政部和参议院金融委员会顾问、《美国经济评论》编委等。

菲利普斯著作颇丰，主要有《经济增长的财政中性》《经济增长的黄金律》《就业和通货膨胀理论的微观经济学基础》《私人需求和公共需求》《经济增长的目标》《通货膨胀政策和就业理论》《经济公平》《个人预期和总产量：理性预期的考察》《宏观经济学研究》《利他主义、伦理道德和经济学理论》《就业问题的现代经济学理论》等书，还发表论文200余篇，具有较大影响力的论文有"资本积累的黄金律""风险资本的积聚——序列效用分析""资本替代品、固定比率、增长和分配""对投资的新看法""预期通货膨胀和经济福利""技术进步模型和研究工作的黄金律""菲利普斯曲线——对通货膨胀水平和最优就业率的预测""次优国民储蓄和博弈均衡增长""市场出清产品价格下的短期就业状况和真实工资率水平""公债、税收和资本密集度""货币、公共支出和劳力供给""为达到代际公平对财富和工资的线性征税——一些可靠的国家案例""理性预期下货币政策的稳定效力""利润理论和对利润征税"等。

本章要点

失业率是指失业人口和劳动力的比率。失业有很多种类，根据主观意愿就业与否，可分为自愿失业与非自愿失业。非自愿失业又可以分成摩擦性失业、结构性失业和周期性失业三种类型。在商业周期中，产出和失业率的运动有着明确的联系。根据奥肯法则，实际 GDP 相对潜在 GDP 下降 2%，则失业率上升 1%。通货膨胀意味着一般价格水平的上涨。我们用价格指数，即成千上万种产品的加权平均价格来计算通货膨胀。最常用的价格指数有消费价格指数和生产价格指数。可以从表现的程度和原因等不同方面对通货膨胀进行分类。通货膨胀会对社会和经济生活造成严重的影响：通货膨胀对再分配的作用主要通过人们手中财富的实际价值来实现。另外，通货膨胀还在两个领域影响实际经济：经济效率和总产出（就业）。对经济效率的影响主要表现在它会扭曲价格和价格信号，扭曲货币的使用及对税收的扭曲；较高的通货膨胀影响就业和产出水平。需求拉动通货膨胀在一定条件下，能促使厂商扩大生产规模、增加雇佣工人；通货膨胀使银行的实际利率下降，这会刺激消费和投资需求，促进资源的充分利用和总供给的增加。当供给下降引起通货膨胀时，国民收入和就业量随之下降，导致大多数工人处于失业状态。长期来说，通货膨胀与产出的增长之间存在着一种类似倒 U 形的关系。许多国家的研究表明各国的产出增长与通货膨胀之间的关系是这样的：低通货膨胀的国家经济增长最为强劲，而高通货膨胀或通货紧缩国家的增长趋势则较为缓慢。菲利普斯曲线显示的是通货膨胀和失业之间的替换关系。但是，随着时间的推移，若预期的通货膨胀和其他一些因素发生了变化，这种短期菲利普斯曲线也会发生变动。如果政策制定者试图使失业率长期低于自然失业率，则通货膨胀就会有螺旋式上升的趋向，且长期菲利普斯曲线是一条垂直线。

关键概念

失业　　　通货膨胀　　　失业率　　　经济活动人口　　　就业人员

城镇登记失业率　　　自愿失业　　　非自愿失业　　　摩擦性失业

结构性失业　　　周期性失业　　　充分就业　　　自然失业率

奥肯定律　　　价格指数　　　惯性通货膨胀

需求拉动通货膨胀　　　成本推动通货膨胀　　　菲利普斯曲线　　　货币主义

习 题 十一

一、选择题

1. 技术的进步造成部分人素质不适应工作的要求，由此产生的失业是（　　）。

　　A. 自愿失业　　　　　　　　　　B. 结构性失业

　　C. 需求不足的失业　　　　　　　D. 周期性失业

2. 当经济中只存在（　　）时，该经济被认为实现了充分就业。

　　A. 摩擦性失业和季节性失业　　　B. 摩擦性失业和结构性失业

　　C. 结构性失业和季节性失业　　　D. 周期性失业

3. 下列关于自然失业率的说法哪一个是正确的？（　　）

　　A. 自然失业率是历史上最低限度水平的失业率

　　B. 自然失业率与一国的经济效率之间关系密切

　　C. 自然失业率恒定不变

　　D. 自然失业率包含摩擦性失业

4. 奥肯定理说明（　　）。

　　A. 失业率增加1%，现实国民收入减少2%

　　B. 失业率增加1%，现实国民收入增加2%

　　C. 失业率减少1%，现实国民收入减少2%

　　D. 失业率减少2%，现实国民收入增加1%

5. 需求拉上的通货膨胀（　　）。

　　A. 通常用于描述某种供给因素所引起的价格波动

　　B. 表示经济制度已调整过的预期通货膨胀率

　　C. 总需求过度增长而引起的通货膨胀

　　D. 以上均不是

6．在下列引起通货膨胀的原因中，哪一个最可能是成本推进的通货膨胀的原因
（   ）。

    A．银行贷款的扩张   B．预算赤字

    C．世界性商品价格的上涨   D．投资增加

7．根据菲利普斯曲线，降低失业率的办法是（   ）。

    A．减少货币供应量   B．增加货币供应量

    C．增加税收   D．减少政府购买

8．货币主义者认为，菲利普斯曲线所表示的失业与通货膨胀之间的交替关系（   ）。

    A．只存在于短期   B．只存在于长期

    C．在短期与长期均存在   D．在长期与短期均不存在

二、简述题

1．请根据《中国统计年鉴》和美国劳工部提供的失业率统计数据，试比较中美两国失业率统计口径的差异。

2．为什么长期菲利普斯曲线是垂直的？

3．在通货膨胀的成本、反通货膨胀的成本、最好的反通货膨胀的办法等方面，货币主义者与凯恩斯主义者的主要区别是什么？

第十二章 | 经济增长、经济发展与经济周期理论

经济增长是经济科学研究的重要内容。从原始社会一直到公元 1300 年，人类经济增长都很缓慢，之后呈逐步加快的态势。显著的经济增长发生在 1750 年的工业革命之后。为什么在近 300 年的时间内发生显著的经济增长？经济增长的源泉是什么？为什么有些国家增长得快，有些国家增长得慢，为什么各国人均实际 GDP 存在显著差异？这些已成为经济研究中不可回避的重大问题。

第一节 | 经济增长

 什么是经济增长的源泉？

一、经济增长的含义与特征

对经济增长最一般性的理解，是指一个国家或一个地区生产商品和劳务能力的增长，它包括两方面的含义：①一国国民所需要的商品和劳务的潜在生产能力的扩大及实际增加量；②决定一国生产能力的各种资源、资本积累的数量和质量及技术水平等诸因素的扩大和改进。美国经济学家 S. 库兹涅茨（Simon Kuznets）给经济增长下了一个经典

经济增长特征

的定义："一个国家的经济增长，可以定义为给居民提供种类日益繁多的经济产品的能力长期上升，这种不断增长的能力是建立在先进技术以及所需要的制度和思想意识之相应调整的基础上的。"[1]

根据 S. 库兹涅茨的解读，这个定义包含三个含义：①经济增长主要表现在经济总量的增加上，其中包括商品和劳务两方面，通常以国民生产总值（GNP）、国内生产总值（GDP）及其人均值或增长率来表示。②技术进步是推动经济增长的主要因素，在影响经济增长的诸多因素中，技术进步是第一位的。③合适的社会制度和匹配的意识形态也是推动经济增长因素中不可缺少的部分，只有社会制度与意识形态适合于经济增长的需要，技术进步才能发挥相应的作用，进而推动经济增长。这一定义已被经济学家广泛接受，并作为研究经济增长问题的出发点。

---

[1] S. 库兹涅茨. 现代经济增长：发现和反映. 现代国外经济学论文选.（第二辑）[M]. 商务印书馆，1981.

按照上述定义，S. 库兹涅茨总结了经济增长的特征，归纳为三个方面、六大特征。

1. 量的特征

（1）经济增长最显著的特点就是产量增长率（实际国民生产总值增长率）、人口增长率、人均产量增长率（人均实际国民生产总值增长率）都相当高。

（2）无论是劳动生产率还是包括其他生产要素的全要素生产率，其增长速度都很高。

2. 社会特征

（1）经济结构渐进地变革，这种变革包括以农业为主，变为以非农业为主和服务业的扩大，生产单位规模的变化；劳动力就业状况的变化，消费结构的变化，国外供给与国内供给的相对比例的变化等。例如，在 1820 年，美国有 70% 的劳动力集中于农业部门；到 1940 年，这一比率下降到不足 20%；到 1987 年仅为 3%；到 20 世纪 90 年代中期，这一比率已经下降至 1%。日本这一比率也从 1870 年的 72% 下降至 20 世纪 80 年代后期的 8%。在贫困国家 50% 以上的劳动力从事农业，收入中上的发展中国家从事农业的劳动力比率在 20%～25%，而在工业国中从事农业的劳动力比例只有 5% 左右。

（2）社会结构和意识形态迅速改变，向城市化过渡。城市化，按 S. 库兹涅茨定义是"相当大量的人口密集居住的人口集中"。城市化是农业衰落，工业繁荣的结果。

3. 国际间的扩散特征

（1）增长在世界范围内迅速扩大。发达国家借助于不断进步的技术，依靠通信和运输业的发展，通过各种手段向世界其他国家延伸，使增长成为世界性的。

（2）世界各国和地区的增长是不平衡的，发达国家与落后国家的距离相当大。

经济增长的特征是一个特定的经济时代的标志，是什么因素促使经济有一个不断向上的增长趋势？这便是我们要讨论的又一个问题。

二、经济增长的途径

实现经济增长的途径有多种多样。例如，英国最先开始工业革命，并在 19 世纪成为世界经济的领导者。而日本，虽然起步较晚，但通过模仿国外先进技术，限制进口，保护国内工业等措施，也成功地发展了本国经济，成为世界经济强国之一。

经济增长是产量的增加，因此可以根据总生产函数来研究增长的源泉。总生产函数用公式来表示就是：

$$Y = Af(K、L) \qquad 式（12-1）$$

式中　Y——产量；

　　　K——资本；

　　　L——劳动；

　　　A——技术。

由式（12-1）可以看出，虽然发展经济的途径不尽相同，但经济增长的基本机制都是相同的。无论是发达国家，还是发展中国家经济增长的源泉是资本、劳动与技术进步。

（1）资本。资本的概念分为物质资本与人力资本。这里一般是指物质资本。物质资本又称有形资本，是指土地、森林、水力和矿产资源、设备、厂房、存货等的存量。人力资本又称无形资本，是指体现在劳动者身上的投资，如劳动者的文化技术水平、健康状况等。

积累资本是需要牺牲许多当前消费的，经济快速增长的国家一般都在新资本品上大量投资。在大多数经济高速发展的国家，10%～20%的产出都用于净资本的形成，20世纪对汽车、公路和电厂的投资浪潮大大提高了生产率。资本的形成还包括那些由政府承担的为新兴的私人投资部门提供基础设施的社会基础投资（Social Overhead Capital），如引水工程、公众医疗、保健事业等。应该说明的是：这些投资先于贸易和商业，为生产率的提高创造了条件。但这些投资私人公司是无法进行的，只有依靠政府，才能使这些投资有效进行。

（2）劳动。是指劳动力的增加，劳动力的增加又可分为劳动数量的增加与劳动力质量的提高。这两方面对经济增长都是重要的。劳动力数量的增加可以有三个来源：①人口的增加；②人口中就业率的提高；③劳动时间的增加。劳动力质量的提高则是文化技术水平和健康水平的提高。劳动力是数量与质量的统一。一个高质量的劳动力，可以等于若干质量低的劳动力。劳动力数量的不足，可以由质量的提高来弥补。

一个国家可以购买最先进的设备装置，但这些设备和装置需要那些有技术的受过训练的劳动力来使用，并使其发挥真正的效用。提高劳动力的阅读能力、健康程度、纪律意识，以及适应新技术发展的操作能力，都将极大地提高劳动生产率。因此劳动力的质量是一国经济增长的最重要因素。

（3）技术进步。技术进步在经济增长中的作用，体现在生产率的提高上，即同样的生产要素投入量能提供更多的产品。技术进步主要包括资源配置的改善，规模经济和知识的进展。

技术进步对于提高生产率是十分重要的。增长不是一种简单的复制过程，像欧洲、北美和日本那样生产潜力获得具有提高的原因所在就是持续不断的发明和技术创新。技术进步更主要的是以一种不为人察觉的方式，微小地、不断地提高产品、质量和产出的数量[①]。当然也有划时代的技术变革，如蒸汽机的发明等。技术进步并不只停留在找到更好的产品和工艺流程，更重要的是要培育一种企业家精神，这种制度的创新也将推动经济不断攀向新的高度。

第二节 | 经济发展

经济发展与经济增长有何不同？

---

① 琼·罗宾逊. 经济理论第二次危机. 现代国外经济学论文选.（第一辑）. 商务印书馆，1979.12.

一、发展经济学中的恶性循环

经济发展原理和经济增长原理是相互区别的。前者主要研究发展中国家的经济发展，后者研究包括发达国家和发展中国家在内的经济增长。

经济发展原理的
形成

发展中国家是指工业化程度和生活水平较低的国家。现代西方经济学通常把人均国内生产总值和工业化程度结合起来，作为判断发展中国家的标准。

例如，20世纪80年代，有的经济学家提出把人均国内生产总值3 000美元以下的国家称为发展中国家。虽然某些石油输出国的人均国内生产总值远远超过3 000美元，但它们除了石油工业以外，其他工业仍然比较落后，因而仍然属于发展中国家。发展中国家的人口约占世界人口的80%，但它们的国民生产总值只占世界的30%。

发展中国家较低的人均产值和较高的人口增长往往使它们的经济陷入恶性循环（Vicious Circle）。图12-1解释了恶性循环的过程。首先，发展中国家低水平的人均产值造成了低水平的储蓄。其次，低水平的储蓄造成了低水平的投资。再次，低水平的投资形成低水平的生产率。最后，低水平的生产率和高速度的人口增长结合在一起使人均产值几乎停滞在原水平上。

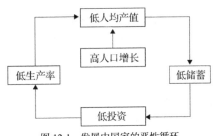

图12-1　发展中国家的恶性循环

在低人均产值和低储蓄相联系的第一个环节中，发展中国家普遍存在下述问题：①大多数贫民没有能力或不愿意进行储蓄。他们没有能力储蓄是因为收入水平太低，除了购买必要的生活必需品外，已没有更多的收入用于储蓄。他们不愿意进行储蓄是在发达国家消费示范作用下，盲目模仿发达国家的消费方式，千方百计地增加消费而不是增加储蓄。②少数富豪虽然有能力储蓄，但他们却倾向于把大量的收入用来购买土地、房屋、金银首饰，或到国外旅游，而不是进行可用于生产性投资的储蓄。因此，发展中国家的储蓄率一般约为5%，远低于发达国家10%的平均水平。

在低储蓄和低投资相联系的第二个环节中，发展中国家不仅存在着可供投资的资金不足这个数量上的问题，而且还存在着缺乏投资刺激与投资环境等问题。①在发展中国家里，由于民族文化水平较低，经济人才缺乏，没有产生出一批敢冒风险勇于投资的企业家。②国内对工业品需求不足，市场狭小，投资者对投资前景没有信心。③在国际经济联系相互交错的条件下，国内生产的工业品无法与发达国家的工业品竞争，因而人们不愿进行投资。④国内缺乏受过良好教育和训练的管理人员和技术工人，投资兴办现代化的企业将无法发挥它应有的效率。⑤基础设施如交通运输、通信和电力等部门较为落后，难以提供合适的投资环境。

在低投资与低生产率相联系的第三个环节中，发展中国家可以利用发达国家积累起来的现成技术知识而不必重新进行研究和探索，因而具有一定的有利条件。但在资本的形成中利用先进的技术往往带来劳动的节约，而发展中国家本来就处于劳动需求不足的状态，这在一定程度上阻碍了先进技术的利用。此外，低水平的投资和低质量的劳动力也无法充分利用现有的先进技术，因而造成了生产率增长缓慢的局面。

在低生产率、高人口增长与低人均产值相联系的第四个环节中，发展中国家存在资源使用缺乏效率和人口增长速度过快的问题。资源使用缺乏效率有两方面的含义：①社会资源的作用得到充分发挥，但使用这部分社会资源生产出来的却是经济社会所不需要的商品，这种意义的缺乏效率称为配置的低效率（Allocative Inefficiency）。②虽然生产出经济社会所需要的商品，但是社会资源的作用没有得到充分地利用。这种意义上的缺乏效率称为 X-低效率（X-inefficiency）。在图 12-2 所示的某个经济社会的生产可能性曲线上，配置的低效率可以用某一点 C 来表示。X-低效率用生产可能性曲线内某一点 D 表示。发展中国家普遍存在文盲、没有技术、健康状况差等情况；同时，又比较重传统、关系而不是生产率，因而X-低效率是它们的主要问题。同时，发展中国家由于生活状况的改善和医疗技术的进步大大地降低了死亡率和提

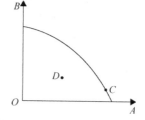

图 12-2　配置的低效率和 X-低效率

高了出生率，使人口迅速增长。随之而来对经济造成了不利的影响，涉及社会、文化等方面。这些因素降低了发展中国家资本积累的能力，人口的过快增长，降低了人口受教育的程度，而且还降低了劳动力在人口中的比重。

二、资本形成与经济发展

发展中国家要摆脱经济的恶性循环，就必须打破恶性循环的各个环节。许多西方经济学家强调，资本的形成对于发展中国家的发展具有重要的意义。

净投资率和资本—产量的增量比率对产量的增长有着重要的影响。净投资率是指净投资与产量之比。例如，如果某经济社会在某年生产 100 000 万美元的物品和劳务，其中有 15 000 万美元用于净投资，那么净投资率就是 15%。资本—产量的增量比率则是指资本增量与产量增量之比。例如，如果资本存量增加 3 美元可以使产量增加 1 美元，资本—产量增量比率就是 3。这样，假定净投资率是 1 500，资本—产量的增量比率是 3，那么 100 000 万美元产量有 15 000 万美元用于投资,15 000 万美元投资带来 5 000 万美元产量的增加，产量增长率是 5%（5 000÷100 000）。因此，产量增长率等于净投资率除以

资本—产量增量比率之商。

假定某发展中国家原来的资本—产量比率是 3，净投资率是 15%，产量增长率是 5%。只要这个国家设法把净投资率从 15% 提高到 24%，那么产量的增长率就从 5% 提高到 8%。因此，发展中国家增加投资、提高净投资率，是促进经济迅速发展的关键。

发展中国家加快资本形成的方法有以下几种。

（1）增加国内的储蓄。如果发展中国家储蓄率过低，不足以筹措足够的投资资金，政府可以通过增加税收的方法来促进资本形成。例如，政府可以从征收的税款中拨出一部分贷款放给私人进行投资，或是自己进行投资。用增加国内储蓄来加快资本形成的代价是降低了目前的消费水平。如果国内的消费水平仅仅达到温饱的水平，这种方法将使本国人民处于困难境地。它的收益是在未来可以获得更高的产量水平和收入水平。

（2）引进外国资本。发展中国家可以用借款、出售债券和股票、让外国公司在本国设厂等方式引入外国资本。如果引入外国资本建立的是有效率的企业，还本付息不成问题，那么从外国引进资本是迅速发展本国经济的较好方法。它的最大优点是能够在短期内迅速和大量地筹措资金以用于投资。

许多发展中国家常常担心以这种方式发展经济会使本国企业甚至政府受到外国的控制。这种情况实际上取决于引进外国资本的方式。如果发展中国家以借款和出售债券的方式取得外国资本，它完全不受外国控制。如果以出售股票的方式取得外国资本，本国的某些企业将部分或全部为外国所有。如果让外国公司，主要是跨国公司在本国建立分公司并输入它们的管理人员和技术人员，本国的这些企业将在更大程度上受外国控制。引进外国资本的方法不必降低本国目前的消费水平就能够获得更高的产量，它所承担的代价是必须向外国资本支付的利息和利润。

（3）取得外国援助。取得经济援助如赠予、低息或无息长期贷款是发展中国家筹措资本最理想的方式。如果外国的经济援助不附任何条件的话，发展中国家可以没有任何代价地促进经济的发展。加快资本形成可以打破低储蓄率引致低投资率的环节。如果发展中国家能够成功地提高投资的效率，再辅之以控制人口增长和加强劳动力的教育和训练，就能使经济摆脱恶性循环而走向良性循环。

第三节 经济周期

经济周期一定存在吗？

怎样用乘数论和加速原理说明经济周期波动？

经济周期理论的研究处在不断发展和演进的过程中，理论界的分歧长期存在，不同经济学派对于经济周期波动的原因和内在机制的认识千差万别，甚至在什么是经济周期、什么是经济周期的主要指标、如何划分经济周期等基本问题上都存在不同的看法。为了对经济周期有进一步地了解，本章首先对经济周期的相关概念进行总结，对一些有争议的概念进行必要的说明。

一、经济周期的定义

经济周期一词的英文表达原本是 Business Cycle，也就是"商业周期"或"商业循环"的意思。由于学者往往将该词作为描述经济发展过程中扩张与收缩现象的专有名词，这就超越了普遍意义上的商业范畴，因此国内也将它翻译成"经济周期"。

经济周期概念

事实上，要想给经济周期下一个准确的定义是非常困难的，且已有定义以描述性居多。下面介绍几个主要的经济周期定义。

经济周期的经典性定义是由美国全国经济研究局创始人 W. 米切尔（W.Mitchell）和 A. 伯恩斯（A.Burns）在 1946 年出版的《衡量经济周期》一书中表述的："经济周期是在主要按商业企业来组织活动的国家的总体经济活动中所看到的一种波动：一个周期由几乎同时在许多经济活动中所发生的扩张，随之而来的同样普遍的衰退、收缩和与下一个周期的扩张阶段相连的复苏所组成；这种变化的顺序反复出现，但并不是定时的；经济周期的持续时间在 1 年以上到 10 年或 12 年；它们不再分为具有接近自己的振幅的类似特征的更短周期。"[1]这个定义得到西方经济学界的公认，并被美国研究经济周期的权威机构——全国经济研究局作为确定经济周期顶峰与谷底的标准。根据这个定义，经济周期就是现代经济社会中的一种经济波动，出现于主要按商业企业来组织活动的国家，即现代市场经济国家。可见，根据米切尔的定义，经济周期就是总体经济活动水平扩张和收缩有规律的交替过程。

《现代经济学词典》则将经济周期定义为"经济活动水平的一种波动（通常以国民收入来代表），它呈现出一种先是经济活动的扩张，随后是收缩，接着是进一步扩张的规律性模式。即这类周期随着产量的长期趋势进程而出现。"[2]

西方学者对经济周期的定义，有一种比较流行的观点，认为经济波动是对均衡状态的偏离，而经济周期就是这种偏离状态的反复出现，这个定义把经济周期与经济增长的长期趋势联系起来。美籍奥地利经济学家弗里德里希·冯·哈耶克（Friedrich Von Hayek）是这种观点的代表。另外，有些西方学者从统计分析的角度来下定义，直接把经济周期定义为经济扩张与经济收缩的反复交替出现。

尽管对经济周期的定义在表述上存在着差异，但西方经济学界都认为经济周期具有

---

① D. 格林奥尔德. 经济学百科辞典[M]. 纽约：麦格劳—希尔图书公司，1982.

② 戴维·皮尔斯. 现代经济学词典. 上海：上海译文出版社，1988.

以下几个特点：①经济周期是市场经济的必然产物和基本特征之一。这就是说，当经济由市场自发调节时，经济周期就不可避免。②经济周期是总体经济的波动。这就是说，这种波动不是局部的波动，不是发生在一个或几个经济部门，而是几乎覆盖所有的经济部门。其中心是实际国内生产总值（或国民收入）的波动，并由此而引起就业、物价水平、利率、利润和对外贸易等的波动。③经济周期反复出现，每个经济周期都是繁荣与萧条的交替，但时间长短不一，波动幅度和波动过程不同，具有随机性，在很大程度上是难以预测的。

二、经济周期与经济波动

波动与周期原本都是物理学名词。波动是指振动传播的过程，是能量传递的一种形式。周期是指物体（或物体的一部分）或物理量完成一次振动（或振荡）所需的时间，或天体（或其他物体）再度回到某一相对位置或恢复同一状态所需的时间，又泛指事物运动变化过程中出现某些重复特征的一次循环。可见周期主要是一个时间概念[①]。显然，波动和周期是内涵不同的概念，借用到经济学上，它们的含义又是什么呢？

经济波动是相对宽泛的概念，只要存在产品的生产和交换，就存在经济波动。奴隶社会、封建社会和资本主义社会前期，经济活动都是在不断的波动中实现的，可以说，经济波动史与人类的经济活动史一样久长。但是，经济周期则不同，奴隶社会、封建社会乃至资本主义前期的经济波动从来没有呈现出周期性，经济的周期性波动或经济周期只是在现代机器大工业建立以来才出现的。因此，经济波动的概念要比经济周期广泛，波动可以呈现出周期性，也可以不呈现出周期性。经济波动包括经济周期，经济周期只是经济波动的一种表现形式而已。

是否呈现出周期性的经济波动都可以称为经济周期呢？由于现代市场经济中经济增长的扩张与收缩都是交替出现的，所以经济波动一般是周期性的。以社会总产值、国内生产总值或国民收入为指标的国民经济发展的速度，不可能年年都一样，必然有上升、有下落。如果将国民经济发展速度的任何上升和回落的波动都称为经济周期，经济周期的划分必然会杂乱无章，经济周期时间上的循环规律也无法体现。因此，经济周期与经济波动的区别除了波动是否具有周期性之外，还涉及时间上的持续性和波动幅度的大小问题。如果相邻年份的增长率上下相差很小，如在 1%~2%，对国民经济运行的影响不大，不宜称为经济周期波动。例如，相邻 3 年的增长速度分别为 8%、9%、8.5%，可称为国民经济持续高位运行；相邻 3 年的增长速度分别为 2%、1.8%、2.1%，可称为持续低位运行。而相邻年份的增长速度差别较大，例如，相邻 3 年的增长速度分别为 5%、9%、4%，忽高忽低，对企业生产、产业结构、内外贸易、就业状况，以及人民生活等方面产生了较大影响，就应称为出现了经济周期波动。当然，临

---

① 见《辞海》（上海辞书出版社 1989 年版）"波动""周期"条目。

界线划在什么地方是一个可以讨论的问题，在不同国家，或同一国家经济运行的不同时期，都会有所不同。在本书的经济周期划分中，不将个别年份的经济增长率的突然变化作为经济周期划分。

不过，由于"经济周期"概念已得到了广泛使用，因此在理论研究和实践中，"经济周期"与"经济波动"往往是通用的，其意义相同。美国经济学家布兰查德（Olivier Blanchard）和费希尔（Stanley Fischer）在《宏观经济学》中写道："根据传统，我们使用术语'经济周期'来表示产出与就业的总量波动。但是，我们并不拘泥于这一思想，有时在使用术语'周期'时，隐含着所有瞬时偏离确定性趋势的产出波动。"

三、经济周期的阶段划分

关于经济周期的阶段划分、各阶段的标志和特征，经济学界存在不同的认识，其中的一些差别体现出对经济周期内涵认识的分歧，也有一些差别来源于不同时期经济周期本身的特殊性，还有一些可能只是称呼或说法上的不同。

总体来看，西方经济学家经济周期阶段的划分标志一般包括两个时期、两个转折点和四个阶段。两个时期是收缩期和扩张期；两个转折点是经济波动的最高点和最低点。经济繁荣时的最高点称为顶峰或波峰（Peak），经济萧条时的最低点称为谷底或波谷（Trough）。经济周期的四个阶段是繁荣（Prosperity）、衰退（Recession）、萧条（Depression）、复苏（Recovery 或 Revival）。

经济周期的两个时期和两个转折点是相互联系的，即如果经济运行在扩张期，扩张一定程度后必然达到顶峰，随后开始收缩，收缩期触及谷底之后重新扩张。美国经济学家沃纳·西奇尔（W.Sicgel）和彼得·埃克斯坦（P.Eckstein）认为："有许多种术语用来描述经济周期的各个阶段，但最简单、明了的方法，也许是把它划分为谷底、扩张、高峰和收缩。谷底是整个经济周期的最低点，它将上升到扩张阶段——总需求和经济活动增长的时期，然后达到高峰——它是整个周期的最高点。最高点又逐渐让位于收缩——总需求和经济活动下降的时期。然后，它又到达另一个谷底阶段，新的一个周期重又开始。"

如图 12-3 所示，对于一个完整的经济周期（谷到谷或峰到峰），在所观察的经济指标（经济指标选择的相关问题下面将做出分析说明）确定后，其极值点（峰和谷）在观察期内比较明确，因此扩张期（谷到峰）与收缩期（峰到谷）的划分比较直观。但这种划分存在的不足也比较明显，即无法进一步说明经济的运行状态。例如，如果经济周期的判断指标是 GDP 增长率（这是分析经济周期最常用的指标），同样是周期的扩张期，但由谷底刚刚开始的扩张与接近经济过热（或波峰）时的扩张，经济状态和形势的判断却不相同。同样，在收缩期经济状态的判断和经济政策的选择也不相同。为了进一步说明经济周期状态，经济学家提出了经济周期的四个阶段的划分。

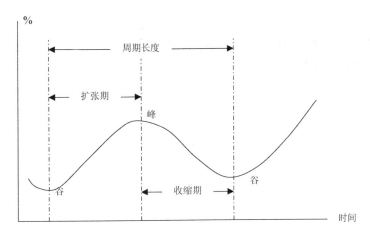

图 12-3　经济周期的扩张期与收缩期

　　与两个时期和两个转折点的划分相比，经济周期四个阶段的划分较为复杂。四个阶段的分界不够明确，各阶段存在重叠和交叉的部分，西方经济学中长期存在经济周期阶段划分标志不清楚、各阶段特征相互矛盾的问题，特别是随着经济的发展，经济周期形势在变化，经济周期阶段的特征模糊化，这一问题显得更为突出。从经济周期理论的相关文献中可以看出经济周期四个阶段划分特别混乱，有必要加以说明。

　　关于繁荣与萧条的内涵和意义，哈伯勒（Gottfried Von Haberler）在《繁荣与萧条》一书中做了比较权威的解释："萧条是指这样一种状态，在这种状态下，已消费的实际收入或按人口计算的消费量、已生产的实际收入或按人口计算的生产量，以及就业率，都在减退中或处于正常以下的状态；正常以下的状态，意思就是说，这时存在着闲置的资源和未运用的能量，特别是未运用的劳力。""繁荣是指这样一种状态，在这种状态下，已消费的实际收入、已生产的实际收入，及就业水平都很高，或者是在提高中，这时并没有闲置的资源或未运用的劳力，或者即使有也都很少。"

　　问题的关键还不在于此，要在萧条和繁荣之间划出一条清楚的界线，还要寻找衡量经济"正常状态"的尺度。这种正常状态与熊彼特在划分经济周期的繁荣、衰退、萧条和复苏四阶段时使用的"均衡水平"的概念是一致的。确定"均衡水平"和"正常状态"是经济学至今都没能很好解决的问题。经济学界一般的办法是运用"潜在产出"来作为"正常状态"的基本标准。潜在产出的概念由阿瑟·奥肯发明并强调，又称为"充分就业的产出"，是指在充分就业条件下经济能够创造的实际 GDP 水平，或者说是与自然失业率相对应的实际 GDP 水平。一般认为潜在产出就是经济正常状态，即经济萧条和经济繁荣的区分标准。

　　在确定了潜在产出之后，我们可以用产出缺口来衡量经济繁荣和萧条及其程度。潜在产出与实际产出之差称为产出缺口，即产出缺口=潜在产出-实际产出。产出缺口可以衡量实际产出与潜在产出之间周期性偏离的规模，运用产出缺口的概念可以判断周期的不同阶段。当产出缺口为正，即潜在产出大于实际产出时经济处于正常状态之下；当产出缺口为负，即潜在产出小于实际产出时经济处于正常状态以上。从极度萧条到高度繁荣，从严重失业到资源的超量利用，中间有许多层次，根据产出缺口的正负和数值大小，对经济周期四个阶段的程度加以计量。

这里的问题仍然存在。潜在产出水平的确定并没有摆脱人为因素的影响，同时潜在产出水平不是水平的、线性的（见图12-4），而是不断变化的，我们不可能随时根据经济条件的变化而调整潜在产出水平。随着经济分析方法和软件的发展，经济学家通过经济时间序列的趋势分解得到趋势水平，并将其作为经济的正常水平来替代潜在产出水平或潜在增长率。

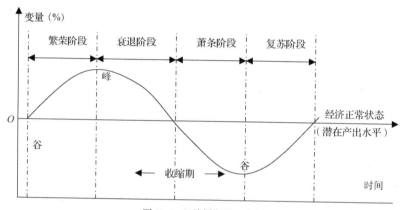

图 12-4　经济周期的四阶段

除繁荣和萧条之外，经济周期的四个阶段划分中还有衰退和复苏两个阶段。一般来说，衰退阶段即繁荣消退、经济增长减速的阶段；复苏阶段，即经济活动水平走出谷底，经济增长开始加速的阶段。在四阶段划分框架下，衰退是经济由波峰开始向正常状态转变的阶段；而复苏特指经济萧条达到谷底之后由波谷开始向正常状态转变的阶段。

但是要注意的是，有些研究者将衰退和复苏同经济扩张期与收缩期等同，即分别将衰退和复苏延长，将整个由峰到谷的过程统称为经济衰退过程，将整个由谷到峰的过程统称为经济复苏过程。这种做法在经济周期理论之外的经济分析中有一定的普遍性，这是导致经济周期四阶段相对比较混乱的又一原因。

四、经济周期的类型

在西方经济学中，经济周期被区分为许多不同类型。通常的分类方法是根据波动持续时间的长短，将经济周期分为长周期、中周期和短周期。此外，西方学者还按照经济周期的特点和性质，将它分为古典周期和增长周期。

自19世纪中期以来，一些西方经济学家根据长期统计资料来探讨周期性波动的规律，并根据每个周期持续时间长短的不同而把经济周期划分为不同类型。根据周期长度来分类，熊彼特（Joseph Alois Schumpeter）做了很好的总结。他在两卷本《经济周期》（1939）

中，对长短不一的经济周期进行了综合，指出存在基钦周期、朱格拉周期和康德拉季耶夫周期三个层次的经济周期模型。

基钦周期即短周期，是英国统计学家约瑟夫·基钦（Joseph Kitchin）于1923年提出的。基钦通过对以往西方市场经济运行的统计资料分析，发现物价、生产、就业人数等经济指数一般在40个月内就会有规则地波动。基钦认为短周期形成的原因主要在于商品库存的调整、中小设备投资和一般性技术的革新。

朱格拉周期即中周期，是由法国医生、经济学家克莱门特·朱格拉（Clement Jugtar）于1860年提出。朱格拉通过对西方国家的工业经济发展状况进行分析后，认识到西方市场经济是在波浪般的变动中运行的。他以国民收入、物价、就业人数、工业生产指数和利润的波动为标志，提出了市场经济每8～10年就要发生一次周期性波动。中周期波动一直是西方经济周期理论最重要的研究对象。朱格拉认为形成这种经济周期的原因有很多，但将其归纳起来可以划分为内部因素和外部因素两大类。外部因素论认为，经济周期的根源在于经济制度之外的某些事物的波动，如太阳黑子和星相、战争、政治事件、金矿的发现、新疆域或新资源的发现、科学发明和技术革新。内部因素论则在经济制度之内寻找导致经济周期自我推动的力量，从而每一次扩展阶段给衰退和收缩创造条件，而每一次收缩又为复苏和扩展创造条件。纯粹的内部因素有资本品的重置、政策因素的周期等。

康德拉季耶夫周期又称为长周期，是由苏联经济学家尼古拉·康德拉季耶夫（Nikolai D. Kondratieff）最早提出并研究的。康德拉季耶夫认为长周期波动同市场主要行情因素，首先与生产力的物质因素，包括固定资本结构的质的飞跃和新技术的发明及应用的根本性变革相联系；其次，又同流动资金、生产关系和国家对市场经济的干预等因素的变化相关。关于市场经济长周期的动因，现代西方经济学家认为主要是科学技术的创新作用，即每一次科学技术的重大革新并广泛应用都会有力推动整个社会经济的大发展，而当科技革新的动力功能释放完毕后，就会形成一个衰退时期。

熊彼特把康德拉季耶夫周期、朱格拉周期和基钦周期糅合在一起，建立了三种周期互相交织的熊彼特周期模型。在这个模型中，一个康德拉季耶夫周期包括六个朱格拉周期，一个朱格拉周期包含三个基钦周期。

 **专栏 12-1**

哈耶克的经济周期观点

哈耶克经济周期理论认为资本主义经济危机的原因是由于货币供应量过多导致消费过度并使生产资料的资本不足的周期理论。他认为资本主义经济中货币因素是促使生产结构失调的决定性原因。

1. 生产结构扭曲

在注入货币后，不同商品受影响的程度不同，货币通过影响相对价格和生产的时间结构来影响经济的真实方面，它使资源在不同的生产环节上重新分配。哈耶克的资本理论是在庞巴维克"迂回生产"（Roundaboutway of Production）概念框架基础上，从自己的货币理论中推导出来的，大致可以概括如下：资本不是同质的存货，不是同一种东西的堆积，而是各种物品之间相互联系的一个网络，是相互补充的各种组成部分之间形成的一种复杂的结构，生产过程应该视为一个接一个"阶段"，从最终消费层层递进，一直到更为遥远的阶段。非消费品的杂乱堆积，未必能够增加最终产出。每种资本投资如果要想能够提高最终消费品产出，就必须适应指向最终消费阶段的资本的完整结构。那些没有能够构成这样完整结构的投资，就是扭曲的投资，只能造成资本损失和运营亏损。价格的根本作用在于只有在它能够反映所涉及的不同种类的资本品（不断变动的）的相对稀缺程度的时候，资本结构才能整合为一个整体，才能显示出那部分扭曲的投资。

2. 衰退的必然性

哈耶克具体考察了相对价格，说明为什么在人为的繁荣之后不可避免地出现衰退。他的分析从充分就业的假设开始。由银行体系派生的信用增加将使市场利率下降，使之低于自然利率，企业家在这个虚假信息的误导下，重新配置资源，从消费转移到投资。假定公众的时间偏好没有改变，对更为迂回，或更长的生产过程的盈利性就会形成错误的预期。这种脱离消费的投资增加不会维持。因为，随着生产过程的增长，占用了大量的资源，而消费品的产出下降，价格上升，消费者需要维持既有的消费水平，因而生产的时间结构需要重新调整，回到更直接的生产过程。如果在人为繁荣时期，或者说在强制储蓄时期有利可图的投资现在无利可图时，危机就出现了。

3. 如何应对衰退

在经济扩张阶段，资本市场上对于投资资金的需求将超过储蓄，生产者将会利用银行膨胀的信用，扩大资本物的生产，这导致部分先用于制造消费品的土地和劳动要素转用于资本物的生产。一旦信用扩张被迫停止，危机就会爆发。这时或表现为高涨阶段利用银行信用正在进行的投资（新建厂房设备等），由于资本缺乏而萎缩或中止；或者表现为已生产出来的机器原材料等，由于其他资本家缺乏资本而销路不好，价格猛跌。哈耶克认为危机所引起的物价下跌会自动改变储蓄率下降的趋势，一旦资本供给恢复和增加，经济也就自然地走向复苏，无须国家干预。

信贷扩张降低了市场价格差异，对自由市场造成了扭曲。通货紧缩从反方向对自由市场再造成扭曲，通过信贷紧缩，同时降低对高级生产领域的生产要素的需求，降低这些生产要素的价格和收益。同时增加了价格差异和利率。简单地说，这会促进生产要素从高级的生产领域向低级的生产领域转移。

（资料来源：金融投资智库）

五、经济周期的产生过程和原理

自 20 世纪 30 年代以来，经济学家普遍认为国民收入或就业决定于总需求，也即经济波动来源于总需求的波动，尤其是来源于投资需求的波动。比较有代表性的理论是萨缪尔森和汉森用加速数和乘数的相互作用来解释经济波动的理论模型。这是一种从内部因素即从经济体系本身寻找经济周期的自我推动力的理论。下面将介绍这一模型。

经济周期过程

1. 加速原理

加速原理说明这样一种经济现象：收入或消费需求的增加必然引起投资的若干倍增加，而收入或消费需求的减少必然引起投资若干倍的减少。加速原理所说的投资的变动是指引致投资的变动，这里假定自发性投资是不变的。自发性投资是指不受国民收入或消费变动影响的独立投资，是指由于心理方面、政治方面的原因或生产技术的进步而引起的投资。引致投资则是指由于国民收入或消费等因素的变动而引起的投资，也称为诱发性投资。

为说明这种诱发性投资，首先必须了解两个基本概念：资本—产量比率 v 与加速系数 a。资本—产量比率用 v 来表示，它是指生产一单位产出即收入（用 Y 来表示）所需的资本量（用 K 来表示），简单地说这是资本量与产量的比率。用公式表示为：

$$v = \frac{K}{Y} \qquad \text{式（12-2）}$$

加速系数 a 是指为增加一单位产量 Y 所需增加的资本量 K，即资本增量 I（$\Delta K = I$）与产量增量 ΔY 的比率。用公式表示为：

$$a = \frac{\Delta K}{\Delta Y} = \frac{I}{\Delta Y} \qquad \text{式（12-3）}$$

在技术不变的条件下，有

$$\frac{K}{Y} = \frac{\Delta K}{\Delta Y} \qquad \text{式（12-4）}$$

此时，资本—产量比率（v）与加速系数（a）是相等的，即：

$$v = a \qquad \text{式（12-5）}$$

为了从动态角度考察收入变动所引起的投资变动的关系来说明加速原理，需要将投资区分为重置投资和净投资。加速原理假定重置投资不变的前提下，考察收入变动对净投资从而对总投资的影响。

为了分析的方便，假定技术条件不变，即资本—产量比率（v）与加速系数（a）不变且相等，并设在（$t-1$）期间生产的产量（Y_{t-1}）花费的资本存量为 K_{t-1}，则：

$$K_{t-1} = v \times (Y_{t-1}) \qquad \text{式（12-6）}$$

同样的道理，产量 Y_{t-1} 上升到 t 期的 Y_t，资本存量也上升到 K_t，则有：

$$K_t = v \times Y_t \qquad \text{式（12-7）}$$

于是收入变动与投资变动之间的关系可表示为：

$$I_t = K_t - K_{t-1} = v(Y_t - Y_{t-1})$$ 式（12-8）

这表明，投资等于收入变动额乘以加速系数。如果收入增加，即 $Y_t > Y_{t-1}$，则 $I_t > 0$，净投资为正；如果收入减少，即 $Y_t < Y_{t-1}$，则 $I_t < 0$，净投资为负。

净投资为负的情况实际地影响了重置投资，以 D_t 表示 t 期的重置投资，则总投资 I_g 为：

$$I_g = I_t + D_t = v(Y_t - Y_{t-1}) + D_t$$ 式（12-9）

2. 乘数—加速数模型

投资和收入之间是互相影响互相作用的。乘数原理强调的是自发性投资的增加会引起国民收入以乘数的形式增长。加速原理相反，强调的是国民收入的波动对投资的影响。国民收入一定幅度的变动会引起投资以加速的形式变动。但在凯恩斯的经济模型里面，只强调了乘数的作用，忽略了加速作用。由美国经济学家汉森（Alvin Hansen）和萨缪尔森提出的"汉森—萨缪尔森模型"恰好弥补了这个缺陷，把乘数和加速的作用紧密地结合在一起。这种模型实际上是引进时间因素的国民收入决定模型，即国民收入决定的动态化。

乘数—加速数模型是把这两种原理结合起来以说明经济周期的原因。这一模型可以表述为：

$$Y_t = C_t + I_t + G_t$$ 式（12-10）

式中 Y_t——现期收入；

C_t——现期消费；

I_t——现期投资；

G_t——现期政府支出。

这个公式说明，根据凯恩斯主义的国民收入决定理论，现期收入等于现期消费、现期投资与现期政府支出之和（不考虑开放经济中的净出口）。

现期消费取决于边际消费倾向（c）和前期收入 Y_{t-1}，

$$C_t = c \cdot Y_{t-1}$$ 式（12-11）

现期投资取决于加速系数（a）和消费的变动（$C_t - C_{t-1}$），

$$I_t = a(C_t - C_{t-1}) = a(c \cdot Y_{t-1} - c \cdot Y_{t-2}) = a \cdot c(Y_{t-1} - Y_{t-2})$$ 式（12-12）

式（12-11）说明在考虑消费时，投资最终仍取决于收入的变动，即加速原理说明的关系。

再设现期政府支出为既定，即：

$$G_t = G_t$$ 式（12-13）

把式（12-10）～式（12-12）代入式（12-9），得

$$Y_t = c \cdot Y_{t-1} + a \cdot c(Y_{t-1} - Y_{t-2}) + G_t$$ 式（12-14）

对乘数—加速数模型应做如下说明。

（1）经济中的投资、国民收入、消费之间相互影响，相互调节。假定政府支出既定（即政府不干预经济），只靠经济本身的力量自发调节，那么，就会形成经济周期。经济周期中所体现的阶段性的发展趋势是乘数与加速数原理互相作用的结果，因而，这种自

发调节中的投资是关键，经济周期主要由投资引起。

（2）乘数与加速数原理相互作用引起经济周期的具体过程是由投资增加引起产量的更大增加，产量的更大增加又引起投资的更大增加，这样，经济就会出现繁荣。在产量达到一定水平后，由于社会需求与资源的限制无法再增加，这时会由于加速原理的作用使投资减少，投资的减少又会由于乘数的作用使产量继续减少，这两者之间的共同作用又使经济趋于萧条。萧条持续一定时期后由于产量回升又使投资增加、产量再增加，从而经济进入另一次繁荣。正是由于乘数与加速数原理的共同作用，经济中就形成了由繁荣到萧条，又由萧条到繁荣的周期性波动。

（3）政府可以通过干预经济的政策来减轻经济周期的波动，在上例中，假设 G_t、a、c 都是不变的，从而有周期性波动。如果政府运用经济政策改变这些变量，则经济周期的波动可以缓和或减轻。例如，政府可以依据经济运行的状况适时改变政府支出的大小或采取影响私人投资的政策，而使经济的变动比较接近政府的意图。政府还可以采取措施影响加速系数，也就是影响资本—产量比率。也就是说，政府应通过适当的政策来提高劳动生产率，从而提高投资的经济效率。此外，还可以影响边际消费倾向，即通过适当的政策，影响人们的消费在收入增量中的比例，从而影响下一期的收入。

西方经济学家认为，从动态的角度来看，单纯的加速原理或乘数原理只有理论意义，没有实际意义。汉森和萨缪尔森把两者结合起来，以乘数与加速数的结合作为政府按照收入变动趋势来调节经济生活的依据，这被看成是动态经济学领域内凯恩斯主义的一个重要发展。

案例与拓展

案例资料： 改革开放以来中国经济周期特征

案例来源： 邓春玲，曲朋波. 改革开放以来中国经济周期特征及原因的理论探索与实证分析[J]. 当代经济管理，2010（3）：5-9.

自 1978 年中国改革开放以来，经济在高速增长的同时也伴随着几次周期性的波动。如何防止经济的剧烈波动，探索熨平经济周期的对策始终是学者及政策制定者关注和研究的重大问题，特别是在全球经济经历了金融危机的重创之后，对经济周期波动问题进行研究和探讨有着更重大的现实意义。

根据吕光明（2008）[①]对经济周期的测定，可以从以下 6 个指标对中国经济周期的特征展开分析。

（1）峰位。它表明经济扩张时的强度。峰位大于或等于 15% 称为高峰型；峰位大于或等于 10% 且小于 15%，称为中峰型；峰位小于 10% 称为低峰型。

（2）谷位。它说明经济收缩时的力度。谷位为负值，称为古典型；谷位为正值，称为增长型。

---

① 吕光明. 经济周期波动：测度方法与中国经验分析[M]. 1 版. 北京：中国统计出版社，2008.

（3）平均位势。它是指每个周期内经济增长率的平均值。它表明每个经济周期内经济增长的总体水平。平均位势大于或等于 8%称为高位型；平均位势大于或等于 5%小于 8%称为中位型；平均位势小于 5%称为低位型。

（4）波动幅度。它是指每个周期内峰位与谷位之差，它表明经济波动的剧烈程度，是衡量经济稳定性的一个重要指标，波动幅度大于或等于 10%称为强幅型；波动幅度大于或等于 5%小于 10%称为中幅型；波动幅度小于 5%称为低幅型。

（5）标准差。用公式表示为：

$$\sigma = \sqrt{\frac{\sum\limits_{t=1}^{T}\left(Y_t - \bar{Y}\right)^2}{T}} \qquad 式（12-15）$$

式中 Y_t——实际 GDP 增长率；

$\bar{Y}$——Y_t 的算术平均值，表示一定历史时期内平均实际 GDP 增长率或长期增长趋势。

标准差表明了经济对长期趋势的偏离度，可以用来衡量经济增长的稳定程度。标准差越大，说明宏观经济变量周期成分偏离其长期趋势的程度越大；相反，标准差越小，说明宏观经济变量周期成分偏离其长期趋势的程度越小。

（6）扩张长度和收缩长度。它是指每个周期内扩张期和收缩期的时间长度。扩张长度与收缩长度之比小于 1 的波动属于短扩张型；扩张长度与收缩长度之比大于或等于 1 的波动属于长扩张型。一般来说，扩张长度越长，经济增长越具有持续性和稳定性。

为了利用上述 6 个指标考察改革开放以来中国经济周期的特征，首先利用 1978—2007 年实际 GDP 指数的年度数据计算出 1978—2007 年的实际 GDP 指数的增长率，并用其表示 1978—2007 年的实际 GDP 的增长率，如表 12-1 所示。然后，对改革开放以来的上述六个指标进行测算，得到的数据如表 12-2 所示。

表 12-1　　　　　　　　　　1978—2007 年实际 GDP 增长率

年份	实际 GDP 指数	实际 GDP 增长率	年份	实际 GDP 指数	实际 GDP 增长率	年份	实际 GDP 指数	实际 GDP 增长率
1978	100	—	1988	260.7	30 833	1998	651.2	7.832
1979	107.6	7.6	1989	271.3	9.194	1999	700.9	7.632
1980	116	7.807	1990	281.7	14.239	2000	759.9	8.418
1981	122.1	5.259	1991	307.6	13.944	2001	823	8.304
1982	133.1	9.009	1992	351.4	13.087	2002	897.8	9.089
1983	147.6	10.894	1993	400.4	10.932	2003	987.8	10.025
1984	170	15.176	1994	452.8	10.014	2004	1 087.4	10.083
1985	192.9	13.471	1995	502.3	9.283	2005	1 200.8	10.429
1986	210	8.865	1996	552.6	7.832	2006	1 340.7	11.651
1987	234.3	11.571	1997	603.9	7.632	2007	4 500.7	11.934

本表按不变价格计算（1978 年=100）

资料来源：2008 年《中国统计年鉴》，由中华人民共和国国家统计局网站提供。

表 12-2   中国经济周期特征的指标描述

周期时间	峰位	谷位	平均位势	波动幅度	标准差	扩张长度	收缩长度
1978—1981	7.807%	5.259%	6.889	2.548	1.415	2 年	1 年
1982—1986	15.176%	8.865%	11.483	6.311	2.780	3 年	2 年
1987—1990	11.571%	3.833%	7.685	7.738	4.316	1 年	3 年
1991—1999	14.239%	7.632%	10.684	6.607	2.529	2 年	7 年
2000—2007	11.934%	8.304%	9.992	3.63	1.356	8 年	未结束

资料来源：通过表 12-1 计算得出

分析以上数据可以得出，中国改革开放以来的经济周期有如下总体特征。

（1）从峰位来看，只有第二个周期的峰位大于 15%，而平均峰位为 12.145%，属于中峰型，这表明中国经济在改革开放后既具有增长的强动力，又在一定程度上减少了盲目扩张。

（2）从谷位来看，没有出现负增长，经济周期属于增长型，并且平均谷位达到 6.779%，这表明改革开放后中国经济具备了一定的抗衰退能力。

（3）从平均位势来看，没有低位型，平均为 9.347%，总体呈现高位型。这表明，中国经济在改革开放后保持了较高水平的增长。

（4）从波动幅度来看，波动幅度均为中幅型，且从 1991 年以来有下降趋势，表明随着市场经济体制的建立，经济增长的稳定性正在逐步增强。

（5）从标准差来看，前三个周期的标准差逐渐变大，后两个周期的标准差逐渐变小。说明前三个周期经济的稳定性逐步变弱，后两个周期稳定性逐步走强。

（6）从扩张长度与收缩长度来看，前两个周期为长扩张型，第三和第四周期为短扩张型。2008 年由于中国受到金融危机的影响，经济增长速度有所减缓，从上述数据分析所得出的收缩时间还不确定，因此无法确定第五个周期的扩张类型。但从 2000—2007 年来看，经济以较高的平均位势连续扩张 8 年，说明这段时期经济增长具有较强的持续性和较高的增长性。

总之，改革开放后，在各种因素的作用下，中国经济周期的波动性较弱，增长性和稳定性较强。尤其是市场机制建立以后，经济基本持续高位运行，波动幅度保持在较低的区间内，经济增长具有较强的持续性和稳定性，波动性逐步减弱。

本章要点

1．经济发展与经济增长是不同的范畴。经济增长的分析主要研究如何通过提高社会生产力来实现产值的增加，它适合于包括发达国家和发展中国家在内的各个国家；经济发展分析主要分析如何通过解决落后国家的经济问题来摆脱经济落后的局面，它主要适合于发展中国家。发展中国家面临的主要经济问题是从低人均产值出发又回到低人均产值的恶性循环。发展中国家要打破恶性循环，需要加快资本形成，而加快资本形成可以通过借入外国债务、引进外国直接投资等方法。

2. 经济周期也称经济循环或商业循环，它是指经济处于生产和再生产过程中周期性出现的经济扩张与经济紧缩交替更迭、循环往复的一种现象。现代经济分析中，把经济周期分为繁荣、衰退、萧条、复苏四个阶段。经济周期的类型有康德拉季耶夫周期，平均长度约为 50 年的长期循环、平均长度为 8.35 年的朱格拉周期、平均长度为 3.5 年的基钦周期、平均长度为 15～25 年的库兹涅茨周期。

3. 根据萨缪尔森和汉森用加速数和乘数的相互作用来解释经济波动的理论模型，这是一种从内部因素即从经济体系本身寻找经济周期的自我推动力的理论。投资和收入之间是互相影响互相作用的。乘数原理强调的是自发性投资的增加会引起国民收入以乘数的形式增长。加速原理相反，强调的是国民收入的波动对投资的影响。国民收入一定幅度的变动会引起投资以加速的形式变动。汉森和萨缪尔森把两者结合起来，以乘数与加速数的结合作为政府按照收入变动趋势来调节经济生活的依据，这被看成是动态经济学领域内凯恩斯主义的一个重要发展。

关键概念

经济增长　　　经济发展　　　经济周期　　　经济波动　　　萧条　　　繁荣
基钦周期　　　朱格拉周期　　康德拉季耶夫周期　　　　　　加速原理
乘数—加速数模型

习 题 十二

一、选择题

1. 经济增长在图形上表现为（　　　）。

　　A．生产可能性曲线内的某一点向曲线上的移动

　　B．生产可能性曲线外的某一点向曲线上的移动

　　C．生产可能性曲线上的某一点沿曲线移动

　　D．生产可能性曲线向外移动

2. 当一国经济中人均生产函数的资本边际产出大于黄金律水平时，降低储蓄率将
（　　　）人们的生活水平。

　　A．提高　　　　　　　　　　　　　B．降低

　　C．不会改变　　　　　　　　　　　D．以上情况都有可能

3. 当一国经济中人均生产函数的资本边际产出小于黄金率水平时，降低储蓄率将

（　　）人们的生活水平。

    A．提高   B．降低

    C．不会改变   D．以上情况都有可能

4．当一国经济的总储蓄率提高后，经济达到稳定状态时的人均资本占有数量将

（　　）。

    A．增加   B．减少

    C．不会改变   D．以上情况都有可能

5．经济增长的黄金分割率是指（　　）。

    A．产出增长率等于储蓄率   B．资本边际产品等于劳动力增长率

    C．储蓄率等于人口增长率   D．产出增长率等于技术变化率

6．经济周期的阶段顺序为（　　）。

    A．繁荣、复苏、衰退、萧条   B．繁荣、萧条、衰退、复苏

    C．繁荣、衰退、萧条、复苏   D．繁荣、衰退、复苏、萧条

7．经济周期中的萧条阶段的特征是（　　）。

    A．国民收入与经济活动低于正常水平

    B．国民收入与经济活动等于正常水平

    C．国民收入与经济活动高于正常水平

    D．生产迅速增加，投资增加，信用扩张

8．经济周期中的两个主要阶段是（　　）。

    A．繁荣和衰退   B．衰退和复苏

    C．繁荣和危机   D．危机与复苏

9．经济周期中的顶峰是（　　）。

    A．繁荣阶段过渡到衰退阶段的转折点   B．繁荣阶段过渡到危机阶段的转折点

    C．危机阶段过渡到复苏阶段的转折点   D．繁荣阶段过渡到危机阶段的转折点

二、分析题

1．经济增长的主要特征有哪些？

2．推动经济增长的主要因素是什么？

3．如何划分并理解经济周期或商业周期？试举例说明。

4．怎样用乘数论和加速数原理说明经济周期波动？

参 考 文 献

[1]白岛. 写给中国人的经济学[M]. 北京：中国华侨出版社，2013.

[2]保罗·萨缪尔森，威廉·诺德豪斯. 微观经济学[M]. 北京：人民邮电出版社，2012.

[3]陈春根. 经济学原理[M]. 2版. 杭州：浙江大学出版社，2014.

[4]陈章武. 管理经济学[M]. 3版 简明版. 北京：清华大学出版社，2014.

[5]丁卫国，谢玉梅. 西方经济学原理[M]. 2版. 上海：上海人民出版社，2014.

[6]董彦龙，王东辉. 微观经济学简易案例教程[M]. 武汉：武汉大学出版社，2014.

[7]范里安. 微观经济学 现代观点[M]. 9版. 上海：上海人民出版社；格致出版社，2015.

[8]高鸿业. 西方经济学[M]. 北京：中国人民大学出版社，2014.

[9]郭海峰. 哈佛经济学[M]. 北京：中国华侨出版社，2013.

[10]肯尼斯·W. 克拉克森，罗杰·勒鲁瓦·米勒. 产业组织：理论、证据和公共政策[M]. 上海：上海三联书店，1989.

[11]卢锋. 商业世界的经济学观察——管理经济学案例及点评[M]. 北京：北京大学出版社，2003.

[12]梁小民. 西方经济学导论[M]. 4版. 北京：北京大学出版社，2014.

[13]刘明珍. 微观经济学[M]. 北京：经济科学出版社，2011.

[14]林毅夫. 解读中国经济[M]. 北京：北京大学出版社，2014.

[15]厉以宁，秦宛顺. 现代西方经济学概论[M]. 北京：北京大学出版社，2015.

[16]曼昆. 经济学原理[M]. 北京：北京大学出版社，2015.

[17]平新乔. 微观经济学十八讲[M]. 北京：北京大学出版社，2001.

[18]孙斌艺. 微观经济学[M]. 上海：上海人民出版社，2014.

[19]王文玉. 微观经济学[M]. 北京：清华大学出版社，2013.

[20]王英，刘碧云，江可申. 微观经济学[M]. 南京：东南大学出版社，2011.

[21]尹伯成. 西方经济学 简明教程[M]. 2版. 上海：格致出版社，2014.

[22]周勤. 管理经济学[M]. 北京：石油工业出版社，2003.

[23]张千友. 西方经济学案例与实训教程[M]. 北京：北京理工大学出版社，2013.

[24]朱柏铭. 公共经济学案例[M]. 杭州：浙江大学出版社，2004.

[25]萨缪尔森，诺德豪斯. 宏观经济学[M]. 北京：人民邮电出版社，2006.

[26]多恩布什，等. 宏观经济学[M]. 王志伟译. 北京：中国财政经济出版社，2003.

[27]罗宾·巴德，迈克尔·帕金. 宏观经济学原理[M]. 王秋石等，译. 北京：中国人民大学出版社，2004.

[28]约瑟夫·E. 斯蒂格利茨. 经济学[M]. 高鸿业译. 北京：中国人民大学出版社，1997.

[29]王学力，唐更华. 宏观经济学[M]. 北京：经济科学出版社，2011.

[30]卢瑟尔·S. 索贝尔，等. 经济学：私人与公共选择[M]. 12 版. 王茂斌等，译. 北京：机械工业出版社，2009.

[31]吕光明. 经济周期波动：测度方法与中国经验分析[M]. 1 版. 北京：中国统计出版社，2008.